供应链网络与企业创新

THE SUPPLY CHAIN NETWORK AND
ENTERPRISE INNOVATION

刘诗园 著

序 言

百年大变局、世纪大疫情、数字大变革和绿色大转型是影响当前及未来较长一个时期世界经济运行的四大基础性变量。它们将深刻改变全球产业链供应链的底层分工逻辑,并将影响未来相当长一个时期的世界经济。但是,在全球经济分工合作格局变革的过程中,效率和成本导向、产业链垂直与水平分工、发展中国家通过融入全球产业链实现追赶和超越并不会有根本性改变。

在全球产业链供应链变与不变的大背景下,供应链网络已经成为影响企业创新的关键要素之一。供应链反映了产业链各环节企业之间为满足中间产品及最终制成品需求所形成的原材料、零部件、设备和服务等方面的供需关系。当今时代的商业环境充满了复杂性和不确定性,在这样一个环境中,企业需要不断提高自身的创新能力,以适应快速变化的市场需求,保持并不断提升竞争优势。供应链网络作为企业内外部各环节之间紧密联系的桥梁,为企业创新提供了广阔的空间和机会。

供应链网络与企业创新的关系已成为经济和管理领域的热门话题。《供应链网络与企业创新》正是这个领域的一本著作。本书凝结了作者多年的研究经验和实践洞察,旨在为学术界和实践者提供有关供应链网络和企业创新的深刻理解。本书的贡献不仅在于从理论上打开了供应链网络与企业创新之间的"黑箱",更在于它对真实世界具体问题的回应。对学术界来说,它提供了关于供应链网络和企业创新的深入思考和理论框架。对企业来说,供应链网络既是资源获取和合作创新的平台,也是风险管理和适应性调整的重要手段。对政府来说,需要制定针对企业的供应链优化和创新能力提升的相关政策,为科技自立自强和经济高质量发展提供支持。

随着技术进步、市场深化以及全球化变革,供应链网络、企业创新及其相互关系一定会有新的改变。无论如何，这本著作在供应链网络和企业创新领域的探索，仍然是有意义的。

是为序。

中国国际发展知识中心主任
国务院发展研究中心研究员
2023 年 7 月

前　言

创新是我国经济长期发展的核心动力，作为开展创新活动的重要微观主体，企业的创新能力直接影响我国创新驱动发展战略的实施效果以及在双循环发展格局下的竞争优势。然而，我国企业仍然存在创新动力较弱、创新投入不足以及创新产出质量参差不齐等现实问题。因此，如何提高企业创新水平，成为当前理论界和实务界关注的重要议题。

在产业内分工逐渐细化、市场需求日益多样化、创新复杂程度不断提高的形势下，传统的"闭门造车"式创新已经难以适应多变的市场环境。依循资源依赖理论，企业拥有的创新资源具有异质性，很难被其他企业模仿和复制，单个企业在内部难以获得其创新所需的全部要素，必须与外部环境进行知识交流与资源互换。为了维持竞争优势以实现可持续发展，企业必须改变封闭式创新的思维，不断从外界获取创新所需的资源以弥补自身不足。

供应链上的供应商和客户作为企业重要的外部利益相关者，其如何影响企业绩效和行为这一话题受到了广泛关注。现有研究侧重于探索客户和供应商的线性关系对企业的影响，虽然传统的线性观点可能有助于捕捉客户和供应商之间的交易给企业带来的某些直接影响，但是容易忽略现实中供应链日益凸显的复杂网络特性。深入理解企业创新战略或决策如何受到外部因素影响，必须进一步考虑企业所处的更广阔的供应链网络。供应链网络是社会网络的一个重要范畴，按照社会网络分析框架，供应链网络包含网络关系和网络结构两个维度。从关系维度来看，网络关系不仅是信息和知识流动的重要渠道，而且被视作一种社会治理机制，能够通过社会资本的积累和集体规范的强化，影响企业的创新决策。从结构维度来看，企业在供应链网络整体结构中的位置在一定程度上决定了企业遇到的限制和机会，进而影响企业的信息收集、战略选择、风险承担和对稀缺资源的利用，在创新过程中发挥着重要作用。

因此，本书以企业所处的供应链网络和企业创新为研究对象，在厘清核心概念和相关理论的基础上，从关系维度和结构维度分析供应链网络对企业创新的影响，并进一步探究其中的作用机制。就具体内容来说，本书包含三个部分。第一部分"提出问题"，共分为 4 章。其中，第 1 章介绍本书的研究背景和意义；第 2 章梳理国内外相关文献并展开述评；第 3 章对本书涉及的基本概念进行界定，并总结相关理论；第 4 章梳理我国供应链网络和企业创新的发展历程和现状。第二部分"分析问题"是本书的核心，包含 3 章。其中，第 5 章建立供应链网络影响企业创新的理论框架；第 6 章实证检验供应链网络关系对企业创新的影响和作用机制；第 7 章实证检验供应链网络结构对企业创新的影响和作用机制。第三部分也即第 8 章，总结研究结论，在前两部分研究的基础上，重在"解决问题"，对企业管理者和政策制定者提出建议，最后展望未来的研究方向。

通过研究本书得出以下结论。第一，从供应链网络关系对企业创新的影响来看，供应链网络关系强度与企业创新水平负相关。无论是从客户关系还是从供应商关系的视角看，网络关系强度的提升都将对企业创新产生显著的负向影响。第二，从供应链网络关系影响企业创新的作用机制来看，供应链网络关系会通过加剧企业经营所面临的风险、削弱企业在商业交易中的地位、阻碍企业吸收外部多样化知识，进而对企业创新产生不利影响。第三，从供应链网络结构对企业创新的影响来看，企业在供应链网络中靠近中心位置，将不利于创新活动的开展；而占据更多的结构洞，能够帮助企业提升创新水平。第四，从供应链网络结构影响企业创新的作用机制来看，中心度对企业创新的不利影响主要表现为削弱企业开展独立创新的动力，并且中心度通过引发企业过度投资的"资源诅咒"效应和削弱企业的内部知识整合能力，对企业创新产生负向作用；结构洞对企业创新水平的正向影响主要表现为激励企业开展更多合作创新，并且结构洞通过加强企业在供应链网络中的"资源汲取"效应以及提升企业的外部知识获取和内部知识整合能力，促进企业创新。

本书的创新之处有以下几点。第一，丰富了供应链网络在公司金融领域的研究成果。本书建立供应链网络影响企业创新的理论框架，并且构建多层次直接和间接联系交织的复杂供应链网络，基于关系和结构两个维度，考察供应链网络关系和网络结构对企业创新的影响，对现有供应链网络在公司金融领域的研究进行有益补充。第二，阐释了供应链网络影响企业创新的内在机制，揭开了社会网络影响企业创新的"黑箱"。本书将多个理论纳入同一分析框架，从定性和定量的角度探究供应链网络对企业创新的作用机制，提出供应链网络关系影响企业创新的风险承担机制、商业地位机制和知识吸收机制，以及供应链网络结构影响企业创新的创新选择机制、资源依赖机制、知识获取和整合机制，从而揭示了供应链网络影响企业创新的工作原理，丰富了社会网络与企业创新的研究成果。第三，本书的结论为供应链网络的微观经济后果研究提供了更多的经验证据。供应链网络是企业外部社会网络的一个重要范畴，网络中各公司以供销关系为基础建立联系。本书采用我国上市公司的数据验证了供应链网络关系强度和结构中心度将阻碍企业创新，而在供应链网络整体结构中占据结构洞位置将显著提升企业创新水平。本书的结论验证了聚合型社会资本对企业创新的消极影响，以及桥接型社会资本对企业创新的积极影响。

本书受四川大学马克思主义学院出版项目和四川大学专职博士后研究基金（skbsh2023-26）资助。

目 录

第1章 导言 ………………………………………………………………… 001

第2章 供应链网络与企业创新：文献梳理与评价 ……………………… 006
　2.1 企业创新的影响因素研究 …………………………………………… 006
　2.2 基于供应链网络的公司金融研究 …………………………………… 009
　2.3 社会网络与企业创新的研究 ………………………………………… 019
　2.4 文献评述 ……………………………………………………………… 024

第3章 供应链网络与企业创新：概念与理论 …………………………… 026
　3.1 基本概念界定 ………………………………………………………… 026
　3.2 相关理论基础 ………………………………………………………… 032
　3.3 本章小结 ……………………………………………………………… 050

第4章 供应链网络与企业创新的特征事实 …………………………… 051
　4.1 我国供应链发展历程 ………………………………………………… 051
　4.2 我国供应链网络现状分析 …………………………………………… 061
　4.3 我国企业创新现状分析 ……………………………………………… 071
　4.4 本章小结 ……………………………………………………………… 078

第5章 供应链网络影响企业创新的理论分析框架 …………………… 080
　5.1 供应链网络关系影响企业创新的理论分析 ………………………… 080
　5.2 供应链网络关系影响企业创新的作用机制 ………………………… 090
　5.3 供应链网络结构影响企业创新的理论分析 ………………………… 093
　5.4 供应链网络结构影响企业创新的作用机制 ………………………… 097

5.5 本章小结 …… 101

第6章 供应链网络关系对企业创新的影响 …… 103
6.1 研究设计 …… 103
6.2 实证结果分析 …… 108
6.3 稳健性检验 …… 112
6.4 供应链网络关系的内生性问题处理 …… 115
6.5 供应链网络关系影响企业创新的作用机制检验 …… 124
6.6 供应链网络关系、议价能力与企业创新 …… 130
6.7 供应链网络关系、研发能力与企业创新 …… 134
6.8 供应链网络关系、市场竞争与企业创新 …… 136
6.9 本章小结 …… 138

第7章 供应链网络结构对企业创新的影响 …… 141
7.1 供应链网络结构指标测算和分析 …… 141
7.2 回归样本选取和计量模型设定 …… 152
7.3 实证结果分析 …… 153
7.4 稳健性检验 …… 157
7.5 内生性检验 …… 160
7.6 创新选择机制检验 …… 166
7.7 资源依赖机制检验 …… 168
7.8 知识获取和整合机制检验 …… 173
7.9 本章小结 …… 177

第8章 研究结论与启示 …… 179
8.1 研究结论 …… 179
8.2 管理启示与政策建议 …… 181
8.3 研究不足与展望 …… 185

参考文献 …… 186

第1章 导言

随着我国经济从高速增长迈向高质量发展阶段,创新成为推动我国经济发展的新引擎。党的十八大报告提出实施创新驱动发展战略,而后,习近平总书记在党的十九大报告中再次强调"创新是引领发展的第一动力,是建设现代化经济体系的战略支撑"。作为开展创新活动的重要微观主体,企业的创新能力直接影响我国创新驱动发展战略的实施效果以及在双循环发展格局下的竞争优势。目前,我国企业仍然存在创新动力较弱、创新投入不足以及创新产出质量参差不齐等现实问题,如何提高企业创新水平,成为当前理论界和实务界关注的重要议题。

综观关于创新影响因素的已有研究,诸多学者从融资约束、政治关联和内部治理等微观视角,行业特征与外部市场参与主体等中观视角,以及产业政策和知识产权保护等宏观视角进行了广泛探讨并取得了大量研究成果。随着产业内分工逐渐细化、市场需求日益多样化、创新复杂程度不断提高,为了适应瞬息万变的市场环境谋求长足的发展,企业必须改变封闭式创新的思维,不断从外界获取创新资源以弥补自身的不足。因此,越来越多的研究开始关注外部市场参与主体对企业创新的影响。依循资源依赖理论,企业拥有的创新资源具有异质性,很难被其他企业模仿和复制,单个企业在内部难以获得其所需的全部创新资源,必须与外部环境进行知识交流与资源互换。

供应商和客户是企业重要的外部利益相关者和外部知识来源,对企业创新行为具有重大影响。一方面,企业通过选择拥有相关技能的供应商获取开发新产品的技术支持。比如,吉利汽车集团与具有不同技术专长的供应商开展合作以开发生产新的车型。在中高级车型帝豪系列产品的设计中,吉利采用了日本富士的模具技术、瑞典ABB的焊接机器人技术、西门子电控系统以及德尔福发动机管理系统等各个领域的领先技术。而在新能源车型的开发中,吉利通过与宁德时代、科力远以及奥托立夫等公司展开战略合作，获取所需的电池技术、混合动力技术以及自动驾驶技术等。另一方面，由于创新的外部性，供应商企业同样可以从客户的创新活动中获益。比如，苹果和三星之间的专利诉讼说明了从客户到供应商的知识溢出。两家公司都是智能手机和平板电脑的主要制造商，2011年4月，苹果对三星提起诉讼，声称三星第一代 Galaxy 系列手机和平板电脑抄袭了部分 iPhone 和 iPad 的设计以及其他创新。在2012年之前，三星是苹果产品最大的组件（例如 LCD 面板）供应商。由于其对苹果创新活动的了解，其很有可能通过供应链关系获取苹果的创新知识，并且生产出许多新产品。

现有的供应链管理研究侧重于客户和供应商的线性关系对企业创新的影响，虽然线性视角可能有助于捕捉客户和供应商之间的交易给企业带来的某些直接影响，但是容易忽略现实中供应链日益凸显的复杂网络特性。进一步理解企业创新战略或决策受到哪些外部因素的作用，必须考虑企业所处的更广阔的供应链网络。供应链网络是社会网络的一个重要范畴，事实上，企业创新深受其嵌入的外部社会网络的影响，例如高管网络、董事网络、风险投资网络等。按照社会网络分析框架，供应链网络包含网络关系和网络结构两个维度。从关系维度来看，网络关系是信息和知识流动的重要渠道，而且被视作一种社会治理机制，通过社会资本的积累和集体规范的强化，影响企业的创新决策。从结构维度来看，企业的网络位置在一定程度上决定了企业遇到的限制和机会，这些限制和机会影响企业信息收集、战略选择、风险承担和对稀缺资源的利用，因此网络结构在企业创新过程中发挥着重要作用。

对于身处供应链网络的企业而言，网络关系强度是否会影响企业创新？网络关系强度对企业创新的作用是如何实现的？具有异质性特征的企业受到网络关系强度的影响是否具有差异？外部宏观环境是否会改变网络关系强度与企业创新之间的关系？网络结构特征是否会影响企业创新？网络结构特征通过哪些渠道作用于企业创新？这一系列问题值得思考并亟待解决。本书试图回答以上有关供应链网络与企业创新之间关系的一系列问题。

本书主要研究供应链网络对企业创新的影响和作用机制。首先，对企业创新和供应链网络的相关研究进行总结回顾，并且对现有研究展开评述；界定企业创新和供应链网络等核心概念，并且梳理相关基础理论。其次，回顾我国供应链网络与企业创新的发展历程和特征事实，构建供应链网络影响企业创新的理论框架。再次，对供应链网络关系和供应链网络结构对企业创新的影响和作用机制进行实证检验。最后，总结本书的研究结论，分别对企业管理者和政策制定者提出建议。本书在企业创新理论、利益相关者理论、供应链管理理论、社会网络理论、交易成本理论、资源基础理论等的基础上，研究了供应链网络对企业创新的影响，对于重新认识供应链管理、社会网络和企业创新的相关问题以及进一步丰富相关领域的理论研究，是一个有益的补充。

第一，本书的探索有助于拓宽社会网络理论与企业创新理论交叉领域的研究。近年来，关于社会网络与企业创新的研究取得了巨大进展，国内外学者普遍认为企业的创新活动深受其嵌入的社会网络影响。但是对于社会网络影响企业创新的作用效果和作用机制还未得出统一的结论。本书认为社会网络与企业创新之间的关系非常复杂，仅仅从单一理论出发难以充分阐明二者之间的作用规律。因此，本书以企业通过供销关系形成的供应链网络为新视角，采用多个理论作为研究基础，重新构建社会网络与企业创新的研究框架，从定性和定量的视角分别考察了社会网络对企业创新的影响机理，进一步丰富了社会网络理论和企业创新理论的研究内容。

第二，本书的尝试对于供应链网络在公司金融领域的研究具有一定的理论价值。供应链网络这一概念最初诞生于管理学领域，相关研究主要集中于供应链网络自身的设计、建模以及协调等方面。随着学科之间的交叉融合，开始有学者关注供应链网络对微观企业行为的影响，但是大多停留在对企业财务决策及经营业绩的影响上，很少关注供应链网络作为企业外部知识的重要来源之一，对企业创新的影响效果和作用机制。本书采用上市公司样本构建复杂供应链网络，分别从线性关系视角和整体结构视角考察供应链网络如何影响企业创新，有助于丰富供应链网络在公司金融领域的研究。

第三，本书的结论丰富了企业创新的影响因素研究。传统的企业创新研究大多围绕企业内部特征探究创新的影响因素，例如企业规模、产权性质、管理层特征等微观方面。随着研究的不断深入，学者们尝试从外部因素来解释企业创新之间的差异，相关研究主要集中于市场环境、金融发展以及政府行为等宏观方面。本书从供应链网络这一中观视角考察了企业嵌入的外部网络对企业创新的影响，对现有研究形成补充。

此外，本书成果也具有一定的现实指导意义。

第一，有助于指导企业在供应链网络中找准自身定位。在双循环新发展格局下，企业通过嵌入外部网络谋求生存和发展已经达成了广泛共识，企业家们开始重视利用外部网络的资源和信息提升企业价值。但是，在现实中常常可以观察到，过度地嵌入社会网络会导致企业缺乏独立性，削弱企业的竞争力。本书发现，供应链网络中存在的风险传染、机会主义、技术锁定等一系列因素都会对企业创新产生负面影响。因此，本书的结论有助于企业合理掌握与供应链网络成员之间的关系，准确定位企业在供应链网络整体结构中的位置，从外部供应链网络中汲取有利资源，提高企业创新水平。

第二，有利于指导企业加强自身能力建设。现实中企业从供应链网络获取资源化为己用并非一蹴而就，往往需要经历一个复杂的过程。在这个过程中，如果企业自身能力不足，企业将难以真正从供应链网络中受益。本书通过理论和实证研究发现，企业要充分利用所处的供应链网络，必须建立起与之对应的意识和能力，例如抗风险能力、议价能力以及知识的吸收和整合能力等，帮助企业抵御供应链网络中的潜在风险，真正发挥外部网络的资源汲取作用，促进企业创新。

第三，有助于指导企业调整供应链管理策略。供应链网络对企业的影响有利有弊，企业应该尽可能有效利用积极因素，控制并化解消极因素对企业创新行为的影响，从而实现企业的可持续发展。企业可以通过制定动态的供应链管理策略，一方面，积极应对过度嵌入供应链网络可能给企业带来的消极影响；另一方面，加强供应链网络的正面效应，有效利用网络资源，提升企业创新绩效。

本书主要研究供应链网络对企业创新的影响，可能存在如下创新之处。

第一，本书丰富了供应链网络在公司金融领域的研究成果。供应链网络这一概念最初诞生于管理学领域，相关研究主要集中于供应链网络自身的设计、建模以及协调等方面。而早先关于供应链网络与微观企业的研究大多停留在局部视角，捕捉企业与客户或供应商之间的交易给企业带来的直接影响，而往往忽视了供应链网络具有复杂性、系统性和动态性的特征。随着学科边界的扩展，也有个别研究将供应链网络的概念引入公司金融领域，但是仅仅侧重于供应链网络对企业财务决策及经营业绩的影响，鲜少将其作为企业创新活动的重要环境因素之一。本书建立供应链网络影响企业创新的理论框架，并且构建多层次直接和间接联系交织的复杂供应链网络，基于关系和结构两个维度，考察供应链网络关系和网络结构对企业创新的影响，对现有供应链网络在公司金融领域的研究进行有益补充。

第二，本书阐释了供应链网络影响企业创新的内在机制，揭开了社会网络影响企业创新的"黑箱"。近年来，社会网络与企业创新之间的关系受到了学术界的广泛关注，国内外学者根据企业之间各种形式的联系，探究了创新网络、董事网络、人力资本网络、风险投资网络等不同类型社会网络对企业创新的影响。但是关于网络关系和网络结构对企业创新的影响效果，现有研究得出的结论却大相径庭，其中的原因不仅在于网络自身的区别，更重要的是不同社会网络对企业创新的作用机理存在差异。本书将多个理论纳入同一分析框架，从定性和定量的角度探究供应链网络对企业创新的作用机制，提出供应链网络关系影响企业创新的风险承担机制、商业地位机制和知识吸收机制，以及供应链网络结构影响企业创新的创新选择机制、资源依赖机制和知识获取和整合机制，从而揭示了供应链网络影响企业创新的工作原理，丰富了社会网络与企业创新的研究成果。

第三，本书的结论为供应链网络的微观经济后果研究提供了更多的经验证据。现有研究普遍认为企业的生存和发展依赖其嵌入的社会网络，供应链网络是企业外部社会网络的一个重要范畴，网络中各公司以供销关系为基础建立联系。参考朱棣等（2021）的理论框架，企业通过嵌入社会网络形成的社会资本可以分为聚合型资本和桥接型资本两类，基于强关系和中心度形成的社会资本属于前者，基于弱关系和结构洞形成的社会资本属于后者。本书采用我国上市公司的数据验证了供应链网络关系强度和结构中心度将阻碍企业创新，而在供应链网络整体结构中占据结构洞位置将显著提升企业创新水平。本书的结论验证了聚合型社会资本对企业创新的消极影响，以及桥接型社会资本对企业创新的积极影响。

第 2 章 供应链网络与企业创新：文献梳理与评价

2.1 企业创新的影响因素研究

2.1.1 企业创新的内部影响因素研究

早期关于企业创新影响因素的文献大多基于内生增长理论展开研究。该理论将企业销售收入和利润的增长归功于自有资产投入和自身业务能力整合，强调企业创新需要通过调整生产要素来实现，而创新绩效的增长则来源于企业新增的创新投入和科技进步。因此，已有的文献中，国内外学者多围绕企业内部特征探究创新的影响因素，如企业规模、公司治理、内部控制和人力资源等方面。

（1）企业规模

熊彼特（Schumpeter，1942）是最早强调企业规模在创新活动中的重要性的学者，而后，大量学者在此基础上探索企业规模对创新活动的影响，并得出了不一致的结论。部分研究认为研发创新的前期资金需求较大，而大公司凭借充裕的资本、高水平的产出、充足的人力资源和畅通的融资路径，为创新的高额成本提供保障，相比之下，小企业则很难承受这一压力（Booyens，2011；张杰等，2012；Sasidharan et al.，2015）。另有研究发现小企业创新水平更高，原因在于小企业在创新活动中更具灵活性，而大企业在进行创新决策时受到社会关系影响较大（Zenger and Lazzarini，2004；董晓庆等，2013）。在此基础上，还有学者进一步指出企业规模与创新间存在倒"U"形关系，也就是说，存在使企业创新能力最强或创新强度达到最大的企业规模（聂辉华等，2008）。

(2) 公司治理

现有学者主要从以下几个角度探究公司治理与企业创新间的联系。一是股权结构对企业创新的影响。冯根福和温军（2008）发现股权集中度与企业创新水平之间呈现显著的倒"U"形关系，过低或过高的股权集中度带来的"搭便车"与"一股独大"问题，会阻碍企业创新。在此基础上，朱德胜和周晓珮（2016）指出，企业股权制衡度的提高会正向促进创新投入的增加。二是董事会构成对企业创新的影响。Yermack（1996）发现董事会规模大小关系到企业的权力结构，董事会规模更小的企业权力结构更集中，有助于对外部不确定性做出快速、高效的反应，因此有利于企业创新。Lu 和 Wang（2018）证明了董事会独立性对美国上市公司技术创新的积极影响，拥有更多独立董事的企业将通过薪酬激励机制，促进管理层开展高风险的创新活动。三是企业文化等软治理因素对企业创新的影响。谢洪明等（2006）认为，市场导向的企业文化有助于提升企业的组织学习能力，使得企业对于前沿技术更具敏感性，且具有更好的学习跟进能力，从而促进企业创新发展。刘云和石金涛（2009）发现，企业的创新气氛能够激励员工的创新行为，提升企业创新水平。

(3) 内部控制

企业内部控制的本质是源于企业管理需求的一项企业管理活动，现有文献从内部控制的视角研究创新问题，发现企业创新效率会受到资金管理、人事制度等管理制度的影响（胡元木，2012；Schroeder and Shepardson，2016）。陈红等（2018）认为，内部控制能有效地评估和控制企业风险、缓解代理冲突、降低信息不对称、改善信息沟通，进而显著提升企业的研发投入、专利申请量和营业毛利率。刘桂春和叶陈刚（2017）指出，高水平的内部控制能有效缓解融资约束，并进一步激励企业进行 R&D 投入。

(4) 人力资源

作为企业的"决策者"，管理层也会对企业的创新活动产生重要影响（Cho et al., 2016）。与企业常规经营活动相比，企业创新有投入高、风险大、回报周期长等特点，要求管理层有目光长远、敢于冒险和勤劳能干等特质（Holmstrom，1989）。但是在实际经营中管理层极有可能存在短视主义（Fang et al., 2014）和享乐主义（Bernstein，2015）等代理问题，从而对企业创新产生不利影响。Bernstein（2015）进一步提出，容忍早期的失败和实施长期业绩奖励是激发管理层创新意愿的有效方法。Rajagopalan

(1997)认为,长期股权激励能够推动管理层开展高风险、高成长性的创新活动。徐宁和徐向艺(2012)发现,对高管进行适度的股权激励能够实现企业技术创新能力提升。徐经长等(2019)以限薪令的实施作为外生政策冲击,发现高管薪酬降低将导致企业创新投入水平降低。另外,员工虽然不参与创新决策的制定,但在形成创新思想、执行和反馈环节贡献了重要力量(孟庆斌等,2019)。首先,员工是最接近企业产品、服务和客户的群体。Bradley等(2017)研究发现,在员工为客户生产产品与提供服务的过程中,创新思想开始产生。其次,企业的技术员工是开展创新活动的主体,负责将创新思想转化为创新的产品或服务(Bradley et al.,2017)。而非技术员工承担了创新所需的后备支持工作,同样会影响到企业的创新效率(孔东民等,2017)。

2.1.2 企业创新的外部影响因素研究

基于内生增长理论的研究虽然能够从企业内部因素的角度解释不同企业在创新表现上的差异,却难以回答为什么现实中创新常常发生在新兴行业以及规模小的企业中,而非实力强、规模大的企业。因此,有更多的学者尝试基于资源依赖理论,进一步探究企业外部因素如市场竞争、金融环境和政府政策等带来的影响。

(1) 市场竞争

长期以来,市场竞争影响企业创新的问题普遍受到国内外学者的关注。熊彼特最早提出市场竞争削弱了企业市场势力,不利于创新(Schumpeter,1942)。其他学者在此基础上进行了拓展,得出了不同的结论。Arrow(1962)认为,企业的垄断地位可能会削弱市场竞争的创新激励作用,市场竞争越激烈,对企业创新的激励作用越强。还有研究认为,市场竞争程度与企业创新水平之间具有非线性关系,过低或过高的市场竞争都能够对企业产生较强的创新激励作用(Aghion et al.,2005)。

(2) 金融环境

金融是微观主体所在市场环境中的核心部分,金融有效供给是技术创新活动的重要影响因素(Hsu et al.,2014;贾俊生等,2017)。大量研究表明,功能健全的金融体系具有信息收集、价值发现、储蓄投资转换、提高资金分配效率和分散投资风险等功能,对于企业技术创新活动有着十分重要的影响(Amore et al.,2013;Hsu et al.,2014;文武等,2018;杜江、刘诗园，2020）。随着新时代下创新性的金融模式急速发展，人工智能、大数据、云计算等技术与金融有机融合，催生了一种新型普惠金融模式——数字金融，并一跃成为当前研究热点。唐松等（2020）认为，数字金融对企业创新活动有促进作用，能够通过改善传统金融的"属性错配"、"领域错配"和"阶段错配"问题，填补传统金融的空白区域，缓解企业融资难、融资贵的问题，赋能企业技术创新活动。

（3）政府政策

政府政策同样是影响企业创新的重要因素之一。Liu等（2011）发现，政府实施的支持企业创新的财政政策，能够增加企业的创新收益，降低企业创新面临的风险，进而增强企业开展创新活动的动力。安同良等（2009）研究发现，政府税收优惠政策有助于缓解创新外溢效应导致的企业创新动力不足问题，促进企业加大自身创新研发投入。潘越等（2015）从司法保护的角度出发，发现司法地方保护主义会加剧企业面临的诉讼风险，最终抑制企业创新。另外，还有不少学者聚焦于政府研发补贴对企业创新的影响，如David等（2000）指出，政府研发补贴能够提高企业创新的预期收益率，降低企业创新的边际成本，从而鼓励企业加强创新。Liu等（2021b）采用中国上市公司数据比较了不同类型政府研发补贴的有效性，结果发现与事后奖励相比，事前奖励对企业创新绩效有更强的提升效果。

2.2 基于供应链网络的公司金融研究

2.2.1 供应链网络对企业财务活动的影响

在过去的几十年里，大量的理论和实证研究考察了供应链网络对供应商和客户财务活动的影响，主要包括以下几个方面。

（1）供应链网络对企业资本成本的影响

已有研究发现，供应链网络能够显著影响企业资本成本，并且提出了不同的作用机制，主要包括认证假说和风险假说。认证假说强调客户与供应商的关系能够发挥监控和认证作用。Cen等（2016）认为，大客户有动机通过独特的信息渠道筛选和监控供应商，以确保供应链稳定，因此，与大客户存在长期关系能够给公司带来隐性认证，说明公司与同行相比具有更高的产品质量、更低的违约风险和更高的运营稳定性，由此产生的声誉效果使企业的银行贷款利差较小，贷款条约也更加宽松。Kim 等（2015）发现，银行在与供应商公司签订合同时会考虑其大客户的盈利表现，大客户财务状况的改善能够使供应商的贷款利差降低，并且客户收益的认证作用会因为客户与供应商关系的性质和强度而存在差异。李欢等（2018a）的研究再次验证了认证假说，实证结果表明，当企业的上市公司客户和国有企业客户的比例越高时，公司从银行获得的贷款的规模越大、期限越长，说明这类优质客户能够以自身声誉为企业提供收入保障和实力认证。Cai 和 Zhu（2020）对于公司债券融资的研究发现，由于债券市场的投资者缺乏能力或动机来监督债券发行人，他们更依赖公司的大客户发挥监控和认证作用，此时，大客户作为供应商公司的监督和认证实体，有助于减少供应商与其债权人之间的信息不对称，从而降低供应商债券融资的成本。

风险假说聚焦于客户与供应商关系造成的风险，包括信用风险和业务风险等。Dhaliwal 等（2016）指出，如果大客户陷入财务困境或宣布破产、转投其他供应商或决定在内部开发产品，供应商将面临失去大量未来业务的风险，因此客户群较为集中的供应商会面临更高的权益成本。王雄元和高开娟（2017a，2017b）对于二级市场公司债券信用利差以及公司债发行定价的研究发现，客户集中度提升会扩大债券信用利差和公司债发行价差，并对债券投资者产生风险冲击，集中度提升的同时，企业未来收入风险与流动性风险也会增加。Campello 和 Gao（2017）发现，依赖特定客户群体可能造成公司增加特定关系投资，遭遇流动性短缺问题，并进一步加大公司债务违约的可能性。作为受到严格监管的机构，银行为了规避借款人违约的风险，对客户集中度高的公司发放贷款时往往更加谨慎，并且施加更严格的贷款条约。因此，客户集中度越高的公司，其贷款利率和限制性契约相对增加，且贷款期限缩短。Hasan 等（2020）得到了类似的结论，公司对其主要供应商的依赖程度越高，越会面临更高的贷款利差和更严格的贷款条件。陈胜蓝和刘晓玲（2020）把城际高铁的开通作为公司客户集中度提高的外生冲击，结果发现对客户依赖程度较高的公司往往面临较大的经营风险和违约风险，导致银行贷款成本提高。Croci 等（2021）进一步研究了银团贷款如何受到客户和供应商关系的影响，结果发现，依赖少数客户或供应商的公司更容易受到成本和风险的影响，例如付款延迟、特定关系投资和违约传染性风险，为了发挥最佳的监控作用，牵头行在向依赖大客户或供应商的借款人提供贷款时会保留更大的贷款比例，并且规定成本更高、更严格的贷款合同条款。除此之外，江伟等（2017）研究发现，企业的客户集中度与长期银行贷款呈现倒"U"形关系，证明了认证假说和风险假说同时存在。Rahaman 等（2020）考察了公司议价能力对其债务融资的影响，结果表明公司对其供应商的议价能力较强能够降低银行贷款利差，原因在于更高的议价能力有助于公司加强库存管理。

(2) 供应链网络对企业资本结构的影响

Titman（1984）提出，如果公司陷入财务困境甚至进行破产清算，公司的客户和供应商将面临额外的转换成本，这些成本将影响公司的资本结构。具体来说，如果公司生产独特的或专门的产品，例如耐用品和精密仪器，公司的客户通常需要售后服务或配件，此时，公司的客户更愿意从财务状况良好，即杠杆率较低的公司购买产品，而杠杆率较高的公司往往更难吸引客户。同样，生产独特产品的供应商公司也希望维持长期客户，从多年的维护服务中赚取收入，因此关注客户公司的财务状况。Titman 和 Wessels（1988）在此基础上进行实证检验，结果表明生产或采购独特产品的公司往往保持较低的杠杆水平。Banerjee 等（2008）进一步指出，这种转换成本来源于客户和供应商之间的特定关系投资。在关系交易的背景下，供应商可能与工人签订长期合同，并购置专门资产，为特定公司的生产加大投入。同样，与公司签订长期合同的客户可能会购买专门的机器来加工该公司生产的独特产品。这类投资不可逆转，并且仅仅针对特定交易。一旦公司遇到财务困难，甚至倒闭，特定关系投资将变得毫无价值，导致供应商和客户遭受巨额的转换成本。因此，对于需要独特商品的客户公司来说，它们必须保持财务稳定，即较低的杠杆率作为承诺机制，以说服其供应商进行特定关系投资；对于生产独特商品的供应商公司来说，主要客户潜在的业务损失可能会破坏公司的稳定，因此为了规避风险它们可能更愿意保持较低的杠杆率。随后的研究对上述理论进行了大量的实证检验。具体来说，Kale 和 Shahrur（2007）发现，公司将降低杠杆率作为承诺机制，以吸引客户或供应商进行特定关系投资。Moon 和 Phillips（2020）的研究结果表明，拥有更多外包采购合同的公司倾向于降低杠杆率，从而降低合同方的预期财务困境成本。Itzkowitz（2013）和 Lian（2017）指出，如果公司的销售或购买集中于少数客户或供应商，其财务状况就会受主要客户或供应商财务状况的影响，容易遭受额外的经营风险，这种风险将限制公司加大财务杠杆。Kadapakkam 和 Oliveira（2021）则考察供应商与客户关系的稳定性对公司杠杆率的影响，结果表明，客户和供应商的合作时间越长、公司董事或高管之间的个人关系越紧密，贷款方就认为公司业务越稳定，转换风险越低，从而使公司增加杠杆率，公司管理者也会认为供应链关系的稳定性较高，倾向于加大杠杆并签订更多的债务合同。

除此之外，也有学者基于企业对客户和供应商的议价能力理论展开研究。Kale 和 Shahrur（2007）以客户或供应商的行业竞争度衡量公司的议价能力，结果发现公司的杠杆率与议价能力正相关。在此基础上，Oliveira 等（2017）指出，供应商可通过加大杠杆减少谈判中可用的盈余，从而提高议价能力。况学文等（2019）认为，供应商和客户在博弈中会策略性地运用财务杠杆，当客户集中度低于临界值时，供应商会降低杠杆率以吸引客户加大特定关系投入；当客户集中度高于临界值时，供应商则会提高杠杆率以提升自身议价能力，防范"敲竹杠"风险。

（3）供应链网络对企业融资约束的影响

相比银行，公司合作的客户和供应商掌握的信息更多，因此能够以商业信用的形式为公司提供短期融资（Biais and Gollier, 1997）。王彦超和林斌（2008）认为，当企业面临融资困难时，来源于客户和供应商的商业信用融资成为企业融资的一种重要渠道。从合作的角度来看，Ferris（1981）把商业信用视为企业与客户或供应商交易中的保障机制，有助于减少交易方的机会主义行为，降低交易成本。Wilson 和 Summers（2002）发现，企业与供应商和客户维持良好和长久的关系有助于企业获得更优惠的商业信用融资，以稳定相互之间的合作关系。Dass 等（2015）认为，公司提供的商业信用是一种承诺工具，通过延迟收款或预先付款激励客户或供应商进行特定关系投资，规避道德风险。王贞洁和王竹泉（2017）发现，供应商更愿意为弱势企业提供商业信用以缓解其融资约束，提高企业持续增长能力，这进一步促进了企业和供应商的合作。

从竞争的角度来看，企业通过为客户提供商业信用形成价格优势以争取客户，此时，市场地位较高的客户能够获得更多商业信用（张新民等，2012）。相应地，Dass 等（2015）发现供应商的市场力量越强，提供给客户的商业信用就越少。陈正林（2017）指出，客户或供应商集中度越高，其议价能力越强。企业与上游供应商和下游客户之间的竞争迫使企业为客户提供更多的商业信用，并且在竞争更加激烈的行业，企业为了锁定客户也不得不为客户提供更多的商业信用。Chod 等（2019）考察了供应商之间的竞争如何影响他们向资金有限的零售行业客户公司提供商业信用。他们认为，当供应商向此类公司提供商业信用时，它们会增加在所有供应商处的采购，导致其他供应商"搭便车"的问题。因此，在客户购买中占有较大份额的供应商更愿意提供商业信用，因为它们能够吸收客户购买中的大部分利益，实证结果也表明购买更集中于少数供应商的客户能够获得更多的商业信用。李任斯和刘红霞（2016）认为，在单独考虑企业与供应商或客户交易的二元关系时，竞争效应更明显，企业的商业信用融资随着供应商集中度和客户集中度的增大而减小，而考虑到企业与供应链上下游客户、供应商的三元关系时，供应商集中度和客户集中度同时较大将加强三方的合作关系，有助于企业信用融资。Jhang 等（2021）考察了供应链网络结构对供应商公司商业信用的影响，结果表明，网络互联度与公司获得的商业信用显著负相关，而网络集成度与公司获得的商业信用显著正相关。

此外，Itzkowitz（2015）指出，客户是企业的非财务利益相关者，具有监控其供应商的能力和动机，企业的大客户能够发挥认证作用，降低代理成本，缩小内部和外部资金成本之间的缺口，从而减小了投资 - 现金流敏感性和融资约束。窦超等（2020a）关注政府背景的客户对企业的影响，发现政府和国有企业这类优质客户能够给企业带来稳定的现金流，降低企业的违约风险，并且向资本市场传达积极的信号，有助于企业获得市场投资者的认可，从而缓解民营企业的融资约束。

(4) 供应链网络对企业股利政策的影响

现有研究表明，公司的客户 - 供应商关系会对其股利支付水平产生负向影响，具体通过两个渠道产生作用。一方面，客户 - 供应商关系可能会导致公司进行特定关系投资，增加公司陷入财务困境的可能性（Banerjee et al.，2008）。Kale 和 Shahrur（2007）指出，公司管理者为了应对潜在财务困境风险，将限制其债务或者持有更多的流动资产。在此基础上，Wang（2012）发现，当公司依赖少数客户或供应商时，公司倾向于通过减少股利支付节省更多的流动资产，提高财务灵活性，以减轻高昂的财务困境成本对公司价值的负面影响。焦小静（2018）的研究得到了相似的结论，研究发现客户集中度通过增加公司当年和未来两年的经营风险，对企业股利支付意愿和水平产生负向影响，并且这一影响在客户关系较差、规模较小、盈利能力较低以及行业竞争程度较低的公司中更显著。

另一方面，客户-供应商关系能够发挥认证和监督作用，降低公司与其股东之间的信息不对称（Johnson et al.，2010）。大量股利支付政策的相关研究表明，公司通过预先承诺较高的股利支付以缓解股东对公司自由现金流问题的担忧，从而减轻代理冲突（Jensen，1986；John et al.，2011）。Wang（2012）指出，公司主要客户所发挥的认证和监督作用可以取代股息支付，减少股东对自由现金流问题的担忧，反过来降低公司利用股息支付承诺解决经理人与股东之间的委托代理问题的动机。

2.2.2　供应链网络对企业经营绩效的影响

随着市场分工的精细化，上游供应商与下游客户对公司经营状况的影响引起了学术界的广泛讨论。相关研究主要分为以下两个部分。

（1）线性关系视角下供应链网络对公司经营绩效的影响

大量研究把供应链关系视为供应商和客户的二元或三元线性关系，考察其对公司经营绩效的影响，并提出了两种不同的观点。一方面，传统观点认为供应商和客户存在竞争关系，相互争夺经济利润（Anderson and Jap，2005）。这类研究强调少数大客户向依赖它们的供应商施加压力，要求供应商做出让步，例如降低价格、扩大商业信用交易、增加额外库存等，大客户通过侵占供应商公司的利益受益，而这种关系对供应商公司的经营绩效来说是一种不利因素（Porter，1974；Lustgarten，1975；Balakrishnan et al.，1996）。Kelly 和 Gosman（2000）探讨了客户集中度对供应商公司盈利能力的影响，指出客户集中度和公司盈利能力为负向关系，大客户具有强大的议价能力，能够与供应商讨价还价并签订有利的合同条款，导致其盈利能力被削弱。唐跃军（2009）认为，供应商、经销商与公司间会通过博弈来瓜分供应链利润，因此供应商、客户的议价能力越低，上市公司业绩就越好。田志龙和刘昌华（2015）探讨了客户集中度对企业创新的异质性影响，并指出相较于消费品制造企业，客户集中度对中小企业绩效的正向促进作用在工业品制造企业中表现得更强。Hui 等（2019）进一步支持了竞争假设，其研究表明客户集中度与供应商公司的盈利能力负相关，但与大客户的盈利能力正相关，并且随着供应商公司与大客户关系的增强，这两种关系都减弱。

另一方面，更多的研究表明，供应商和客户之间的协作关系有助于公司经营绩效的提升。与主要客户建立长期关系的供应商能够通过降低服务成本、增加重复销售和交叉销售机会以及提高销售支出整体效益来降低管理费用，并且当主要客户较为集中时，供应商公司的销售和广告成本也往往较低。此外，拥有集中客户群的供应商可以通过增加信息共享和加强生产协调来改进其营运资本管理（Cheung et al.，2011）。反过来，加强生产协调可以帮助客户集中的供应商减轻供应链常见的扭曲（例如牛鞭效应），减少重新设计的成本，避免产品开发的延误（Patatoukas，2012）。Lanier Jr. 等（2010）通过识别卖方，及其至少一个供应商和买方构建三元供应链，验证了供应链集中度和供应链持续时间在公司业绩中的作用，结果发现关系集中的三元供应链成员可以集体取得更好的绩效，包括更高的资本回报率（ROA）、利润率和资产周转率以及更短的现金周期，但是由于下游成员强大的供应链议价能力，供应链超额收益主要由下游成员获取。滕飞等（2020）考察了客户关系对企业定向增发绩效的影响，结果发现定向增发后，客户集中度越高则营业收入增长率越高，并且公司的客户关系投资水平越高，这种促进作用越强。

也有研究发现竞争效应和合作效应同时存在，导致供应链网络关系与企业绩效之间呈现非线性关系。Villena 等（2011）发现，与供应商建立关系形成的社会资本与企业绩效具有倒"U"形关系，与供应商建立关系形成的社会资本在战略和运营方面对企业绩效有积极影响，但是当这一社会资本到达临界值后，将降低企业客观和有效决策的能力，也会增加供应商的机会主义行为，将对企业绩效产生负向影响。Irvine 等（2016）引入了生命周期理论，发现客户集中度和盈利能力之间的关系在合作初期为负，但随着合作的加深逐渐变得积极。这一动态关联性的核心驱动要素是供应链合作关系带来的特定客户投资。这些投资导致了更大的固定成本、更大的经营杠杆，以及在关系早期更高的亏损概率，但随着关系的成熟，企业间的技术共享变得更加深入，企业盈利能力得以提高。

（2）网络视角下供应链网络对公司经营绩效的影响

仅有少数研究把供应链视为多层直接和间接联系的复杂网络，采用网络视角考察供应链网络对企业经营绩效的影响。到目前为止，采用网络视角的供应链研究相对较少，主要原因在于难以获得网络数据。仅有的几项研究大多关注供应链网络给企业绩效带来的负面影响。例如，Kim（2017）利用 Compustat 数据库构建了客户网络，以客户集中度、相互依赖度和客户互联度三个指标描述客户网络的关系特征和结构特征，并探讨其对供应商财务绩效的影响，结果表明客户集中度和互联度对供应商的经营绩效产生了负面影响。史金艳等（2019）采用中国上市公司数据构建供应网络，考察了公司在供应网络所处的位置对公司绩效的影响，结果发现公司处于网络中心以及占据丰富结构洞会导致公司面临的风险加大，对公司经营绩效产生负面影响。

2.2.3 供应链网络对企业其他方面的影响

供应链网络对企业的影响不仅体现在财务活动和经营绩效这两个方面，还体现在企业风险、企业社会责任、企业信息披露及企业税收规避等其他方面。国内外学者的相关研究如下。

（1）供应链网络对企业风险的影响

供应链网络对企业风险的影响主要涉及以下几个方面的研究。首先，从利益相关者的角度出发，供应链合作伙伴是公司重要的利益相关者，影响公司自身的风险。一些研究认为供应链关系会减小公司面临的风险。王雄元等（2014）指出，公司与大客户的合作有利于供应链上下游企业间的整合，使公司获得更高的收益且收益稳定，因此有大客户关系的公司自身风险较低。Sun 和 Fang（2015）采用客户和供应商二者公司的高管或董事会成员是否曾经共同工作来衡量客户和供应商之间的关系强度，结果发现在负面行业冲击和经济危机期间，客户与供应商的牢固关系能够显著降低公司风险。窦超等（2020b）关注中国情境下政府背景的客户群体对企业产生的特殊影响，结果发现政府背景大客户的存在能够显著降低企业面临的审计风险，并且这一作用在关系更强、政治层级更高的政府背景大客户中效果更明显。也有研究发现企业和供应链上下游的关系会导致企业面临的风险加剧。陈正林（2016）强调公司与上下游客户和供应商存在利益竞争，在买方市场的情况下，大客户具有更强的议价能力，因此在客户集中度较高时，公司将承担更多的义务和风险，而供应商集中也会导致公司容易面临供应中断、经营停顿、成本剧增等风险。史金艳等（2019）考察了供应网络位置对企业经营风险的影响，研究表明靠近网络中心位置、占据丰富结构洞的公司，将更容易受到网络其他公司决策失误、经营不善、财务恶化等状况的牵连，并且网络成员的联系更加分散，导致公司自身的经营风险加剧。Chen 和 Wang（2020）从理论和实证上考察了供应商针对客户进行的特定关系投资对其盈利能力和利润风险的影响。结果发现，特定关系投资的存在使供应商容易受到客户业务的巨大负面冲击,从而导致投资效率低下。例如,当客户从供应商处订购定制产品时,一旦客户取消订单,供应商将不得不以大幅折扣将产品出售给另一个客户,或者对产品进行高成本的改造,以满足其他客户的需求,使得供应商的投资效率低下,进而会降低供应商的利润水平并加剧其利润波动。类似地,王丹等(2020)的研究发现,客户群集中的公司会面临大客户依赖风险,因此公司管理层决策倾向于保守,导致公司投资不足的程度和概率加大。

其次,从风险传递的角度来看,公司风险可能在供应链上下游企业之间产生传染效应。Hertzel 等(2008)发现,客户财务状况不佳将影响供应商股价,且对关系越密切的供应商,其传染效应越大。Barrot 和 Sauvagnat(2016)通过自然灾害的发生来识别公司受到的异质性冲击(Idiosyncratic Shocks),考察了这类冲击在供应链网络中的传播效果,结果发现受影响的供应商会使其客户产生重大产出损失,这些产出损失会转化为巨大的市场价值损失,并波及其他供应商。Mihov 和 Naranjo(2017)调查了公司异质性波动在供应链上的垂直传播,结果发现客户群越集中的公司,其股票回报波动越大,并且这一影响因客户类型不同而存在差异。具体来说,如果一家公司的客户群高度集中,则该公司更容易受到客户股票回报波动的冲击,其自身的股票回报也会表现出更高的波动性。王雄元和高曦(2017)对客户发布盈余公告后的市场反应展开研究,结果发现供应商股价的市场反应和客户股价的市场反应正相关,说明客户盈余公告在供应链上发生了纵向传染效应,并且方向具有一致性。魏明海等(2018)进一步发现供应商公司对客户的依赖程度越高,客户盈余公告对供应商股价的影响越明显。彭旋和王雄元(2018)验证了当供应商自身抗风险能力不足时,客户股价崩盘风险在供应链上具有传染效应,并且客户与供应商的牢固关系对这一传染效应起到强化作用。战相岑等(2021)指出,在经济政策不确定环境中,融资约束等问题会沿着供应链冲击上下游企业的生存发展。此外,崔蓓和王玉霞(2017)研究了供应网络联系对上下游企业间风险分担的影响,结果发现企业间适度的联系有利于企业建立信任互惠的合作关系以及信息共享,进而有助于形成有效合理的企业间风险分担机制。

(2)供应链网络对企业社会责任的影响

Park-Poaps 和 Rees(2010)的研究表明,企业客户要求供应商承担企业社会责任,以避免供应商的不道德行为可能导致的声誉损害和经济损失。Dhaliwal等（2011）发现，企业管理者通过企业社会责任向客户公司传达非财务信息，减少和客户公司之间的信息不对称，从而提高信息透明度，形成更好的信息环境。Dai等（2020）证明了客户作为重要的利益相关者，更愿意与积极承担社会责任的公司建立供应链合作关系，这是由于企业社会责任表现得好有助于加强品牌和声誉效果，进而提高运营效率、销售增长率和公司价值。此外议价能力强的客户对供应商公司承担社会责任的激励效果更明显。但是，当公司的客户比较集中时，反而会削弱企业承担社会责任的动力。究其原因，Wen等（2020）认为，客户集中度较高时，客户公司可以通过私人渠道获取信息，减少对供应商信息披露的依赖，通过这一作用渠道，客户集中导致供应商企业在承担社会责任方面缺乏足够的激励作用。Zhu等（2021）指出，客户集中度会损害供应商的盈利能力，并增加其财务约束，当公司没有足够的资金来达到最佳投资水平时，它可能会牺牲企业社会责任投资来满足其他在短期内获得回报项目的资金需求。张长海和耿歆雨（2021）发现，当企业在供应链中具有较高的议价能力时，企业将有更强的动机加大财务杠杆，从而导致企业社会责任履行绩效降低。

（3）供应链网络对企业信息披露的影响

方红星等（2017）指出，供应商和客户是企业日常经营中接触最频繁的非财务利益相关者，对企业的公开披露信息具有较高的需求，供应商和客户通过企业披露的信息了解企业的经营状况和盈利能力等，利用这些信息做出是否与企业建立关系以及长期合作等决策。研究发现，供应链集中，企业和供应商、客户之间的私下信息交流频繁，会削弱企业公布可比会计信息以满足供应商、客户信息需求的动力。类似地，陈西婵和刘星（2021）认为，供应商或客户集中度代表企业与供应链上下游公司之间的关系强度，当关系较紧密时，私有信息的沟通会减弱公司公开披露信息的动力，容易发生信息披露违规。Crawford等（2020）从管理层业绩预告的角度探究客户集中度与企业公开信息披露之间的关系，当客户群更集中时，企业管理层业绩预告的频率更低，并且当供应商和客户进行更多针对特定关系的投资时，当客户的私人信息获取成本较低时，以及当客户寻找其他供应商的成本较低时，客户集中度与企业公开信息披露之间的负相关关系更显著。林钟高和赵孝颖（2020）也得出了类似的结论，即供应商越集中，管理层业绩预告精确度越低，预告态度越倾向乐观的结论。

（4）供应链网络对企业税收规避的影响

Huang 等（2016）指出，客户集中的公司需要持有更多的现金，并具有更强的盈余管理动机，因此更有可能通过避税活动增加现金流和会计收入，但是当大客户为政府时，由于政府能够为供应商提供稳定的现金流，反而会降低其避税水平。Cen 等（2017）调查了公司如何利用供应链实施避税策略，研究表明与没有密切供应链关系的其他公司相比，拥有稳固的客户-供应商关系的公司更可能从事税收规避行为，因为这些公司已经与其贸易伙伴建立了更有效的合作和信息处理机制，在确定和实施与供应链相关的避税战略方面具有较低的边际成本。曹越等（2018）区分了不同类型的公司避税行为，结果发现客户集中度高的公司具有更高的避税程度，并且这种关系在保守型避税公司中更明显，而在激进型避税公司中，客户集中度仅仅对国有企业和高管持股比例低的公司在避税程度上有显著的正向影响。

2.3 社会网络与企业创新的研究

Gulati（1998）从个人或组织嵌入性出发，将网络嵌入划分为结构性嵌入和关系性嵌入，前者侧重于网络的结构特性，而后者在线性层次上强调关系的强度。随后，Nahapiet 和 Ghoshal（1998）从关系和结构维度详细阐述社会网络给企业带来的优势。关系维度是指公司与其合伙人之间存在的相互尊重、信任和密切互动的程度。从关系维度来看，企业可以从与网络伙伴的合作中获益，创造出任何一家企业单独无法创造的共同利益。结构维度是指合作公司之间的整体联系模式，反映特定公司接触到哪些公司以及如何接触到它们。从结构维度来看，从公司的相互关系中衍生出的网络结构，在一定程度上决定了公司获取宝贵资源和信息的机会和限制，这些资源和信息对于帮助企业维持竞争优势至关重要。

国内外学者针对社会网络与企业创新的研究也大多以此为基础，从关系性和结构性两个层面，探讨社会网络如何给企业创造价值以及给企业带来相关的风险和潜在的负面后果，进而影响企业创新。

2.3.1 社会网络关系对企业创新的影响

基于关系性视角，一些研究强调了社会网络关系在企业知识获取过程中发挥的促进作用，企业通过将外部知识融入自己的知识结构中，提高了研发新技术和新产品的能力（Yli-Renko et al.，2001）。Dyer 和 Singh（1998）指出，企业通过特定关系投资，与合作伙伴的外部资源建立互补性，或者制定信息共享程序，以促进知识转移。社会网络关系不仅作为可靠的信息渠道，促进高质量信息和精细知识流动（Rowley et al.，2000），而且被视作一种社会治理机制，通过社会资本的积累和集体规范的强化，保障和加强各方之间的知识流动（Dhanaraj et al.，2004）。

社会网络关系促进企业创新的有效性取决于关系强度。Granovetter（1973）利用交流双方之间的互动频率、情感强度、亲密度和互惠性来定义关系强度。因此，关系强度可以看作一个连续变量，一端是弱关系，另一端是强关系。弱关系是指联系不频繁的双方之间的关系，而强关系则具有高亲密度、互惠性的特点。以 Coleman（1990）和 Uzzi（1997）为代表的强关系理论认为，社会网络中的强关系加强了彼此之间的信任和合作，有效地促进了高质量信息的流动和知识共享，因此强关系对企业创新起到促进作用。与之相对，以 Granovetter（1973）为代表的弱关系理论则认为，弱关系的非冗余性特点有助于异质性资源的传递，因此社会网络中的弱关系能够提高企业的创新绩效。

后续的研究在强弱关系如何影响企业创新这一问题上得到了不同的结论。一些研究支持强关系理论，例如，Granovetter（1973）强调企业的创新能力与其知识资源的整合和交流能力密切相关，而强关系为知识获取和利用创造了机会。一方面，强关系为公司提供外部创新资源，包括信息、产品和人员，以及对这些资源的支持；另一方面，强关系建立的信任和信用能够限制机会主义，防止商业欺诈，企业可以提高知识交流的深度、广度和效率。因此，强关系作为一种战略资源，对企业创新起到促进作用。但是，也有学者发现如果关系过于牢固，反而不利于企业创新。Lechner 等（2010）认为，过度嵌入特定关系的公司会承担不必要的义务，需要持续投入时间和资源，甚至承担额外的责任，由此产生的情境锁定会阻碍企业的创新活动。Villena 等（2011）指出，强关系可能会导致机会主义行为，由于对合作伙伴的高度信任，公司往往会减少监督和保障措施，在这种情况下，合作伙伴可能会减少及时准确的反馈，减缓企业间的知识流动，最终损害企业的创新绩效。此外，尽管强关系有利于传递复杂知识，但是强关系传递的信息通常是同质的、冗余的，而弱关系不仅能够降低转换成本，而且可以跨越不同社会群体成为其相互联系的纽带，吸收更多样化的信息，因此弱关系更有助于企业提高创新能力以及开展创新活动（Hansen，1999；Capaldo，2007；Villena et al.，2011）。

也有研究通过划分创新类型来区分强弱关系对企业创新的不同影响，Huang 和 Wang（2018）发现强关系有助于企业的渐进性创新，而弱关系则会激发突破性创新。具体来说，强关系有利于企业获取更多专业、复杂的知识，进而使企业利用现有的知识改进现有的技术，实现渐进性创新。但是突破性创新需要企业具备综合能力，拥有多样化的信息和知识，而弱关系具有成本低、冗余信息少等特点，能为企业提供异质性信息，促进企业的突破性创新。

2.3.2 社会网络结构对企业创新的影响

公司在网络结构中的位置在一定程度上决定了公司遇到的限制和机会，进而影响公司的信息收集、战略选择、风险承担和稀缺资源利用等等。Borgatti 和 Li（2009）指出，在社会网络结构的视角下，企业与别的企业的相对位置会影响企业的战略和行为，进而影响企业的创新活动。现有研究采用多种方式描述企业的社会网络结构特征，其中邻近性、中心度、结构洞等变量被认为是影响企业创新的重要网络结构特征。

邻近性主要关注企业与合作伙伴在网络位置中的距离，包括认知、组织、社会、体制和地理上的邻近，涵盖了集聚、连通、行业等多个概念（Boschma，2005）。Porter（1985）提出集群成员之间的知识溢出是企业创新的重要来源，集群企业通过面对面学习促进知识转移，公司之间的距离越近，这些知识转移就越有效。Dyer 和 Nobeoka（2000）认为，地理上邻近的公司会产生无意识的互动和连通，推动企业之间的隐性知识传递，这种隐性知识包括专业人员的技能、管理人员的思想和经验等，这些知识和信息往往很难直接表达出来。Boschma（2005）指出，地理邻近通过促进公司之间的互动、个人接触等方式建立连通关系，形成加快知识交流的非正式机制，地理邻近通过提高公司之间的其他类型的邻近性而间接发挥作用，进而实现隐性知识的有效捕获，推动企业创新。Lazzeretti 和 Capone（2016）采用动态视角考察了邻近性在公司的创新网络形成中的作用，结果发现邻近性有利于公司与网络上的其他公司建立联系、共享知识、加强协作，进而促进部门和行业的创新。Chumnangoon 等（2021）也验证了邻近性在企业知识共享中发挥的积极作用。

但是也有研究认为邻近性可能会阻碍企业创新。Boschma 和 Frenken（2010）提出了"邻近悖论"，虽然邻近性是企业间知识交换的关键驱动因素，但是无论在何种维度上都存在最佳邻近度，如果过于接近，可能会导致"锁定"效应，反而损害企业创新能力。Broekel 和 Boschma（2012）测试了四种类型的邻近性（即认知、社会、组织和地理）对企业创新的影响，结果发现地理邻近是其他类型邻近性的驱动因素，并且邻近性与企业创新之间存在非线性关系，过高的邻近性会降低企业创新绩效，验证了"邻近悖论"。Letaifa 和 Rabeau（2013）对不同形式邻近性的研究表明，地理上的邻近不会带来社会邻近，这是由于在高度竞争的情况下，公司之间存在激烈的竞争，地理邻近反而会导致企业家不愿意沟通合作，进而对企业创新产生不利影响。

中心度表示企业在网络中与核心位置的接近程度，常用于评价企业在网络中的地位、重要程度以及占据的资源（Ibarra，1993）。Tsai（2001）认为，通过在网络中占据中心位置，企业能够获得所需的战略资源，这些资源有助于提供外部信息和新想法，促进企业的创新。Salman 和 Saives（2005）发现，通过在间接联系网络中占据中心位置，企业更有可能从其直接合作伙伴处获得有用的知识并促进创新，因此网络中心性可以被视为企业无形的战略资源。Soh（2010）指出，拥有网络中心位置的企业不仅能够获取更多的外部知识和信息，而且能够最大限度地降低信息失真的风险，提高企业吸收信息的质量，帮助企业取得更好的创新绩效。钱锡红等（2010）认为，中心度高的企业在创新方面更有优势，中心度高意味着企业是合作网络的核心，更具信息优势，有助于企业进行知识整合，并且多样化的信息来源使得企业可以通过信息比对评估信息的准确性，以避免被错误信息误导。此外，位于网络中心的企业在选择合作伙伴时有更大的选择权，能够选择给企业创新带来最大化利益的合作伙伴。Mazzola 等（2015）强调位于网络中心的公司能够收集更多的信息进而检测外部环境和寻找新颖的信息和知识，并且通过知识积累提高公司识别和吸收新思想的能力以及把这些知识进一步转化为创新的能力。借助中心位置，公司可以降低搜索成本，寻找那些能够改善创新过程的外部资源，降低创新失败的风险，还有助于公司改善公司间关系，改进合作创新流程。徐研和刘迪（2020）构建了创业板上市公司间的风险投资网络，研究发现，网络中心性能够显著提升公司的创新能力，这是由于位于网络中心的风投公司具有知识优势，能够为被投资的企业带来正向的创新溢出效应。

此外，还有学者认为中心性与企业创新绩效间呈现非线性关系。例如，Gilsing 等（2008）指出，中心性能够为企业从社会网络中受益创造优势条件，不仅有助于企业获取重要和新颖的信息，而且能够增加其议价能力，从而对企业创新有积极影响。但是，企业处理信息的能力是有限的，企业面临过于多样化的信息，可能会产生较高的成本，甚至导致新知识难以吸收和整合，反而会阻碍企业创新，因此中心性会对企业创新产生倒"U"形影响。

结构洞源于 Burt（1992）提出的结构洞理论，强调公司与其他彼此不相连个体之间的连接，如果公司在社会网络结构中充当两个群体的桥梁，那么公司将占据优势地位。传统的网络研究表明，结构洞会对公司的创新绩效发挥重要的积极作用。Burt（2004）指出，占据结构洞的公司可以从其连接的不同网络集群中获得低冗余信息，并且支付相对较低的成本，如果公司能够占据更多的结构洞，其将迅速获得新信息，学习和整合不同的知识，进而抓住创新机遇、降低创新风险、实现创新产出。钱锡红等（2010）进一步研究指出，企业的知识获取和知识消化能力能够有效提高企业占据结构洞位置所获得的创新收益。Bellamy 等（2014）强调，结构洞能够增加公司网络的互联性，增强公司与网络成员之间的信息和知识流动，创造更加有利于协作的创新环境，对企业创新具有积极影响，并且当公司的网络合作伙伴更具创新性时，公司能够从更高质量的知识溢出中获得收益，提高重新组合和利用知识的能力，进一步加强结构洞给企业创新产出带来的有利作用。赵珊等（2020）将企业创新划分为实质性创新和策略性创新，研究结果表明，企业的网络优势位置通过加强其知识吸收能力，进而积极影响企业的实质性创新。Wang 等（2021）利用高管成员的背景数据构建了企业社会网络矩阵，实证检验了结构洞能够促进企业研发投资和发明专利数的提高，但对整体创新产出的影响并不显著，并且随着信息和通信环境的改善，结构洞对企业创新的积极影响被进一步放大。

但是，有研究发现占据丰富的结构洞反而不利于企业创新。例如，Ahuja（2000）认为当结构洞较多时，公司所处网络中的成员过于分散，与公司直接联系的成员较少，会导致信任水平降低以及容易引发机会主义行为，并且很难形成有效的治理机制规范网络成员的违规行为，从而会给企业创新产出带来不利影响。

在此基础上，Muller 和 Peres（2019）进一步把影响企业创新的社会网络结构特征总结为三个方面，分别是凝聚力、连接性和简洁性。其中，凝聚力意味着企业在网络成员之间具有强大的影响力和较高的信任；连接性表示企业的网络枢纽地位突出，与大量成员有联系，并且与成员之间的相对距离较短；简洁性代表企业的社会网络冗余程度很低，与之相连的各个节点存在一定的差异，能够给企业带来多样化的信息流。

2.4 文献评述

2.4.1 供应链对企业创新影响的研究相对薄弱

本书通过系统梳理研究文献发现，国内外学者针对企业创新影响因素从宏观、中观、微观等层面做了大量研究。其中，在对企业创新行为外部影响因素进行探索的过程中多聚焦于经济环境、金融发展、市场竞争等宏观和中观视角，对于企业创新行为内部影响因素的研究则主要集中在产权性质、公司内部治理、管理者特征等微观层面。近年来，随着信息技术的高速发展，企业与外部的联系越发紧密，学者们对企业创新影响因素的关注也逐渐向外部利益相关者转移。客户和供应商作为企业在供应链中关键的利益相关者，与企业之间通过供销关系连接，对企业的财务活动和经营绩效等方面均产生显著影响。但是现有文献对于供应链上的客户和供应商如何影响企业创新还缺乏深入的研究，并且由于所处的制度背景、数据来源以及研究方法不同，现有关于供应链与企业创新的研究暂未得出一致的结论。因此，本书基于中国的现实背景，从供应链网络这一中观视角，探究企业创新如何受到外部供应链网络的影响。

2.4.2 网络视角的供应链研究相对较少

早先基于供应链的研究侧重于客户和供应商之间线性的二元或三元关系，虽然线性视角可能有助于捕捉客户和供应商之间的交易给企业带来的某些直接影响，但是进一步理解公司战略或决策受到哪些外部因素的作用，必须考虑公司所处的更广阔的社会网络。供应链网络是社会网络的一个重要范畴，网络中各公司以供销关系为基础建立联系。供应链关系应该被视为复杂的网络联系，并将市场中的买方和卖方视为网络中的行动者。供应链网络包括重点公司与其每个供应链网络合作伙伴（例如供应商和客户）的直接关系，以及其与直接合作伙伴的合作公司的间接关系。因此，从供应链网络的角度来看，公司的经营与决策不仅受到与公司有直接关系的上下游供应商和客户的影响，而且与公司在网络结构中所处的相对位置密切相关。然而，仅有的一些基于网络视角的供应链研究往往局限于理论层面，少量实证研究也主要针对单一行业构建孤立的供应链网络，缺乏对供应链网络特征的全面考察。因此，应该建立多层次直接和间接联系交织的复杂供应链网络，从多个层面探究供应链网络对公司经营与决策的影响。

2.4.3 社会网络对企业创新的作用机制研究有待深入

近年来，基于网络视角研究企业创新逐渐成为一种趋势。国内外学者根据公司之间形成的不同关系，探究了各种类型的社会网络对企业创新的影响。现有的研究表明，公司的创新活动不仅受到公司间直接创新合作关系形成的创新网络的影响，而且与公司嵌入的高管网络、董事网络、人力资本网络、风险投资网络、客户贸易网络、供应链网络等各种社会网络密切相关。尽管不同研究构建的社会网络类型不同，但网络关系、网络结构等都是通用的。其中，从网络关系视角展开的研究主要关注网络关系强度对企业创新的影响，对于"强关系"还是"弱关系"能够促进企业创新这一问题，国内外学者暂未得出一致结论。此外，网络结构也是社会网络分析中的关键要素之一，相关研究主要采用邻近性、中心度、结构洞等指标描述公司的社会网络结构。网络结构特征如何影响企业创新受到了大量学者的关注，衍生出了不同的观点。虽然，网络关系和网络结构作为社会网络分析中的关键要素已经被广泛研究，但是研究中仍然存在两点需要进一步研讨。第一，社会网络对企业创新的作用效果得到了广泛的验证，但是没有得出一致的结论，有必要基于社会网络理论构建公司的供应链网络，探究供应链网络在企业创新中发挥的作用。第二，针对不同类型的社会网络对企业创新的影响机制存在差异，需要进一步探究供应链网络如何影响企业创新，从而对供应链网络影响企业创新的作用机制做出更为合理的解释。

第3章　供应链网络与企业创新：概念与理论

3.1　基本概念界定

3.1.1　企业创新

（1）企业创新的定义

无论是新古典经济学还是内生增长理论都将创新视作推动国家经济增长的根本动力，全球各主要国家出台的发展战略也都把创新摆在经济发展的首要位置。在一个国家的创新体系中，企业作为创新活动的主要承担者，在创新中发挥着巨大作用，其创新能力决定着一个国家或地区的发展水平。因此，从微观视角对创新展开的研究大多将企业视为主体，聚焦于企业创新。本节通过梳理企业创新的相关概念，对本书中的企业创新进行概念界定，为后文探究供应链网络对企业创新的影响提供理论基础。

在西方，企业创新的界定起源于熊彼特（Schumpeter，1912）的经典著作《经济发展理论》（*The Theory of Economic Development*），在该著作中创新被定义为"建立一种新的生产函数"，即通过将生产要素和生产条件的"新组合"引进生产体系，在市场中赚得潜在利润的过程。在熊彼特的理论框架中，创新就是对现有的产品、技术、市场、资源、组织等经济要素进行重新组合。这种新组合可以总结为五种类型：一是推出新产品或者创造产品的新特征；二是引入新的生产方法；三是开拓新市场；四是开辟原材料或半成品的新供应来源；五是实施新的组织形式。这五种形式的创新也被称作产品创新、工艺创新、市场创新、资源配置创新和组织创新。此外，熊彼特也是最早提出企业是创新主体的学者之一，他把新组合的实现称为企业，把以实现新组合为基本职能的人称为企业家。企业的本质是创新，在市场中获得利润是企业创新的原动力。因此，在市场经济中，创新必然会引发模仿，进而刺激大规模的投资，带来经济繁荣。随后创新的利润因为大量模仿者进入而降低，直到创新扩散到相当多的企业，创新的盈利趋于消失，一轮创新结束，经济衰退，新一轮的创新即将开始。同时，在创新的推动下，经济也在繁荣、衰退、萧条和复苏的周期性循环中发展前进。

熊彼特关于创新的思想为现代创新理论的形成奠定了基础，之后学者针对创新概念的讨论也大多由此展开。曼斯菲尔德（Mansfield, 1961）关注企业创新的过程，将企业创新定义为从构思新产品开始，以新产品的销售和交货为终结的探索性活动。曼斯菲尔德强调新技术的首次应用才能被称作创新，之后其他企业再采用这种新技术属于模仿行为，他对创新与模仿之间关系的解释弥补了熊彼特创新理论的部分空白。门斯（Mensch, 1975）在熊彼特创新理论的基础上，继承并发展了长波技术论，他在其经典著作《技术的僵局》中把创新定义为将技术进步应用于经济发展的过程。由此创新可以划分为基础创新、改进创新和虚假创新，其中基础创新能够拉动经济走出危机，随后创新的扩散和应用催动经济发展进入上升阶段，当创新扩散到一定程度时，会出现虚假创新，导致经济增长停滞进入衰退时期。弗里曼（Freeman, 1974）根据熊彼特的创新思想，指出创新在经济学上的意义是"新产品、新过程、新系统和新服务的首次商业性转化"，包含技术研发、产品生产、财政管理和市场扩散等多个步骤。德鲁克（Drucker, 1985）从管理学层面发展了熊彼特的创新理论，在其代表作《创新与企业家精神》一书中指出，创新是一种增加资源产出的行为。创新可能体现在多个方面，比如追求更低的价格、生产更好的产品以及发掘已有产品的新用途。同时，创新也可能发生在企业生产经营的各个环节，比如改进技术设计、优化产品和营销方式、提高服务质量、降低产品和服务价格以及强化企业组织管理。

国内对创新的研究起步较晚，20世纪80年代傅家骥率先开展技术创新的相关研究，为了使技术创新研究在我国社会主义市场经济的背景下更具有普遍意义，傅家骥（1998）在其著作《技术创新学》中把技术创新定义为"企业家抓住市场的潜在盈利机会，以获取商业利益为目标，重新组织生产条件和要素，建立起效能更强、效率更高和费用更低的生产经营方法，从而推出新的产品、新的生产（工艺）方法，开辟新的市场，获得新的原材料或半成品供给来源，建立企业新的组织，它是包括科技、组织、商业和金融等一系列活动的综合过程"。傅家骥继承熊彼特理论将创新视作一种经济行为，而非科技行为，强调创新是将新发明或新技术引入生产体系，进而获得经济效益的过程。柳卸林（1993）将科学技术视为经济增长的主要根源，将创新理解为生产函数的变动，认为企业"通过投入一些常规生产要素，生产有市场价值的新技术，进而将新技术应用于新产品或新生产方法上"，随着新技术的扩散和国际转移，最终实现技术进步。

因此，本书延续熊彼特的思路以及现有经典研究的观点，对企业创新定义如下：企业创新是企业通过将生产要素和生产条件重新组合，开发新技术、生产新产品，之后将新技术或新产品投入商业化，最终获取市场潜在利润的全过程。

（2）企业创新的度量

对于本书后续的实证研究部分，刻画企业的创新水平是关键内容。国内外学者大多从创新投入和创新产出两个方面衡量企业的创新水平。从企业的创新投入来看，学者通常采用企业创新各个环节的投入来评价企业创新，常用的指标包括企业的 R&D 投入和研发人员数量等（Gonzalez and Pazo, 2008; Cin et al., 2017; 陈红等，2018）。创新投入是企业开展创新活动的基础条件，反映企业创新的科学基础和物质基础。但是仅从创新投入视角测量企业创新会忽略创新的产出状况、市场效应等更为关键的维度，因此现有研究更多从创新产出视角来描述企业创新水平。从创新产出来看，专利数是测度企业创新最直观的指标（Fang et al., 2017）。专利指标主要包括专利申请数量和专利授权数量，其中专利申请之后要经过一系列烦琐的审批程序，相关机构审查和认可后才能够获得授权，因此相比专利申请数量，专利授予数量具有明显的时滞特征。除此之外，考虑到专利授权受到多种外部因素的影响，尽管企业某些专利申请未能获得授权，这些未授权专利也能够体现企业在创新活动中投入的努力以及产出的成果，并且只要是达到申请水平的专利都能够在提高生产效率、优化产品质量、提升服务水平等方面发挥作用，因此专利申请数量的涵盖范围更加广泛，能够更加全面地衡量企业的创新水平。

但是专利本身还存在质量上的差异，各种类型的专利不能一概而论。因此，学术界通常根据专利信息来衡量企业创新质量。国外研究大多采用专利的被引用次数作为描述企业创新质量的指标，大量的引用意味着该专利更有价值，对其他企业的创新有更强的技术影响（Fang et al., 2017；Nanda and Rhodes-Kropf, 2013）。也有研究采用专利申请和授权之间的时间跨度来评估专利质量，因为重要的创新往往能够更快获得批准（Harhoff and Wagner, 2009；Régibeau and Rockett, 2010）。而国内针对企业创新的相关研究大多参考中国专利法对专利的分类来对企业创新的质量进行区分。黎文靖和郑曼妮（2016）对中国上市公司创新质量的衡量方法得到了广泛认可。该研究依据中国专利法对专利类型的划分，将发明专利视为技术水平较高的实质性创新，而将其他两类专利（实用新型专利和外观设计专利）视为简单的、技术水平较低的策略性创新，因此其采用发明专利数衡量企业的创新质量。

基于上述针对各种创新指标的优劣分析，本书在参考现有研究以及结合现实数据可获得性的基础上，采用发明专利申请量衡量企业创新水平，并在稳健性检验中采用专利申请总量作为企业创新的替代指标。

3.1.2 供应链网络

（1）供应链网络的定义

20世纪80年代末，科技和生产力的迅速发展使企业面临的竞争加剧，政治、经济、社会环境频繁变化给企业带来较大的外部不确定性，市场上消费者的需求日益多样化，种种压力迫使企业在管理模式上寻求突破，供应链（Supply Chain）这一概念应运而生。企业通过与供应商、生产商、分销商、运输商和零售商等多个企业相互合作，形成一条产品输送链，最终使商品到达顾客手中。Stevens（1989）认为，供应链是控制材料通过增值过程和分销渠道从供应商最终流向客户的一系列相互关联的活动。Evans等（1995）进一步将供应链管理（Supply Chain Management）定义为"通过前馈的信息流以及反馈的物流和信息流，将供应商、制造商、分销商、零售商直到最终用户连成一个整体的模式"。以上针对供应链和供应链管理的定义都将供应链视作一条完整的链状结构，其中物流、资金流和信息流按顺序流动，原材料、零件以及产品等各种物料在供应链上依次转移而实现价值增值，相关研究所建立的供应链模型也通常是单链型上下游结构，这种早期的供应链结构如图3-1所示。

20世纪90年代以来，随着信息技术飞速发展，全球化进程加快，供应链的形式逐渐超越简单的链式结构，开始呈现网络化特征。Lin和Shaw

```
物流：原材料、中间产品、最终产品
资金流：货款、薪金、账单
信息流：生产能力、配送、运输、仓储
```

供应商 → 制造商 → 分销商 → 零售商 → 最终顾客

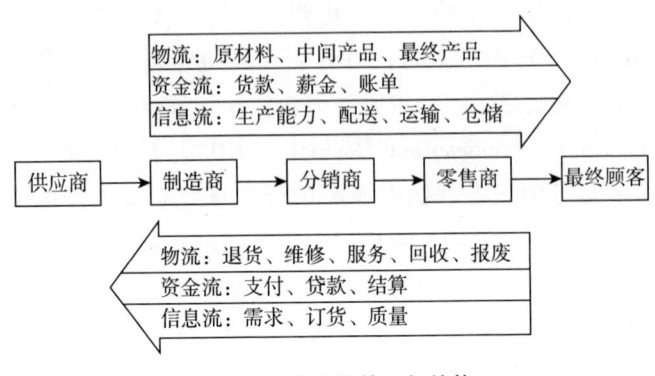

```
物流：退货、维修、服务、回收、报废
资金流：支付、贷款、结算
信息流：需求、订货、质量
```

图 3-1　供应链的一般结构

(1998) 最早提出了供应链网络（Supply Chain Networks）这一概念。他们认为无论是向最终客户交付商品还是服务，整个供应流程都是相当复杂的，甚至包含数百个业务流程，为了提高商品或服务的供应效率以适应动荡的外部环境，众多不同类型的企业（供应商、生产商、运输商和分销商）选择相互合作，通过参与上游或下游的不同环节，承担向客户提供商品或服务的不同任务，从而形成了一种复杂的"供应—生产—配送—销售"网络，这种将所有参与供应活动的企业联系在一起的网络被称为供应链网络。供应链网络包含促进物质和信息流动的多层主体，涉及多个跨组织边界的业务流程，例如原材料供应、零部件加工、产品开发和生产、产品运输和分销，不同功能主体相互协作、相互依赖。从参与主体来看，供应链网络由多个自主或者半自主的商业主体组成，每个商业主体的任务都是促进材料从上游到下游的流动，直至最终将产品交付给客户。在供应链网络中，各个商业主体的角色都是相对的，例如制造商是其下游制造商和分销商的供应商，同时是其上游供应商的原材料需求方。在此基础上，Lin 和 Shaw (1998) 给出了供应链网络的一般结构，如图 3-2 所示。在这个结构中，存在一个核心企业，其他企业都与核心企业有直接或间接的业务合作。

进入21世纪以来，随着全球化进程的进一步加快以及信息技术的进一步发展，市场上的专业分工越来越细化，企业间的合作也越来越丰富，供应链网络呈现更加复杂的网络特征。Ritchie 和 Brindley (2000) 指出，信息、计算和通信技术的发展以及随之而来的进入壁垒和贸易壁垒的侵蚀将从根本上改变企业之间的商业关系，传统的线性关系将演变为更加复杂的网络关系，线性供应链关系模型将被具有不可预测和动态特征的无定形供

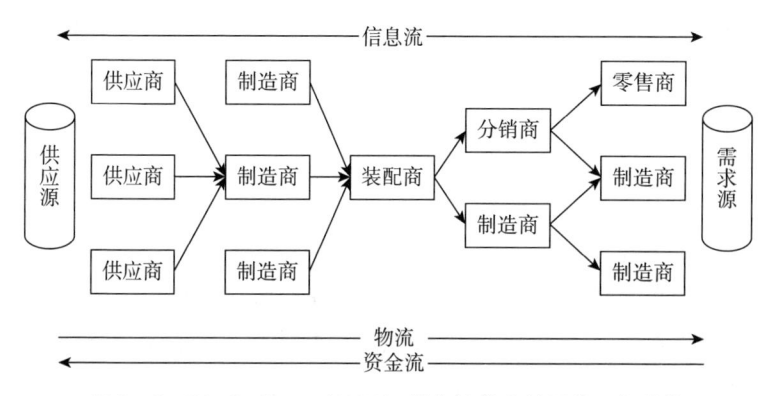

图 3-2　Lin 和 Shaw（1998）提出的供应链网络一般结构

应链关系模型所取代。Kemppainen 和 Vepsäläinen（2003）认为，在动荡的商业环境中取得成功取决于以更快的速度交付新产品和服务，企业为了提高自身实力倾向于将非核心业务外包，以及加强与合作伙伴的协作关系和信息共享，从而推动线性的供应链关系发展为网络型的供应链关系。Lamming 等（2004）认为，供应链网络是一系列供应链组成的网络关系所代表的业务系统，旨在支持商品和服务的买卖，在这个系统中，各个企业的经营决策效果相互影响，构成了一个复杂的空间。Surana 等（2005）指出，供应链网络由大量的企业实体，以及这些不同企业实体之间的相互作用和相互依赖关系组成。他们认为供应链网络可以被视作一种复杂的适应性系统，其复杂性几乎与生物系统相当，可以采用复杂网络的概念、工具和技术来描述供应链网络；并且在此基础上建立了供应链网络的扩展结构，如图 3-3 所示。这种结构包含大量不同领域的企业主体，其中不存在唯一的核心企业，而是呈现无标度特征。

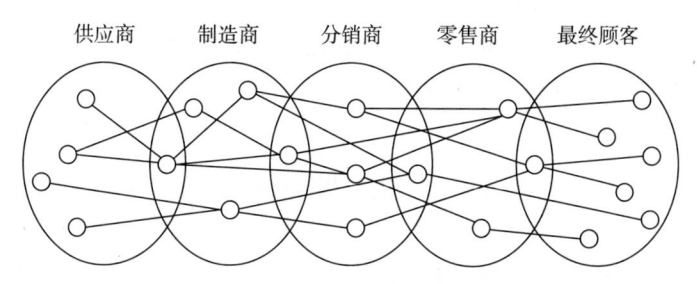

图 3-3　Surana 等（2005）建立的供应链网络扩展结构

霍佳震等（2007）进一步区分了供应链网络的一般结构和扩展结构，将前者称作网链结构的供应链，认为后者是真正意义上的供应链网络。二者的区别在于，首先，网链结构的供应链中只有一个核心企业，其余企业的活动都围绕核心企业的业务展开，而供应链网络存在多个核心企业，包含多条网链型供应链。其次，网链结构的供应链具有垂直一体化特征，而供应链网络中不仅每条供应链上的企业相互合作，还涉及供应链企业之间的跨链协调，兼具垂直、水平一体化特征，网络化、专业化更明显。

因此，本书在上述研究的基础上，对供应链网络定义如下：供应链网络是由不同角色主体（包括原料供应商、制造商、分销商、零售商以及各环节的服务商等）基于供销业务形成的相互关联、协同作用的公司网络。供应链网络是一种由多条供应链交互构成的复杂网络，网络中的主体具有"一体多角"的特征，对于供应链网络中的某个主体来说，它既可以是某个供应链中的原料供应商，也可以是其他供应链中的制造商，或者销售商。

(2) 供应链网络的"关系－结构"维度

供应链网络一直被看作企业外部社会网络的重要组成部分，本书参考社会网络分析的理论框架来区分供应链网络的不同维度。自 Granovetter (1985) 提出嵌入性理论以来，社会网络研究从二元关系视角和整体网络视角明确区分了关系嵌入和结构嵌入两个不同层次以及相应的作用机制。关系嵌入强调经济行为受到行动者所嵌入的社会关系的影响，结构嵌入则强调行动者所嵌入的更宏大的网络结构的作用。因此，本书从"关系－结构"维度对供应链网络展开分析。其中，供应链网络关系主要关注网络公司之间基于供销业务建立起的二元关系，强调公司的经营和决策受到其与上下游合作伙伴建立的直接关系的影响，具体采用企业与上游供应商的关系强度和下游客户的关系强度来衡量；供应链网络结构重点关注网络的整体结构，以及行动者在网络整体结构中的位置对自身经济行为的影响，通过考察企业在供应链网络结构中的中心度和结构洞来衡量，具体的测算方法在本书后续部分进行详细说明。

3.2　相关理论基础

3.2.1　企业创新相关理论

(1) 创新理论的产生

1912 年，熊彼特（Schumpeter, 1912）在其经典著作《经济发展理论》中首次提出"创新理论"（Innovation Theory），之后在《经济周期》和《资本主义、社会主义和民主主义》等著作中进一步建立和完善了创新经济学理论体系（Schumpeter，1939，1942）。熊彼特的创新理论主要包含五个方面的内容。

一是创新的内涵。创新是"建立一种新的生产函数"，即通过将生产要素和生产条件的"新组合"引入生产体系，在市场中获取潜在利润的过程。因此，创新是一个经济概念而非技术概念，具有产品创新、工艺创新、市场创新、资源配置创新和组织创新五种模式。

二是创新的主体。创新活动由特定的人群执行，以承担创新活动为职业的人便是企业家，企业家的核心职能是执行创新活动，企业家进行创新活动的直接原因在于追求经济利润，内在原因是追求自我价值实现的企业家精神。

三是创新与经济周期。创新能够给企业带来额外利润，吸引市场上的其他企业模仿或复制创新，带来经济繁荣，之后这种额外利润随着大量模仿而消失，被称为"竞价下跌"，经济逐渐衰退、萧条，新一轮的创新即将开始。由于创新者和模仿者的相互作用循环往复，资本主义经济将呈现周期性波动。

四是创新与资本主义社会发展。当经济社会发展进入一定阶段，创新不再产生额外利润，而是一种"常态"时，创新将不复存在，以创新为使命的企业家也会随之消失，投资将失去意义，最后资本主义会自动过渡到社会主义。

五是两种创新模式。早期的熊彼特创新理论强调单个企业家的作用，企业家在市场中成立新企业，通过创新获取潜在经济利润，并且挤占原有市场参与者的利润空间，从而改变市场结构，最终推动经济增长。在这个过程中，创新降低了市场进入门槛，技术进步是经济增长的外生变量，这种模式被称作"熊彼特模式Ⅰ"，或者创新的"广度模式"。后期熊彼特逐渐重视企业家之间的合作以及大企业的创新，认为只有大企业才能够负担研发项目费用，并且大企业可以通过多元化的研发创新来分散风险。此外，大企业往往拥有一定的市场支配能力甚至垄断地位，使得其可以通过创新获得超额利润。这种创新模式主要依赖大企业的内部研发部门，相对于模式Ⅰ具有更高的集聚程度，被称为"熊彼特模式Ⅱ"，或者创新的"深度模式"。

熊彼特的创新理论通过全新的视角来揭示经济波动的内在规律以及资本主义的发展进程，对后续的经济学研究产生了深远的影响，之后的一系列创新理论都是在熊彼特创新理论的基础上提出和发展起来的。

（2）创新理论的发展

在熊彼特提出创新理论之后，后续的学者对该理论进行了发展、演绎和深化，形成了不同的学派，主要有将技术进步纳入经济增长模型的新古典学派、侧重创新的技术层面的技术创新学派，以及研究国家和制度层面的制度创新学派。

以索罗（Solow）为代表的新古典学派将技术作为独立于资本和劳动的外生因素纳入经济增长模型，提出经济增长一方面基于要素增加，另一方面来源于技术水平提高。1951年，索罗在《在资本化过程中的创新：对熊彼特理论的评论》中提出创新过程分为两个步骤，第一步是新思想的产生，第二步是以后阶段的实现和发展（Solow，1951）。1957年，索罗发表论文《技术进步与总生产函数》，其中他将1909年到1949年美国制造业的产出增长的88%归因于广义的技术进步，即除资本和劳动投入增加以外，技术进步推动了经济增长（Solow，1957）。尽管新古典学派并未给出技术进步影响经济增长的内在机制，对很多现实问题还缺乏足够的解释，但是该理论为后续学者的研究提供了新的思路。

由于索罗的新古典经济增长模型存在明显的缺陷，很多学者在此基础上展开了进一步的研究。20世纪80年代，罗默（Romer）和卢卡斯（Lucas）提出的内生经济增长理论开始发展起来，技术作为和资本、劳动一样的内生变量被纳入经济增长模型。罗默（Romer，1986）在研究中突破了新古典增长模型中要素边际收益递减的假设，将知识作为重要的生产要素之一，认为知识的溢出效应使得知识资本具有递增的边际收益，从而推动经济实现可持续增长。卢卡斯（Lucas，1988）强调人力资本在经济增长中的重要作用，认为人力资本积累同样具有外部性，由于人力资本的不断增值，经济将持续增长。尽管罗默和卢卡斯的侧重点不同，但他们都认为知识积累的过程会产生正外部性，使知识具有递增收益特性，成为推动经济增长的"永动机"。

技术创新学派在熊彼特创新理论的基础上，把新古典经济增长理论的研究成果结合起来，对技术创新的内部运作机制展开研究，侧重于技术创新的产生、实现、扩散和转移等方面，形成了一系列经典理论。曼斯菲尔德（Mansfield，1961）通过探究企业采纳新技术的整个过程提出了技术模仿论。这一理论研究的是新技术的推广问题，主要研究了当一个企业首次采用某个新技术之后，需要经过多久该项技术会被同部门的多数企业使用。门斯（Mensch，1975）在其著作《技术的僵局》中发展了熊彼特的长波技术论，利用美国耐用品部门的统计数据验证了长波理论，通过技术创新的变动来解释经济发展中的周期性波动。当经济陷入危机时，基础创新能够拉动经济走向复苏，之后随着创新在全社会扩散，经济发展进入上升阶段，当创新扩散到一定程度时，会出现虚假创新，导致经济增长停滞，再次进入衰退时期。卡米恩和施瓦茨（Kamien and Schwartz，1975）突破了熊彼特创新理论中完全竞争市场的假定，在垄断竞争市场条件下研究了技术创新过程，提出了技术创新与市场结构论。他们通过区分不同市场结构下的创新模式，探究何种市场结构对技术创新的促进作用最为有效。弗里曼（Freeman，1974）1974年出版了《工业创新经济学》，通过探究历史上创新政策、微观主体与宏观经济之间的关系，提出了技术创新的国家创新系统理论。这一理论将承担创新活动的微观主体与其所处国家环境联系起来，强调国家创新系统对创新活动的推动作用，为国家实施创新政策提供建议。

诺斯（North）与戴维斯（Davis）开创了制度创新学派，他们1971年合作出版的《制度变革与美国经济增长》是第一部系统阐述制度创新理论的著作。制度经济学者将制度理论与熊彼特创新理论的思想结合，致力于回答为什么一些国家贫穷而另一些国家富有、为什么有的经济发达而有的经济羸弱等现实问题。诺斯认为，制度是经济繁荣发展的必要保障，当现有制度阻碍了潜在收益的实现，并且潜在收益高于打破制度障碍的成本时，制度创新就会应运而生。戴维斯也有相似的观点，总的来说，他们建立的制度创新理论的核心观点是，在经济发展中发挥决定性作用的因素并非技术而是制度，制度创新是创新主体为了实现超额利润，对已有的组织模式和管理体制等进行的变革。制度创新本质上与技术创新类似，都是对新发明的采用，后者表现为技术的发展进步，而前者体现为政府、组织或个人对组织形式或管理体制的改进。

（3）创新理论的新观点——开放式创新理论

传统的创新理论往往将创新活动视作企业的内部程序，大企业可以通过建立内部研发实验室打造强大的创新能力，并且企业为了独占创新成果的收益，在开展创新活动时非常注重封闭性。在这种封闭的创新模式下，创新资源很难在企业之间发生流动，企业内部的创新资源具有重要的战略价值。但是随着技术飞速发展，产业内分工逐渐细化，市场需求日益多样化，技术创新的复杂程度也越来越高，仅仅依赖企业自身的资源已经难以满足创新活动所需的资金、人才和技术支持，封闭式创新的成果转化效率和投资回报率也日益降低。

为了解决这种困境，Chesbrough（2003）提出了开放式创新理论。该理论指出，封闭式的创新模式使企业被迫承担过高的风险，受到成本和自身规模的限制，创新活动的效果也不尽如人意，有必要通过整合内部和外部的资源，提升自身创新能力以及加快创新成果的商业化。开放式创新主要有两种形式，一种是由外向内，即企业从外部获取知识、技术和想法等创新资源，将外部资源整合到内部的创新体系中；另一种是由内向外，即企业将自身的技术推向市场以获取利润，或者通过外部市场渠道推动创新成果商业化。在此基础上，Enkel等（2009）总结出了开放式创新的第三种形式——耦合模式，即企业与外部组织共同开展研发活动以及将创新成果商业化，结合由外向内和由内向外两种形式，涵盖获取外部知识以及将创新想法和创新技术投入市场两个过程。

开放式创新理论自提出便受到了国内外学术界的广泛关注和认可，高良谋和马文甲（2014）从创新活动的各个阶段探索开放式创新的特征。首先，开放式创新是对从新创意到新产品的整个创新过程进行开放。在创新的早期阶段，吸收外部的知识、技术和想法等形成新创意，在中期研发阶段将外部资源整合到自身的创新资源体系中，在后期商业化阶段，利用外部市场化渠道实现创新成果的商业化。其次，开放式创新的开放对象涵盖创新全过程的参与主体。Enkel和Gassmann（2007）对144家公司的定性研究显示，企业开展开放式创新的过程中，涉及的交互对象包括消费者、客户、供应商、竞争对手、公共和商业研究机构，以及大量非客户、非供应商的其他行业的合作伙伴。最后，企业与外部组织的交易形式包括经济型与非经济型，企业采购外部知识以及向外部销售知识产权等属于经济型交易，企业与外部组织的知识交流属于非经济型交易。杨震宁和赵红（2020）考察了中国情景下的开放式创新，基于制造业企业的调研数据显示，企业跨越组织边界与外部组织建立关系，其中既有合作关系又有竞争关系，竞合关系产生动态博弈，构成了复杂的开放式创新网络。

3.2.2 客户和供应商相关理论

（1）利益相关者理论

1984年，弗里曼出版《战略管理：利益相关者管理的分析方法》一书，正式提出利益相关者理论（Freeman，1984）。这一理论突破了传统管理理论中股东至上的观点，认为企业的发展需要多方利益相关者的共同参与，企业的经营管理除了考虑股东的利益，还要考虑利益相关者的整体利益。其中，利益相关者被定义为"与企业有联系并且可能受到企业行为影响或者可能影响企业经营的组织或个体"。Frederick（1991）认为，企业利益相关者可以分为两种类型：一是主要利益相关者，通常是与企业具有直接关系的组织或个体，例如企业内部的股东和员工等、与企业有直接交易的客户或供应商等，以及受到企业直接影响或者直接影响企业的债权人或政府等；二是次要利益相关者，指那些与企业无直接关联但是可能间接受到企业战略或决策影响或影响企业的组织或个人，例如公众、社会组织、商业团体以及媒体等。

Blair（1995）从专用性资产的视角剖析企业与其利益相关者之间的关系。他认为管理层、员工、供应商及客户都与股东类似，通过培养特殊技能或者购置专业设备等对企业进行专用性资产投资。在这种情况下，这些利益相关者同样承担风险，理应有企业的剩余索取权。因此，企业在进行经营决策时，必须考虑与企业有利害关系的多方相关者。龚丽（2012）提出了类似的观点，利益相关者采取各种形式向企业提供生产要素，在企业的生产经营过程中发挥着重要作用，企业应该向利益相关者分配剩余价值，激励各个利益相关者最大限度地为企业做贡献，共同实现企业价值最大化。

客户和供应商作为与企业直接交易的组织或个体，是企业重要的利益相关者。尽管客户和供应商对企业剩余价值没有明确的索取权，但是其与企业之间的不完全契约关系使得其风险与效益同企业生产经营直接相关。例如，当企业的客户陷入财务危机时，企业的应收账款将面临难以收回的风险；当企业的供应商突然破产时，企业也会陷入生产缺少原材料来源的困境。因此，客户与供应商自身的特征及其与企业之间的关系等因素都会影响企业的生产经营和战略制定，进而影响企业价值和创新水平。

(2) 竞争战略理论

20世纪80年代以来，波特（Porter）提出的竞争战略理论对企业经营管理产生了深远影响。该理论强调企业制定战略的核心目标是在市场上占据竞争优势。企业实现竞争优势的战略主要可以分为两种形式，分别是成本优势战略和差异化优势战略。其中，成本优势战略是企业以低于竞争对手的价格提供产品或服务来吸引顾客进而赢得市场份额；差异化优势战略意味着企业通过提供与竞争对手不同的产品或服务提高吸引力，从竞争对手中脱颖而出，实现差异化的方式往往是对商品和服务进行改进以提高质量。波特在《竞争战略》一书中进一步提出了"五力分析框架"来评价企业的竞争力水平，包括三类横向竞争力量，即来自替代产品或服务的威胁、老牌竞争对手的威胁和新进入者的威胁，以及两类垂直竞争力量，即供应商的议价能力和客户的议价能力（Porter, 1980）。波特的"五力分析框架"被广泛用于评价企业所处的竞争环境，以及在企业制定发展战略时评估自身的竞争能力和在市场上的盈利空间。因此，按照竞争战略理论的分析框架，客户和供应商能够凭借其在市场中的议价能力来影响企业的盈利能力，最终影响企业的创新水平。

(3) 供应链管理理论

在20世纪80年代，企业普遍通过降低成本和改进技术的方式加强自身在市场上的竞争优势，但是随着市场竞争日益激烈和客户需求频繁变化，企业逐渐意识到进一步提升利润空间和提高市场占有率必须开展有效的供应链管理。1982年，Oliver和Webber发表《供应链管理：物流的更新战略》一文，首次提出了"供应链管理"（Supply Chain Management, SCM）的概念（Oliver and Webber, 1982）。早先对供应链管理的理解起源于物流管理的思想，将供应链管理等同于物流管理，之后随着学术界对供应链的深入研究，学者对供应链管理这一概念也有了新的认识。Evans等（1995）认为，供应链管理通过物流和信息流将供应商、制造商、分销商、零售商直至最终用户连成一个整体。Cooper等（1997）认为，供应链管理超越了物流管理的范畴，不仅包含与实物运动相关的一系列活动，而且包含组织间的协调活动和业务流程的整合。供应链管理的目的在于整合供应链的各个环节，进而降低总体成本、提高供应链系统效率，最终实现供应链上企业的整体价值最大化。因此，供应链管理的重点是与上下游的供应商和客户建立良好的合作伙伴关系，形成业务战略同盟，为企业及其供应链伙伴创造价值。

(4) 客户和供应商相关理论在企业创新领域的应用

随着客户和供应商相关理论的发展,客户和供应商对企业创新的影响逐渐受到了国内外学者的广泛关注。一方面,对于客户如何影响企业创新,有研究认为与客户建立牢固的合作关系有助于供应商公司改善库存管理(Kalwani and Narayandas,1995)、提高运营效率(Patatoukas,2012)以及取得新产品研发的成功(Gruner and Homburg,2000)。Patatoukas(2012)认为,与主要客户建立长期关系的供应商能够通过降低服务成本、增加重复销售和交叉销售机会以及提高销售支出整体效益来降低管理费用,并且当主要客户较为集中时,供应商公司的销售和广告成本也往往较低。所有这些都有利于供应商分配更多资源用于开发差异化产品,降低边际生产成本,并满足客户的需求。如果客户正在寻求可持续的增长机会,他们也愿意在价值创造过程中支持供应商并与供应商合作,这可能会提高双方在产品市场上的竞争优势。但是,也有研究认为企业与客户之间的竞争关系起主导作用,不利于企业创新。Köhler 和 Rammer(2012)发现,客户的市场势力越大,供应商公司的运行效率和利润空间越低,进而对供应商公司的创新水平产生负面影响。李丹蒙等(2017)注意到,当企业的客户集中于少数公司时,企业面临更高的转换成本,更容易被客户锁定或遭受"敲竹杠"风险,为了降低被大客户榨取准租金的可能性,公司进行研发创新的意愿会降低。Krolikowski 和 Yuan(2017)研究发现,当客户具有强大的议价能力时,供应商会显著减少研发支出。这是由于在资源依赖关系中,商业伙伴之间存在权力不平衡。当客户有较强的议价动机并且有其他可选择的供应商时,供应商公司在制定合同时自由度较低。当合同双方地位不对等时,容易出现敲竹杠行为,具有强大议价能力的客户可以通过隐瞒需求信息来影响价格,导致供应商的盈利能力降低,业务战略被影响,在这种情况下,供应商将减少研发投资和其他创新投入。

另一方面,对于供应商如何影响企业创新,一些研究将供应商参与创新视作企业可持续竞争优势的潜在来源。Handfield 等(1999)指出在外部创新资源中,供应商能够提供创新组件和工艺技术、参与联合产品开发等,对于企业创新绩效的提高发挥着至关重要的作用。而且,供应商协作,极大地影响了公司的创新意愿。Luzzini 等(2015)认为,供应商拥有与采购公司相关的和互补的知识,了解客户的内部流程和产品,并且在长期合作关系下，供应商拥有特定的资产和资源，因此供应商能够预测创新活动中的风险，帮助企业开展研发活动，降低企业研发成本，提高创新产出质量。Yan等（2017）提出，供应商的创新价值不仅来自供应商自身拥有的资源，还来自供应商通过其价值网络获得的资源，具有差异化价值网络的供应商能够协助买方公司开展激进型创新活动。但是，部分研究认为供应商对企业创新有负面影响。韩忠雪等（2021）发现，当企业集中在少数供应商购买时，企业对供应商高度依赖，可能会导致供应商产生机会主义行为，促使供应商提高原材料价格、降低产品质量，以及实施更严苛的供货条件，导致买方企业经营利润下降，最终削弱买方企业的创新意愿。

3.2.3 社会网络相关理论

社会网络是由多个社会参与者（如个人或组织）组成的一种社会结构，是社会参与者及其之间通过社会互动形成的各种关系的集合。社会网络这一概念最早起源于19世纪90年代后期杜尔凯姆（Durkheim）和托尼斯（Tönnies）展开的社会群体理论研究。托尼斯认为，社会群体可以分为两种类型，一种是拥有共同价值观和信仰的个体联合起来形成的社区（Community），另一种是非个体的、正式的、工具性的社会关系构成的社会（Society）。杜尔凯姆强调社会是由个体之间相互作用产生的，并且个体行动者的特性无法用于解释社会特征。之后，齐美尔（Simmel，1908）1908年在著作《社会学》中提出了社会互动这一概念，他认为社会中的个体通过互动形成社会关系，从网络视角可以将社会看作相互交织的社会关系网络，并且这一关系网络具有动态性，其中任何关系互动的变化都会影响其他关系互动。

20世纪40年代，布朗（Radcliffe-Brown，1940）正式提出了社会网络这一概念，他把社会结构视为一个网络，网络中各个节点之间的关系代表社会参与者之间的互动，关系的强弱反映了社会互动的频繁程度。米歇尔（Mitchell，1974）指出，社会网络本质上是一组个体之间的关系，这些正式或非正式的关系集合构成了社会网络。总的来说，社会网络理论关注社会参与者之间形成的一系列关系，包括正式和非正式关系；个体与个体之间的关系、个体与群体之间的关系和群体与群体之间的关系；情感关系、血缘关系、合作关系；等等。在此基础上，可将社会中的个体与集体放在同一个框架下解释社会现象。目前，社会网络理论不仅是当代社会学的主要基础理论之一,而且被广泛用于社会科学其他领域,例如政治学、管理学和经济学等。归纳整理现有文献发现,社会网络的相关理论中应用最频繁的有弱关系和强关系理论、社会资本理论、网络嵌入理论以及结构洞理论。

(1) 弱关系和强关系理论

格兰诺维特(Granovetter,1973)提出了弱关系力量假说,他从互动频率、情感度、亲密度和互惠性四个维度评估行动者之间的关系强度,将社会关系分为强关系(Strong Ties)、弱关系(Weak Ties)和无关系。强关系意味着交流双方具有互动频率高、情感度高、亲密度高以及互惠性高的关系,例如家人、亲戚以及朋友之间由于频繁接触形成的关系属于强关系;弱关系则具有互动频率低、情感度低、亲密度低以及互惠性低的特点,往往出现在联系不频繁或者是距离比较遥远的个体或组织之间,例如鲜少碰面的邻居,甚至是网络上相识的陌生人等都有可能建立弱关系;无关系代表双方不存在互动关系。常规认知中强关系能够比弱关系带来更多的资源,但是格兰诺维特对劳动力市场的研究却发现,在找工作的过程中真正能够起到作用的往往是陌生人而非熟人,也就是说弱关系反而比强关系更能给求职者带来帮助。究其原因可以发现,弱关系虽然没有强关系那么牢固,但是弱关系涉及的范围更加广泛,能够给个体带来更多的信息,并且信息传递的成本更低、效率更高。此外,弱关系理论考虑到,如果两个个体之间具有强关系,则二者所处的社会网络可能具有较高的相似性,这意味着通过强关系获取的信息重复程度和冗余性较高。但是,弱关系往往出现在不同群体之间,为个体建立起连接超越其所处圈层的信息和资源的桥梁。因此,在社会网络中,弱关系可以给个体带来更多的资源和机会。

格兰诺维特的弱关系理论突破了社会网络理论中宏观层面与微观层面的壁垒,将个体的行为与整个社会网络联结在一起,对社会网络理论的发展起到了极大的推动作用。但是,也有学者对这一理论提出不同的意见,提出了强关系力量假说。Wellman(1992)认为,强关系往往具有长期性、稳定性以及高信用度的特点,建立强关系的两个个体能够更加了解对方的需求,为对方提供支持和帮助,并且自愿对这一关系进行投资。边燕杰在中国特殊的政治经济体制下对社会网络关系进行研究,他根据天津1988年求职市场的调查研究发现,在信息极度不对称的计划经济体制下,社会网络并非是传递信息的渠道，而是一个人情网，关系越密切越有可能获得对方的照顾和帮助（Bian，1994，1997）。一方面，这种帮助可能是无形的，例如情感支持、归属感等等；另一方面，这种帮助更可能是有形的，例如某些难以通过市场直接获得的有价值的商品或服务，必须通过人情关系才能得到。因此，强关系理论认为强关系比弱关系更能够帮助个体从社会网络中获取信息或资源。弱关系理论和强关系理论是社会网络理论的两个重要分支，之后的理论大多从这两个理论衍生而来。

（2）社会资本理论

美籍华裔社会学家林南在弱关系理论的基础上，强调组织或个人能够通过社会网络中的弱连接关系获得社会资源（Lin et al.，1981）。Coleman（1990）进一步提出社会资本理论，将社会资本定义为一种通过社会关系获得的、有价值的资产。与人力资本和物质资本不同，社会资本是无形的，并且不依附于个人或单个组织，而是来源于多个个人或组织构成的社会网络整体，处于网络中的个体可以利用社会资本实现自身的目标甚至群体的目标。Nahapiet 和 Ghoshal（1998）从认知、关系和结构三个维度理解社会资本。认知维度是指参与者之间基于相同的理解而产生的资源，例如共同的目标和价值观等等；关系维度代表参与者之间通过互动形成的信任、友谊、尊重和互惠；结构维度涉及参与者之间整体的关系模式，关注整体的网络结构特征，强调个体通过特定的社会网络配置结构获得的优势。

在此基础上，经济学和管理学领域的学者对企业社会资本展开了大量研究。企业社会资本可分为三个层次：一是企业内部员工在长期的合作中形成的信任、互惠等一系列认同关系，诸如企业凝聚力；二是企业员工由于私人原因在社会网络中获取的某些信息、社会资源等；三是企业与社会之间形成的认同、协作、互利关系，比如企业声誉、社会信用。因此，供应链网络作为企业之间形成的重要社会网络之一，能够给企业带来多种形式的社会资本，进而影响企业表现。

（3）网络嵌入理论

社会学家波兰尼（Polanyi，1944）最早建立起"嵌入性"这一概念，他认为市场上的经济交易并非完全独立的，而是深深嵌入在其所处的制度和非制度环境中。之后的学者将这一概念应用到经济学中，对古典经济学派以及新古典经济学派中的理性人假设提出质疑，认为理性人假设忽视了参与者之间存在的相互依存关系将影响参与者的行为。格兰诺维特（Granovetter，1985）认为，纯粹以社会学观点解释经济行为或者将经济行为孤立于社会关系之外将走向过度社会化和社会化不足两个极端，他将社会学和经济学结合起来，提出了网络嵌入理论（Network Embedding Theory）。这一理论认为经济活动参与者的行为深深嵌入于其所处的社会网络当中，一切经济行为都会受到社会网络中参与者之间关系的影响，同时参与者具有一定的自主性，将在社会网络的影响下做出理性决策。总的来说，经济活动主体的行为会受到其理性决策、其与社会网络参与者之间的关系以及社会网络整体结构的影响。

格兰诺维特（Granovetter，1992）进一步根据组织在社会网络中的嵌入机制，将网络嵌入划分为两种类型。一是关系性嵌入，即组织通过与其他参与者之间的二元联系嵌入社会网络，强调关系的性质或质量；二是结构性嵌入，即组织与多个参与者形成更广泛的结构，嵌入整体社会网络，主要考虑参与者在社会网络整体结构中所占据的位置。Gulati 和 Gargiulo（1999）对网络嵌入的关系维度和结构维度对组织的影响展开了深入研究。从关系维度来看，两个参与者之间的关系强度提升有助于增强二者的凝聚力，从而使其关系具有稳定性，并且提供深入了解对方的渠道；从结构维度来看，组织在网络整体结构中的中心性能够带来信息优势，有利于组织在网络中获得更多信息，以及提高组织在网络中的地位。

（4）结构洞理论

伯特（Burt，1992）在《结构洞：竞争的社会结构》一书中提出结构洞（Structural Holes）的概念，用于解释社会网络不同参与者之间的社会资本差异。伯特用结构洞形容社会网络中两个不同节点之间关系的断裂，具体来说，如果网络中的某个节点和另一个节点不存在直接联系，那么这两个节点之间的关系断裂现象从网络整体结构的视角来看就像是出现了一个洞穴。如图3-4所示，考虑社会网络中包含三个参与者A、B和C，如果三者两两之间相互连接，则网络中不存在结构洞，如图3-4（b）所示；如果A分别与B和C有连接，B和C之间没有连接，那么就认为B和C之间存在结构洞，同时，B和C虽然不直接连接，但是可以通过A连接起来，因此在这个社会网络中A占据结构洞位置，如图3-4（a）所示。

这一理论认为结构洞的竞争优势体现在信息利益和控制利益两个方面。信息利益以三种形式存在，分别是通路、先机和举荐，通路是指企

(a) 有结构洞　　　　(b) 无结构洞

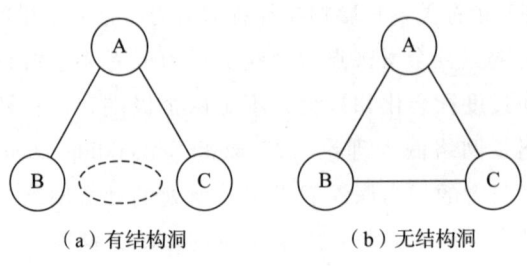

图 3-4　结构洞示意

业作为两个群体之间信息流动的通道，能够获得更多有价值的信息，先机是指企业能够优先得到信息，举荐是指企业通过过滤流向自身的大量信息向外传达对自身最有利的信息。控制利益是由信息利益衍生而来的，是指占据结构洞位置的节点作为第三方在两个参与者或两个群体之间发挥桥梁作用，通过采取策略影响双方之间的关系而获利。比较图 3-5 中的两个节点 A 和 B 之间的竞争优势，尽管 A 和 B 具有相同的连接数，但是节点 A 比节点 B 具有更强的信息优势。原因在于，连接 B 的节点相互之间也在连接，这些节点从 B 处获得的任何信息，都可以很容易地从其他节点获得。此外，B 和其他与之相连的节点可以归属于一个群体，这个群体内的信息很可能具有较强的同质性，B 从不同节点获得的信息可能是重叠的，因此，节点 B 的连接被认为是冗余的。相反，节点 A 的位置使其成为三个不同群体之间的桥梁或中介，节点 A 可能会从其他节点接收非冗余信息，具有更强的信息优势。这种信息优势能够给 A 带来控制优势，A 可以决定优先将信息传递到哪个群体以及传递哪些信息等，因此能够在谈判中占据优势。

(a) 占据结构洞　　　　(b) 不占据结构洞

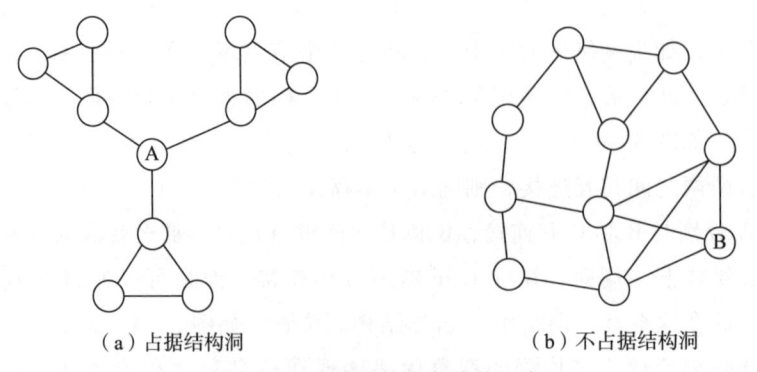

图 3-5　结构洞的竞争优势示意

结构洞理论描述的现象与格兰诺维特的弱关系理论具有相似之处，前者强调占据结构洞位置能够给参与者带来信息优势和控制优势，后者认为信息往往通过弱关系在不同的群体之间发生流动。因此，两个理论分别从结构层面和关系层面，分析了参与者通过跨越群体边界，获得异质性信息带来的竞争优势（朱棣等，2021）。

（5）社会网络理论在企业创新领域的应用

社会网络相关理论自提出以来，被广泛应用于经济学和管理学等领域，尤其是近年来，大量学者将社会网络与企业创新联系起来。一部分研究考察了企业嵌入关系网络带来的创新优势，例如知识共享、资源或能力互补，以及有效治理等（Dyer and Singh，1998；Ahuja，2000；任胜钢等，2010）。有研究支持弱关系理论，发现弱关系有利于企业获取异质性的知识和资源，从而对企业创新起到积极作用（Hansen，1999；Capaldo，2007；Villena et al.，2011；黄灿、蒋青嬗，2021）；也有研究支持强关系理论，认为强关系有利于加强企业与网络成员之间的合作与信任，能够提高知识交流的深度、广度和效率，进而促进企业创新（Molina-Morales and Martínez-Fernández，2010；吴俊杰等，2015）。还有部分研究考察了企业在社会网络结构中的中心度和结构洞对企业生成新创意、研发新技术以及开发新产品等不同创新环节的影响（Burt，2004；陈运森，2015；刘善仕等，2017）。此外，还有一系列研究考察了吸收能力、创业导向、跨界搜索、知识距离等多方面因素在社会网络和企业创新之间发挥的作用（Uzzi，1997；张文红等，2014；冯军政等，2015；王永健等，2016）。

3.2.4 供应链网络影响企业创新的相关理论

（1）交易成本理论

"交易成本"这一概念最早由科斯（Coase，1937）引入公司金融领域，在其开创性论文《企业的性质》中以"使用价格机制产生的成本"的形式出现。科斯认为，通过市场机制进行的交易会产生成本，特别是寻找交易合作伙伴以及制定和执行合同的成本。科斯采用交易成本这一概念解释企业的边界问题，他指出之所以会产生企业这一组织结构，就是由于公司的内部交易成本低于市场公开交易成本。Stigler（1972）认为，交易成本是资源交换中消耗的成本，类似于物理世界的摩擦，如果能够通过更好的制度设计来降低交易成本，那么浪费的资源将减少，经济效率随之提高。在此基础上，威廉姆森（Williamson，1979）正式提出交易成本理论，将交易成本定义为参与市场交易产生的成本。任何类型的交易都会产生监督、控制和管理交易的协调成本，这些成本应该与生产成本区分开，决策者可以通过将交易成本与内部成本进行比较，从而选择使用企业内部组织或者公开市场交易。当交易成本很高时，企业应该选择将生产活动内部化，相反当交易成本较低时，企业应该选择在市场上购买商品或服务。Dahlman（1979）根据交易活动的流程将交易成本分为四大类，一是搜索和信息成本，例如在市场上找到所需产品以及确定其合理价格所产生的成本；二是讨价还价和决策成本，是与交易对手达成协议、起草合同等所需的成本；三是监督和执行成本，是确保交易对手遵守合同条款的成本；四是适应成本，指合同在有效期内进行更改所产生的成本。

威廉姆森认为，市场上参与交易的企业具有有限理性和机会主义两大特征（Williamson，1979）。有限理性意味着企业决策者受到认知和环境等因素的限制，在做出决策时难以达到完全理性。机会主义是指参与交易的多方在信息不对称的情况下为了追求自身利益的最大化，有动机进行隐瞒或者欺骗等行为。在假设交易主体具有有限理性和机会主义特征的前提下，交易成本取决于三个因素，分别是交易频率、专用性资产和环境不确定性。首先，交易频率是指市场上交易发生的频率，交易频率越高，交易成本越高。其次，专用性资产是指针对某类特定交易关系的场地、实物或人力资产，不具有市场流动性，一旦合同变更或终止，专用性资产投资将无法收回，会给企业造成巨大损失，因此资产的专用性越强，企业面临的交易成本越高。最后，环境不确定性是指交易中可能发生的风险，环境不确定性上升会增加企业监督和控制不确定性所需的时间和流程，进而造成信息获取成本、监管成本和议价成本等交易成本的增加。

根据交易成本理论，企业进行组织间关系管理决策的根本目标是交易成本最小化和交易效率最大化。这一理论意味着，在供应链上客户和供应商之间的高度协调和整合有助于实现交易效率提升，从而鼓励企业创新。但是，在供应链管理过程中，交易双方需要为这一关系进行专用性资产投资，如果要找寻新的合作伙伴将面临高额的转换成本，进而削弱企业创新的动力。

（2）资源基础理论

资源基础理论（Resource-Based View）起源于 Penrose（1959）的研

究，其将潜在的资源列为企业扩张的主要驱动力，即如果一个企业的资源没有得到充分利用，那么企业就有了潜在的增长机会。为了开发现有资源的过剩能力，企业需要将这些资源与其他可用资源结合。在20世纪70年代到80年代初，这一观点随着企业的扩张受到了广泛关注。Wernerfelt (1984) 发表的《企业资源基础理论》一文标志着资源基础理论正式产生，他重新审视资源以及使用资源而生产的产品和服务之间的关系，认为企业应该根据资源而非其产品或服务来定义。因此，企业可以被视作一系列资源的集合。一些研究将企业的资源划分为两大类，分别是企业使用的有形技术、工厂和设备、地理位置等有形资源，以及管理能力、客户关系、品牌声誉、隐性知识等无形资源（Teece et al., 1997）。也有研究将企业资源区分为静态资源和动态资源，前者可以被视作具有有限寿命的资产；后者通常存在于企业的能力中，例如企业的学习能力，能够随着时间的推移得到提高（Peteraf, 1993; Collis, 1994）。

Barney (1991) 在此基础上研究了企业资源与持续竞争优势之间的联系，他认为满足以下条件的资源是企业可持续竞争优势的源泉。一是有价值，企业能够利用资源抓住机会或者消除外部环境的威胁，这是资源转化为企业竞争优势的必要条件；二是稀缺性，这种资源必须是少数企业独有的，而非大量竞争对手普遍拥有；三是不可模仿性，拥有某种有价值和稀有的资源的企业往往是创新先驱者，很容易引起其他企业的学习和模仿，导致资源同质化，因此只有当这种资源难以被其他企业复制时，其才能够成为企业的竞争优势；四是不可替代性，如果许多企业都拥有替代资源，那么这些企业将无法获得持续性的竞争优势。

资源基础理论的核心思想是企业拥有的资源具有异质性，很难被其他企业模仿和复制，从而造就了企业之间竞争力的差异。Dyer和Singh (1998) 进一步指出，企业的关键资源可能会跨越企业边界，企业之间的关系能够给企业带来竞争优势。因此，供应链网络作为企业从外部获取资源的重要渠道之一，将影响其战略性资源的构成，进而影响企业创新活动和竞争优势。

（3）知识基础理论

自资源基础理论提出之后，越来越多的学者对此展开研究，并将知识作为企业最重要的战略资源，探究知识与企业竞争优势的联系，发展出知识基础理论（Knowledge-Based View）。Kogut和Zander (1992) 通过企业在知识上的差异来解释企业之间长期绩效的区别。该研究将知识划分为显性知识和隐性知识，二者的区别在于可转移性，前者用于认识事实和理论，通常能够通过交流进行传递；后者往往是个人的技能、想法或经验等，是难以通过语言或文字来表达的知识，也很难明确传递给他人，必须依赖应用和实践，需要经过长期的接触、互动和信任才能发生潜移默化的转移。由于隐性知识难以被模仿和转移，因此企业的知识是其持续性竞争优势和卓越绩效的关键决定因素。

在此基础上，Grant（1996）正式提出了企业的知识基础理论，将企业概念化为一个整合知识的机构，并形成了知识基础理论的三个主要观点。第一，知识创造是一种个人活动，也就是说所有的知识创造和储存都发生在人的头脑中。因此，一个组织只能通过两种方式增加知识，分别是向其他组织成员学习，以及吸收新成员，这些新成员拥有该组织以前没有的知识。第二，知识获取和储存的专业化能够带来收益，生产需要投入大量专业知识。由于人脑获取、储存和处理知识的能力有限，知识生产要达到一定效率必须要求专业人士从事特定知识领域的工作，并且知识是生产中的关键投入和价值的主要来源，因此，知识生产需要拥有不同类型的专业知识以及多种专业知识的整合。第三，企业的主要作用是将现有的知识应用于商品和服务的生产。知识是一种珍贵的资源，能够创造价值，但是知识的价值回报在分配上相对困难。其中，隐性知识不能直接转让，只能通过应用于生产活动才能被利用，显性知识是一种公共或非竞争性商品，任何获得知识的人都可以在不失去这种知识的同时进行转售。因此，除专利和知识版权等能够受到合法保护以外，大部分显性知识和全部隐性知识都储存在个人身上，并且产生于企业内部，很难通过市场机制分配知识的价值回报。这就为企业的存在提供了一个理由，因为企业作为生产商品和服务的组织，能够创造条件整合多方的专业知识。

基于知识基础理论，知识是企业最为重要的战略资源，企业的新知识来源于对其现有知识的重构和发展、向外部组织学习，以及两者的结合（Bellamy et al.，2014）。供应链网络是企业学习外部知识的重要渠道，因此，企业在供应链网络中的关系和结构将影响企业的知识基础进而影响企业创新。

（4）资源依赖理论

Pfeffer 和 Salancik（1978）在其著作《组织的外部控制：资源依赖的

视角》中最早提出了资源依赖理论（Resource Dependence Theory）。他们将企业视作一个开放的系统，从企业与外部环境的关系视角来理解企业行为，强调企业的生存与发展必须依赖与外部组织进行交易，以获得所需资源。资源依赖理论建立在一系列假说之上。首先，该理论认为单个企业在内部难以获得其所需的全部资源，必须与外部环境进行资源互换。其次，外部环境中包含对企业生存至关重要、稀缺和有价值的资源，同时，企业从外部组织获取资源具有多变性和复杂性，导致企业在获取资源上面临严重的不确定性。因此，资源的稀缺性和重要性将影响企业对外部资源的依赖程度。最后，各个企业都最大限度地加强自身对资源的控制，以减少对其他组织的依赖以及使其他组织依赖自己。这一行动将影响组织之间的交流，从而影响组织间的权力分配。按照资源依赖理论，组织间的关系是一组基于资源交换的权力关系，企业之间相互争夺对资源的控制权，从而改变企业的资源依赖性，组织间的权力关系和资源依赖性是这一理论关注的重点。

Pfeffer（1987）从资源依赖的视角对组织间关系做出进一步解释。第一，组织是理解企业间关系和社会的基本单位。第二，这些组织并非完全自治，而是受限于多个组织形成的相互依赖的网络。第三，组织之间在资源上相互依赖，再加上各组织为了控制资源将采取难以预料的行动，导致其中的组织在生存和发展上面临高度不确定性。第四，组织之间的依赖关系是动态变化的，组织总会采取各种行动来调整其外部的依赖关系，相互尽管这种行动的效果无法确定，但是最终会导致新的依赖关系和依赖模式不断产生。第五，依赖关系将使组织间产生不对称的权力结构，当一个组织的依赖性大于另一个组织时，二者之间的权力将变得不平等，这种权力不对称会对组织行为产生一定的影响。

基于资源依赖理论，供应链网络是企业之间交换必要资源的渠道（Hillman et al., 2009）。在这个网络中，企业为了获得资源、减少不确定性以及降低对外部组织的依赖程度将采取各种行动。同时，企业之间的相互依赖将导致企业间的权力不对等，权力大的一方对权力小的一方具有一定的控制力，从而影响企业的生产经营。因此，按照资源依赖理论的观点，企业在供应链网络中的关系和位置将决定其依赖性和权力的大小进而影响企业的创新活动。

3.3 本章小结

本章主要包括两部分内容。第一部分根据本书的主题对两个基本概念进行了界定，分别是企业创新和供应链网络。对于企业创新，本章梳理了这一概念的起源，列出了国内外学者对此概念的权威定义，以及本书对企业创新的界定和度量方式。对于供应链网络，本章总结了供应链网络的概念产生及其发展历程，其从供应链的线性模式，转化为供应链网络的一般模式，最终发展为供应链网络的扩展模式。在此基础上，本书结合研究内容对供应链网络进行了定义，并且分析了供应链网络的关系和结构两个维度，给出了对应的测量方法。

第二部分回顾了与本书相关的基础理论，共分为四类。一是企业创新相关理论，对创新理论的产生和发展进行了梳理，并且介绍了创新理论的新观点——开放式创新理论。二是客户和供应商相关理论，包括利益相关者理论、竞争战略理论和供应链管理理论。在此基础上，总结了这些理论在企业创新领域的应用。三是社会网络相关理论，归纳了弱关系和强关系理论、社会资本理论、网络嵌入理论和结构洞理论，并且讨论了社会网络理论在企业创新领域的应用。四是供应链网络影响企业创新的相关理论，主要是交易成本理论、资源基础理论、知识基础理论和资源依赖理论，为后文分析供应链网络如何影响企业创新奠定了基础。

第4章 供应链网络与企业创新的特征事实

4.1 我国供应链发展历程

从国际范围来看,供应链的发展与工业化的进程密切相关。近30年来,高度分工和信息化的快速发展推动了全球产业变革,许多企业不仅仅是单个生产和销售活动的承担者,更是供应链的组织者和集成商,企业之间的竞争已经逐渐演变为供应链之间的竞争。从国内来看,我国供应链的发展起步较晚,改革开放以前,经济还处于"卖方市场",企业急于扩大生产,导致生产能力大量过剩,与之对应的供应和销售能力跟不上,几乎不存在"供应链"的概念。改革开放之后的几十年,我国从计划经济向市场经济转变,商品市场从生产者主导的"卖方市场"转向消费者主导的"买方市场",促进了供应链的发展和成熟。此外,随着全球化的推进以及市场需求的丰富,供应链的构成也变得越发复杂多变。因此,本书对我国供应链发展阶段的划分以改革开放为起点,分为萌芽阶段、探索阶段、成长阶段和突破阶段。

4.1.1 萌芽阶段(1979~1992年)

在改革开放初期,我国经济依然处于计划经济阶段,大多数商品和服务的价格由政府统一管理,居民消费受到政府的定量供应限制,很多商品供不应求。在这种物资短缺的情况下,企业为了寻求突破以获取更多资源,开始进行上下游扩张,企图承担从原材料加工、零部件组装到产品生产、包装、运输、销售的全部环节,通过自建、控股或兼并的方式控制整个生产和流通过程。这种管理模式被称作"纵向一体化",也是供应链的雏形。该模式的优势在于能提高对产品生产和流通等所有阶段的控制力,实现"肥水不流外人田"。但是,在实际操作中,我国企业在计划经济模式下具有强大的产品加工生产能力，而产品开发和营销能力比较薄弱，呈现典型的中间大、两头小的"腰鼓形"特征。而且当时的企业不具备相应的管理能力和执行力来掌控整个链条的业务活动，"纵向一体化"的管理模式不仅没能给企业增加收益，反而使企业承担较大的投资压力和经营风险。

随着改革开放的推进，我国的对外贸易蓬勃发展，在出口商品的过程中，企业开始关注客户需求。例如，在20世纪80年代末，许多国外进口商要求中国出口的商品必须印上商品条形码，否则不予进口。因此，我国出口商开始使用条形码技术，随后大量面向国内的非出口企业也开始给商品印制条形码。真正实现了在客户需求推动下的我国零售产业条形码POS系统的建立。随后，企业越发重视客户的需求，并开始依循客户要求对经营活动进行管理，这就形成了最初意义上的供应链。

这个时期，消费者对商品的需求开始变得多样化，催生了我国最早的物流运输行业。1989年4月，第八届国际物流会议在北京召开，标志着"物流"概念正式进入我国。企业通过建立专门的物流部门，实行内部物流一体化的管理模式，协调企业内部承担原料采购、库存管理、生产和分销一系列任务的各个部门。在此背景下形成的供应链仅涉及单个企业的内部整合，是将采购的原材料和半成品原料在企业内部完成生产，之后传递到用户的简单过程。而企业对供应链管理的关注只是针对供应链中的局部环节，如库存管理问题以及物资供应问题等，其目标是优化企业内部业务流程，降低物流成本，并最终提高生产经营效率。

由此可见，受到当时物资短缺和计划经济体制的特殊环境影响，这个阶段的供应链的表现形式为单个企业从原材料供应到将产品送达顾客的"纵向一体化"，供应链是一个封闭系统，整个链条呈现"重生产、轻流通"的特征，企业缺少与上下游的沟通合作，供应链的概念相当薄弱。

4.1.2 探索阶段（1993~2000年）

1992年10月，党的十四大旗帜鲜明地指出"我国经济体制改革的目标是建立社会主义市场经济体制，以利于进一步解放和发展生产力"。自此以后，我国经济体制逐渐从计划经济转向社会主义市场经济。在市场经济发展的浪潮下，一大批民营企业涌入市场，生产能力快速提高，出现了供过于求的"买方市场"特征。与此同时，群众的消费需求逐渐多样化，市场竞争开始变得激烈，消费者的需求得到了相当高的重视。在这种情况下，企业受到自身技术和资金等资源的限制，开始意识到在市场上单打独斗是难以存活的，只有开展合作、优势互补，才能共同提升竞争力。

在这个阶段，企业不再一味追求"大而全、小而全"，而是把发展重心放在加强自身核心业务能力上，并将其他的非重点业务板块转包给其他企业。其中，原材料、零配件等生产业务的外包催生了许多生产制造企业；运输、仓储的外包促进了物流业的发展；市场终端的外包造就了大量的渠道商和经销商等。这一时期，企业的管理能力和执行力也有所提升，逐渐从上一阶段的"纵向一体化"模式发展为混合型企业发展模式。但是，直到这个时期我国企业还没有在理论上形成供应链的概念。

1997 年，原国家经贸委在现代物流国际会议中将"供应链"作为会议重点研讨内容，这是"供应链"首次从国家政策层面进入公众和企业视野。自此以后，有关"供应链"的概念及思想开始见于各种报刊，学术界开始展开对供应链及供应链管理的相关研究（黄培清，1997；马士华等，1998）。同年，亚洲金融危机爆发，为应对危机的蔓延，外经贸部于 1998 年紧急出台政策，放开我国进出口权，使更多的民营企业参与进出口贸易。从外贸企业开始，我国企业经营管理中涉及的产业链条逐步拉长，扩张到整个商品运动过程，企业管理层也开始学习国外企业的供应链管理理念。

从这个阶段开始，我国供应链发展成为包括供应商、生产商、分销商和运输商等多个企业的价值增值链。从原材料或零部件开始，将其生产加工成为产品，之后经过运输和分销，最终到顾客手中，这一系列流程构成了一条完整的供应链。企业在这个过程中为了提高效益，不再局限于内部流程优化，而是将视野放大至整条供应链，以其中的核心企业为依托，深化信息共享，相互协调，通过供应链整合优化，提高供应链效率，最终实现总体成本最小化。

在实际应用中，我国多数企业当时的管理模式与国际流行的供应链管理模式还相去甚远，主要体现在供应、生产和销售三个环节依然各自为政、相互脱节。制造企业在设计生产系统时仅仅关注生产环节而忽视其他环节的影响，比如与供应商和经销商合作时缺乏战略合作理念，常为了短期利益打压供应商价格，对经销商也缺乏信任，难以形成长期合作伙伴关系。2000 年，中国物品编码中心开展供应链知识调查，结果表明，在被调查的234家企业中，仅有10家企业认为自己对供应链非常了解，占样本总数的4.3%，而接近50%的企业表示完全不了解供应链概念。这一调查结果表明，在当时，我国尽管有少数走在前沿的企业开始采用供应链管理的方法，但是多数企业仍然缺乏对供应链的认识，更谈不上将其应用于实际的企业管理。

值得注意的是，物流活动作为供应链的重要环节，其发达程度在一定程度上反映了供应链的发展水平。从物流成本来看，我国物流总费用占GDP的比重从1993年的22.23%下降到2000年的19.27%（见图4-1），物流成本占比下降，这意味着我国物流效率在这一阶段有明显提升。但与此同时，我国与同一时期世界发达国家间依然存在较大差距，2000年，美国物流成本占GDP的比重为10.1%，日本则更低，仅占8.7%。① 这说明，尽管我国物流效率已有了巨大的进步，但与发达国家对比，我国的供应链发展仍相对落后。

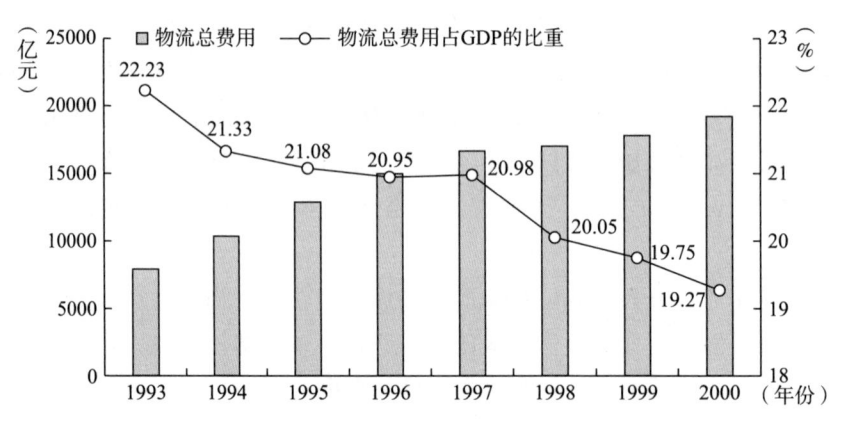

图4-1　1993~2000年我国物流总费用及其占当年GDP的比重

资料来源：Wind数据库。

在这个阶段，随着我国市场经济的蓬勃发展，企业跳出了之前的"纵向一体化"模式，开始实行"横向一体化"模式的供应链管理。但是受到既有传统观念的影响，大多数企业对供应链的关注还仅仅停留在供、产、销的局部环节，没有形成供应链的概念，也没有构建起包含供应商、分销商、零售商到最终顾客的完整供应链，这个阶段供应链的发展还处于探索

---

① 资料来源：美国供应链管理专业协会；日本物流系统协会。

阶段。

4.1.3 成长阶段（2001～2012年）

迈进21世纪后，信息技术飞速发展，全球化步伐加快，我国供应链也随之进入新的发展阶段。这一阶段，人民的生活从之前只求温饱转向追求小康和生活品质，对商品和服务的需求更加多样化和个性化，企业面临的市场竞争更加激烈。尤其是2001年加入WTO后，我国经济逐渐融入全球经济大循环和一体化中。加入WTO一方面使得我国企业能够平等地参与国际化合作和专业化分工；另一方面也让企业面临前所未有的国内外市场竞争。以往，企业可以采取将物流成本转移给上下游企业的方法来减少开支，但国内外激烈的市场竞争使企业意识到，此种方法会将上下游企业的成本增长体现在最终产品的价格上，不仅难以增强产品的市场竞争力，还会损害供应链中所有企业的利益。因此，企业亟须统筹协调供应链的合作伙伴并建立战略联盟。自此，企业不再将视野局限于内部管理，而是开始积极地开展供应链管理，寻求通过企业间合作降低成本的途径。在这个阶段，企业不再通过牺牲供应链合作伙伴的利益来追求额外的自身利益，而是建立起跨企业的战略合作，共同分享市场利益。

2001年，我国正式将供应链确定为"生产及流通过程中涉及将产品或服务提供给最终用户活动的上下游企业所形成的网链结构"[①]，这是国内首次从官方层面对供应链进行界定。从定义中可以发现，现代供应链的范围更加广泛，不再是一条单链，而是多条线性的供应链相互交叉形成的网链，涵盖从原材料供应、中间产品及最终产品生产，到最终由销售网络将商品传递至消费者的所有环节，包含其中所有的节点企业。在这个网链中，节点企业会同时担任供应商和客户的角色，不仅扮演其客户的供应商，向下游供应产品或服务，还成为其供应商的客户，向上游采购产品或服务。由此可见，现代供应链更关注围绕核心企业的网链关系，包括"核心企业与供应商、供应商的供应商乃至所有上游企业的关系，与客户、客户的客户及所有下游企业的关系"，逐渐形成了网链概念。

在此阶段，企业对供应链管理的认识不再局限于早期带有局部、短期

---

① 资料来源：国家质量技术监督局于2001年4月17日发布的《中华人民共和国国家标准：物流术语》（GB/T 18354—2001）。

特征的供销关系,而是将供应链管理作为具有战略特征的管理体系,在确立长期战略伙伴关系的基础上,从全局角度对信息流、物流、资金流、工作流加以控制,使物料在供应链的每一环节均能实现价值增值,给企业带来收益。2004 年,中国物流与采购联合会发布《中国制造业供应链报告》,该报告指出在被调查的 88 家企业中,大部分企业已经成立了专门的供应链管理部门,并且其中 85% 的企业都聘任了专员管理相关合同,主动管理与上游供应商和下游客户的关系。但是在与第三方物流之间的关系管理上,近半数企业与物流提供商之间仅仅为短期合作,尚未形成长期的战略合作伙伴关系。此外,尽管企业都意识到了供应链管理的重要性,但是由于当时计算机软件应用的普及率低、企业管理水平有限等原因,很多企业的供应链管理效率仍较低,主要表现为供应链反应能力较差、衔接不够顺畅、物流停滞久等问题。从社会总体物流支出来看,由图 4-2 可知,我国物流总费用占 GDP 的比重在这个阶段依然整体保持下降趋势,2001 年到 2012 年的平均占比约为 18.11%。虽然较上一阶段我国物流效率有了一定提升,但是同时期许多发达国家的物流总费用占 GDP 的比重都下降到 10% 以下(美国的平均值约为 8.86%,日本的平均值约为 8.57%)[①],相比之下,我国的供应链发展还有着广阔的提升空间。

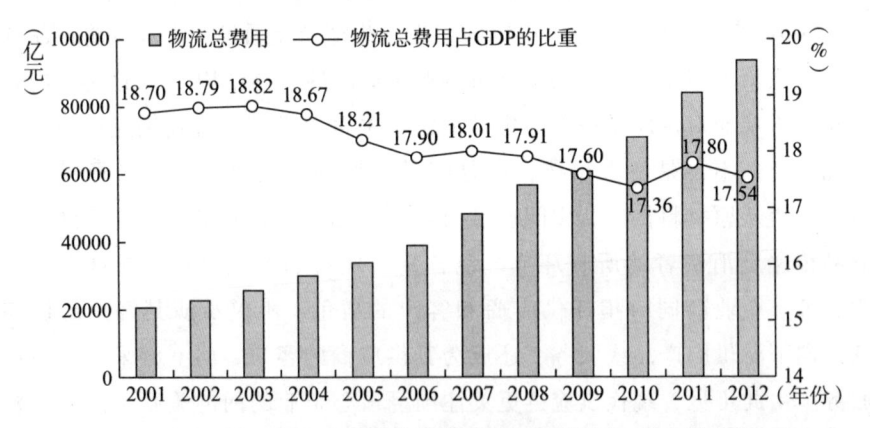

图 4-2 2001~2012 年我国物流总费用及其占当年 GDP 的比重

资料来源:Wind 数据库。

此外,随着企业对供应链管理的重视程度不断提高,市场上开始涌现

---

① 资料来源:根据美国供应链管理专业协会、日本物流系统协会公开数据计算得出。

出专业的第三方供应链管理服务企业。2007 年，我国首家供应链管理服务企业上市，标志着供应链管理服务行业蓬勃兴起。从供应链管理服务市场规模来看（见图 4-3），我国供应链管理服务市场规模在 2001 年至 2012 年稳步上升，其中在 2007 年增长率达到最大值，较上一年增长了 19.90%。这一现象说明企业越发重视供应链，对供应链管理服务的需求也在不断增加。

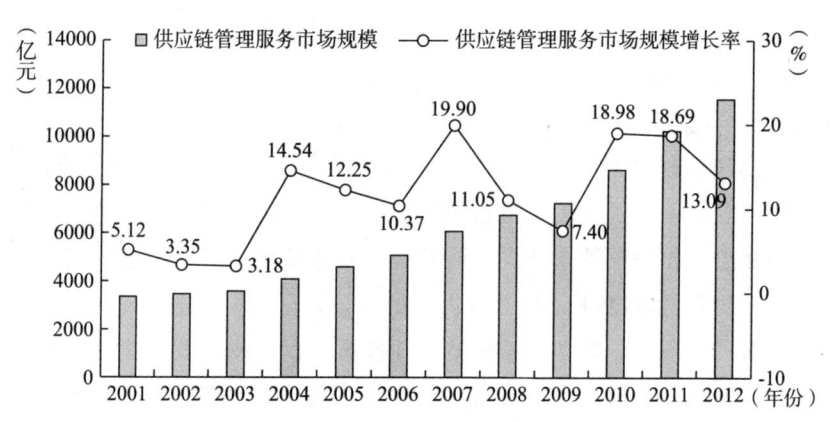

图 4-3　2001~2012 年我国供应链管理服务市场规模及其增长率

资料来源：Wind 数据库。

在这一阶段，我国企业对供应链有了更加深刻的认识，并且跨国企业在中国的发展也给国内企业提供了宝贵的经验和借鉴。企业对供应链的理解突破了单链条模式，转为多个链条相互交叉形成的网链模式。企业越发意识到市场较量越来越表现为供应链间的角逐，而想要占据上风就必须强化供应链管理。与此同时，一大批供应链管理服务公司应运而生，为企业提供专业的供应链管理服务，对供应链的发展起到了有力的推动作用。

4.1.4　突破阶段（2013 年以来）

2012 年 11 月，党的十八大召开标志着中国经济发展进入新的历史时期。这一时期，国际环境错综复杂，国内经济增速放缓、杠杆率不断提高、金融机构不良贷款率不断攀升等问题叠加，给我国经济增长带来了巨大压力。在此背景下，以习近平同志为核心的党中央做出中国经济进入新常态的重大论断。2013 年 2 月，党的十八届二中全会强调，"要深入研究全面深化体制改革的顶层设计和总体规划，要坚持以加快经济发展方式转变为主线"。2015 年 11 月，习近平总书记在中央财经领导小组会议中提出"通过提高供给体系质量和效率，增强经济持续增长动力，推动我国社会生产力实现质的飞跃"。2016 年，交通运输部随即提出"鼓励运输和物流企业利用'互联网＋'发展一体化、全过程的供应链管理服务"[①]，2017 年，交通运输部等六部门再次强调"鼓励运输企业与先进制造企业建立供应链战略合作关系，促进物流业与制造业流程再造"[②]。

  2017 年 8 月，商务部和财政部联合发布《关于开展供应链体系建设工作的通知》，首次将供应链发展纳入供给侧结构性改革的关键目标。该文件提出在全国 17 个重点城市开展供应链体系建设，推广物流标准化、完善平台建设和实现产品追溯，提高流通标准化、信息化、集约化。同年 10 月，国务院印发《关于积极推进供应链创新与应用的指导意见》，首次从中央层面出台相关政策指导供应链发展。该意见指出供应链已发展至"与互联网、物联网深度融合的智慧供应链新阶段"，供应链创新与应用有助于落实新发展理念、推动供给侧结构性改革，以及提升我国企业在全球经济中的竞争力。随后，党的十九大报告再次强调，"在中高端消费、创新引领、绿色低碳、共享经济、现代供应链、人力资本服务等领域培育新增长点、形成新动能"。这是党中央首次提出现代供应链概念，标志着"现代供应链"正式上升为国家战略。2020 年 10 月，党的十九届五中全会再次将"提升产业链供应链现代化水平"作为加快发展现代产业体系、推动经济体系优化升级的重点任务。可以看出，这一时期供应链的现代化发展的核心目标在于适应新时期我国经济发展的新特点和新要求，具体体现在逐渐适应经济高质量发展、国际环境剧烈变化以及新技术革命的要求（中国社会科学院工业经济研究所课题组、张其仔，2021）。

  这一阶段，我国供应链在各项政策支持下迅猛发展。从物流成本的变化趋势来看（见图 4－4），2013 年之后物流总费用占 GDP 的比重迅速下降，从 2013 年的 18.0% 降低至 2016 年的 14.9%，之后稳定在 14.7% 左右。但是与发达国家相比（美国物流成本占比在 7.5% 左右，日本在 8.5%

[①] 资料来源：交通运输部于 2016 年 8 月发布的《关于推进供给侧结构性改革 促进物流业"降本增效"的若干意见》。

[②] 资料来源：交通运输部、财政部、国家铁路局、中国民用航空局、国家邮政局、中国铁路总公司于 2017 年 2 月发布的《关于鼓励支持运输企业创新发展的指导意见》。

左右）①，我国的物流效率仍然存在一定差距，还有较大提升空间。从供应链管理服务市场规模来看，2013 年至 2021 年市场规模呈上升趋势，尤其是 2021 年，供应链管理服务市场规模增长了 15.79%，说明在这一时期，企业对供应链管理服务的需求越来越大，供应链服务类型日益多样化（见图 4-5）。

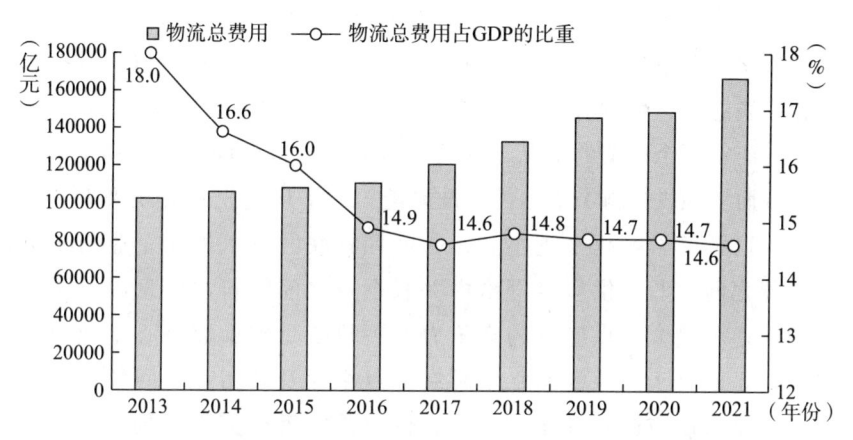

图 4-4 2013~2021 年我国物流总费用及其占当年 GDP 的比重

资料来源：Wind 数据库。

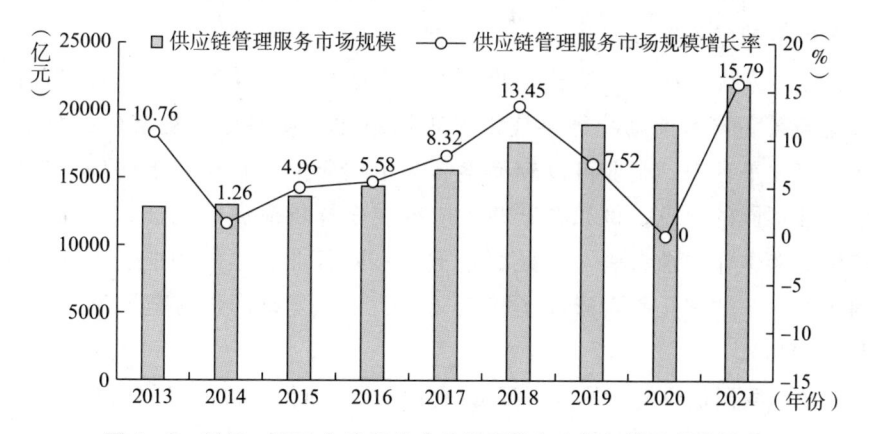

图 4-5 2013~2021 年我国供应链管理服务市场规模及其增长率

资料来源：Wind 数据库。

当前，全球经贸格局进入深度调整期，我国经济发展面临的内外部环境也发生着深刻变化。供应链作为连接供给侧和需求侧的纽带在推动我国

---

① 资料来源：根据美国供应链管理专业协会、日本物流系统协会公开数据计算得出。

经济高质量发展中发挥着越来越重要的作用。同时，随着物联网、大数据、云计算、人工智能及区块链等数字技术的迅猛发展，供应链与数字化技术深度融合，在此基础上，我国供应链发展进入数智化阶段。在这个阶段，供应链的发展方向主要体现在以下几个方面。一是从供求关系来看，供需匹配效率越来越高。一方面，网络平台技术强大的资源整合能力加强了企业对消费市场行情的了解，有助于企业快速响应市场需求，以及根据市场个性化需求进行精准匹配实现定制化生产。另一方面，以大数据和区块链为代表的信息数据技术的发展有助于供应链参与者了解采购、分销、仓储、电商等各个环节的情况，以及打通下游零售市场，对市场需求进行分析，从而实现供应链节点上的精准匹配。二是从企业间关联来看，物理距离对供应链的影响越来越小。互联网和物联网技术推动企业与上下游合作伙伴之间，乃至供应链网络内关联企业之间物料、信息以及资金等要素的流通和整合，供应链的竞争力不再只是受到少数核心企业效率的影响，而是取决于供应链网络中所有节点企业及其相互之间的协调整合能力。三是从供应链管理服务来看，供应链管理服务不断创新拓展。数字化技术的应用实现了供应链与农业、制造业、建筑业的深度融合，供应链管理服务不再局限于简单的物流服务，而是向商流、信息流、资金流等更多的服务领域扩张。

总体来说，在这一阶段，物联网、大数据、云计算、人工智能及区块链等数字技术推动我国供应链呈现网络化、动态化、复杂化的特点。在数字化平台中，企业可以轻易参与多个供应链，并且在不同的供应链中担任不同的角色，例如在某些供应链中发挥供应商的功能，而在另一些供应链中作为消费者。在此背景下，不同行业、不同职能、不同地区的企业基于数字化平台形成了相互交织、错综复杂的供应链网络（陈剑等，2020）。

总结我国供应链的发展历程可以发现，我国供应链的发展与当时的时代背景和历史进程息息相关，从聚焦于单个企业内部的"纵向一体化"模式，扩展到企业之间，形成包含供应商、制造商、分销商、零售商到最终顾客的垂直供应链，如今演变为企业集群纵横交织形成的错综复杂的供应链网络。

4.2 我国供应链网络现状分析

4.2.1 供应链网络构建规则

社会网络的构建需要确定网络中的"节点"以及连接节点的"边"两种关键元素。节点是网络中的行为主体,具有不同的特征、行为和观点;边代表行为主体之间的关系,这种关系可以是血缘关系、人际关系、合作关系等。网络中的节点之间具有各种关系,并且在不同的关系中可能承担不同的角色,从而构成了一个社会网络,通过这个网络,节点之间可以实现信息和资源的流动。因此,构建供应链网络要从节点和边这两个要素入手。

(1) 供应链网络的节点

供应链网络的节点是承担各种功能(供应、制造、分销、零售)的企业主体。这些企业从事不同的业务板块,甚至可能承担多种角色(比如同时作为供应商和制造商),但是在构成供应链网络的过程中,本书不考虑这些个体之间的差异,而是统一将所有企业主体视作网络中的节点。在社会网络的分析框架下,各个节点之间的区别主要体现在节点在网络整体结构中的位置差异上。除此之外,尽管许多研究将消费者作为供应链的终端对象,但是考虑到消费者流动性较大,与其他企业主体不具有稳定的买卖关系,并且数量庞大,统计难度较大,因此本书的供应链网络节点未涵盖消费者这类主体。

(2) 供应链网络的边

供应链网络的边取决于企业主体之间的关系。在供应链网络中,如果任意两个企业主体之间有业务往来,那么这两个节点企业之间就存在一条连接二者的边;如果两个企业主体没有业务往来,那么二者之间就不存在边。根据两个企业主体之间具体的业务往来信息,还可以确定边的方向和权重。对于边的方向,本书从供应链中物流的角度出发,将边的方向定义为从上游卖方指向下游买方。例如,一个企业 A 作为供应商向企业 B 提供原材料,那么企业 A 和 B 之间存在一条从 A 指向 B 的边。对于边的权重,本书采用两个关联企业之间的关系强度来衡量,权重越高,表示两个企业之间的业务关联越密切。此外,在构建供应链网络的过程中,存在两个节点企业之间具有多种类型业务往来的情况,本书将其总结为以下两种情形:一是两个企业之间的多种业务往来方向一致（例如企业 A 同时向企业 B 供应原材料和中间产品），那么依然用一条单方向的边连接两个企业；二是两个企业之间具有不同方向的业务（例如企业 A 向企业 B 供应中间产品的同时，企业 B 向企业 A 销售最终产品），则用一条双向的边来连接二者。也就是说，研究只关注两个企业节点之间是否有边，以及边的方向，而不考虑两个节点之间有几条边。

（3）供应链网络的表现形式

社会网络有两种表现形式，矩阵表达和图形表达。按照网络关系是否"有向"以及有无"多值"可以将社会网络的矩阵表达分为四种类型：无向无权矩阵、无向加权矩阵、有向无权矩阵和有向加权矩阵。假定社会网络中包含 A、B、C、D 四个节点主体，采用矩阵形式表示四者之间的关系，如图 4-6 所示。其中，(a) 是无向无权矩阵，这类矩阵为对称邻接矩阵，矩阵中的元素取值为 0 代表两个主体之间没有关联，取值为 1 代表两个主体之间存在关联。无向无权矩阵表示的社会网络仅仅关注参与主体之间有无关系，而不考虑关系的方向和强度。(b) 是无向加权矩阵，0 依然代表两个主体之间没有关联，非零值的数值表示两个主体之间的关联程度，数值越大意味着关联程度越高。无向加权矩阵不只表示关系的有无，还表示关系的强弱，但是不考虑参与主体之间的关系方向。(c) 和 (d) 是有向无权矩阵和有向加权矩阵，这类包含关系方向的矩阵不再具有对称性。此时，两个参与主体之间的关系是不对称的。例如，A 对 C 的关系和 C 对 A 的关系是不能等同的，A 对 C 不存在单向关系，而 C 对 A 具有单向关系。本书研究的供应链网络可以采用有向加权矩阵表示，如果两个参与企业 A 与 B 之间存在业务往来，A 向 B 供应原材料，则表示 A 对 B 具有单向关系，矩阵对应的元素为二者之间的关系强度。

为了直观地将供应链网络中各参与主体之间的关系表现出来，本章给出网络图的表达形式。图 4-7 是一个简单的网络图，其中圆圈为节点，在供应链网络中就是四个企业。圈内字母为节点的标签（A、B、C、D），也是公司的编号。节点之间的连线为边，当不考虑连接的方向时，网络中的边为无向边（Edge），网络图被称为无向图；当考虑连接的方向时，网络中的边为有向边（Arc），对应的网络图被称为有向图。

在供应链网络中需要考虑企业之间的连接方向，由于企业具有多种类型的业务关系，包括原材料、零部件、中间产品、最终产品等多种类型产品的交易，因此，本书将在网络分析中将这些业务简化为买卖关系，网络

	A	B	C	D
A		1	0	0
B	1		1	0
C	0	1		1
D	0	0	1	

（a）无向无权矩阵

	A	B	C	D
A		0.5	0	0
B	0.5		0.3	0
C	0	0.3		0.7
D	0	0	0.7	

（b）无向加权矩阵

	A	B	C	D
A		1	0	0
B	1		1	0
C	1	1		1
D	0	1	0	

（c）有向无权矩阵

	A	B	C	D
A		0.5	0	0
B	0.5		0.3	0
C	0.3	0.4		0.7
D	0	0.8	0	

（d）有向加权矩阵

图 4-6　社会网络的矩阵表达

中企业主体的角色简化为买方和卖方，边的方向即从卖方指向买方。例如，C 指向 A 表示公司 A 从公司 C 采购，A 是买方，C 是卖方。

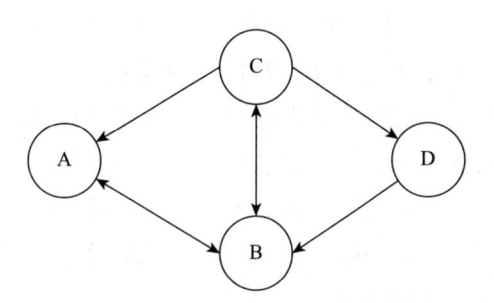

图 4-7　社会网络的图形表达

4.2.2　我国供应链网络构建

为了构建供应链网络，本章基于 2009~2019 年我国 A 股上市公司披露的前五大客户和前五大供应商信息，在 Python 软件中分别构建 11 个年份的有向加权供应链网络。具体步骤如下：第一步，汇总上市公司每年公布的前五大客户和前五大供应商信息，剔除客户或供应商名称信息缺失的样本以及客户销售额或供应商采购额缺失的样本，根据公司名称对客户和供应商公司进行逐一编号；第二步，在 Excel 中对每个年份都分别建立上市公司代码与客户和供应商编号的成对关系列表，并且把所有成对关系简化为买卖关系，例如在上市公司与其客户的交易中，客户作为买方，上市公司作为卖方,在上市公司与其供应商的交易中,供应商作为卖方,上市公司作为卖方;第三步,客户或供应商为上市公司的,采用对应的股票代码替代编号,个别客户或供应商公司是某些上市公司的子公司或分公司,由于它们与母公司联系紧密,采用其对应母公司的股票代码替代;第四步,考虑到每组买卖关系的强度存在差异,采用采购额或者销售额占比来表示权重,与关系列表一一对应;第五步,把 Excel 中每年的关系和权重列表导入 Python 软件,构建有向加权供应链网络,2009 年到 2019 年共计 11 个网络,其中,每个公司都是网络中的一个节点,公司之间的买卖关系即网络中节点之间的边,也可称为连接,边的方向与买卖方向一致,边的权重由关系强度决定。

2009~2019 年共 11 个有向加权供应链网络中的节点分布情况如表 4-1 所示。平均来看,供应链网络的节点中上市公司占比约为 19%,其余为非上市公司。从时间趋势来看,节点数量和上市公司数量均呈现先上升后下降的趋势,2009 年开始逐年上升,在 2012 年达到最大值,当年网络节点数量为 9367 个,其中上市公司的数量为 1704 个,之后呈现下降趋势。表现出这一趋势的原因可能在于,2012 年证监会发布的 22 号文件鼓励上市公司披露前五名客户和前五名供应商的信息以及对应的交易额,应这一文件的号召,披露客户和供应商信息的上市公司数量在 2012 年达到最高。但是,随后证监会并没有发布强制披露的要求或者对未披露相关信息的公司做出处罚行为,因此,2012 年之后,出于隐藏关系型交易等动机,主动披露细节的上市公司逐渐减少。

表 4-1　2009~2019 年供应链网络节点分布情况

单位:个,%

年份	网络节点数量	上市公司数量	上市公司占比	年份	网络节点数量	上市公司数量	上市公司占比
2009	5024	1058	21.1	2015	6393	1125	17.6
2010	6527	1353	20.7	2016	5634	1003	17.8
2011	7907	1567	19.8	2017	5512	1009	18.3
2012	9367	1704	18.2	2018	4781	895	18.7
2013	8557	1597	18.7	2019	4387	882	20.1
2014	5829	1064	18.3	合计	69918	13257	19.0

相对应地，上市公司占比整体呈现先下降后上升的趋势，在2015年达到最低点，为17.6%，最高点为2009年的21.1%。这一现象说明，供应链网络中非上市公司的参与度在2015年达到最高，随后虽然略有下降，但是依然高于2009年和2010年。也就是说，在供应链网络中，非上市公司的影响力逐渐增大。

接下来，本书采用Cytoscape软件绘制供应链网络图进行可视化分析。图4-8报告了我国2009年、2012年和2019年的供应链网络。其中，采用白色节点代表上市公司，黑色节点代表非上市公司，节点之间的关系采用带箭头的边表示。

首先，从图4-8中的节点数量来看，2012年供应链网络中的节点数量最多；从节点构成来看，非上市公司的数量居多，上市公司的数量比较少，其中大部分上市公司都占据了枢纽位置，而多数非上市公司处于边缘位置，呈现明显的核心-边缘结构。其次，从结构形状来看，供应链网络有向图表现为多个星状结构相互连接，呈现明显的无标度特征。在局部的星状结构内部，大多是以一个上市公司为核心，多个非上市公司和少数其他上市公司分布其周围，表明边缘公司是核心公司的客户或供应商。而两个星状结构之间的连接分为两种情况，第一种情况是两个星状结构的核心公司具有共同的客户或者具有共同的供应商，第二种情况是两个星状结构的核心公司具有直接的连接，相互为对方的客户或供应商。最后，从网络结构的密度来看，供应链网络整体结构比较稀疏。大部分的非上市公司与少数上市公司仅是单向连接。而且，在图形边缘还存在多个离散的星状结构，即独立的小团体，表示这类公司仅仅与团体内部的公司有连接，与其他团体的公司没有接连。

4.2.3 我国供应链网络演变分析

我国供应链网络涉及的公司数据庞大，仅仅通过供应链网络图难以判断其具体特征变化。因此，本书采用Python软件测算了一系列网络特征指标对我国供应链网络的演变展开分析。表4-2报告了2009~2019年供应链网络的总体特征情况，包括供应链网络的节点数、边数、平均入度、平均出度、密度、连通分量数、入度熵和出度熵八个指标。

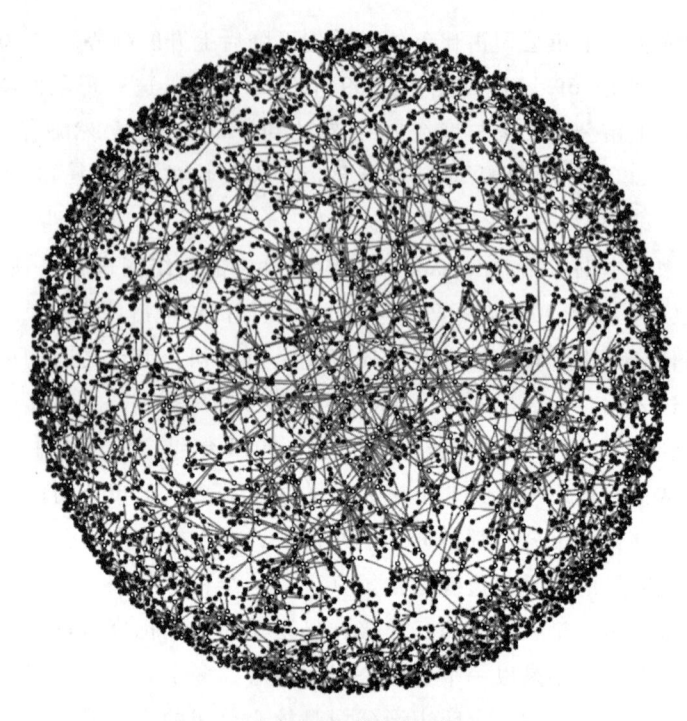

（a）2009年供应链网络

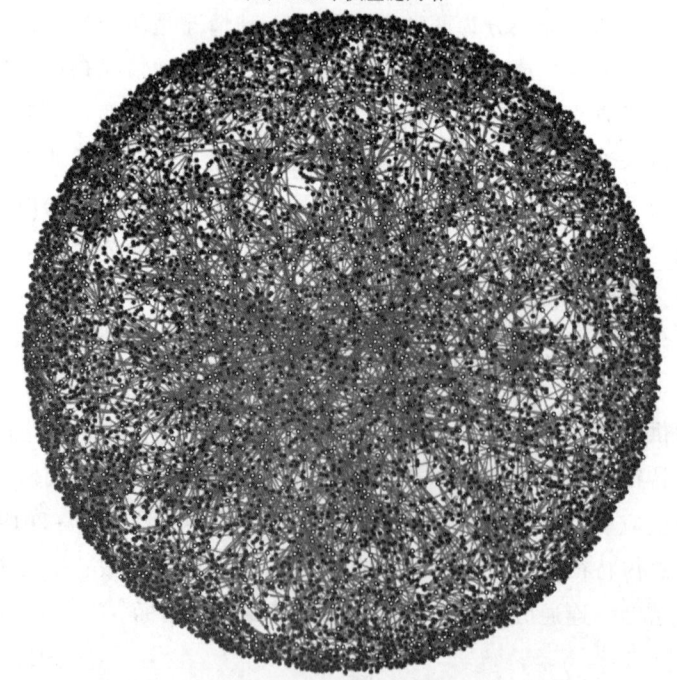

（b）2012年供应链网络

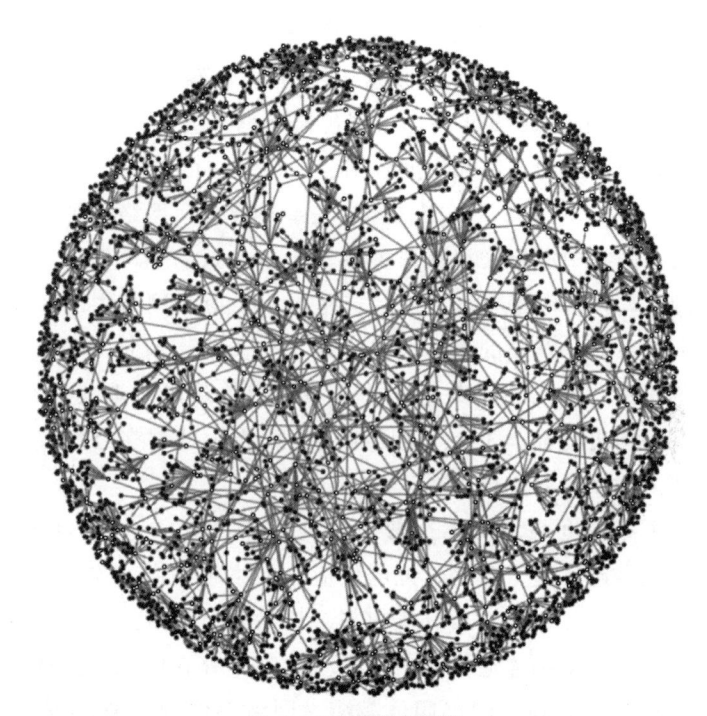

(c) 2019年供应链网络

图 4-8 2009 年、2012 年和 2019 年我国供应链网络

表 4-2 2009~2019 年供应链网络总体特征指标

年份	节点数	边数	平均入度	平均出度	密度	连通分量数	入度熵	出度熵
2009	5024	4628	0.921	0.921	0.000183	494	8.141	7.014
2010	6527	6138	0.940	0.940	0.000144	563	8.348	7.344
2011	7907	7591	0.960	0.960	0.000121	581	8.442	7.650
2012	9367	9269	0.990	0.990	0.000106	514	8.441	8.045
2013	8557	8393	0.981	0.981	0.000115	519	8.351	7.964
2014	5829	5637	0.967	0.967	0.000166	377	7.827	7.761
2015	6393	6240	0.976	0.976	0.000153	347	7.902	7.873
2016	5634	5552	0.985	0.985	0.000175	280	7.744	7.797
2017	5512	5408	0.981	0.981	0.000178	291	7.738	7.753
2018	4781	4696	0.982	0.982	0.000205	259	7.569	7.641
2019	4387	4328	0.987	0.987	0.000225	251	7.512	7.540

首先，节点数和边数分别指供应链网络中包含的公司数量以及公司之

间的成对买卖关系数量。节点数和边数均呈现先上升后下降的趋势，同时在 2012 年达到最大值。可以说明供应链网络的规模在 2009 年到 2012 年逐年扩张，在 2012 年到 2019 年整体呈现规模缩小的趋势。

其次，某个节点的入度和出度分别表示该公司的买入关系（或称供应商关系）数量以及卖出关系（或称客户关系）数量，网络的平均入度和平均出度则表示网络中所有公司买入关系和卖出关系的平均值。一方面，供应链网络的平均入度等于平均出度，这是由于供应链网络中的某个公司具有一条买入关系时，对应的卖方就有一条卖出关系，因此，平均买入关系数量一定等于平均卖出关系数量，并且等于边数除以节点数。另一方面，平均入度和平均出度都小于 1，说明供应链网络内的许多公司仅仅具有一条单向的买入关系或者卖出关系。

再次，网络密度表示实际边数与最大可能边数之比①。密度值越小，说明供应链网络越稀疏，反之，说明供应链网络越稠密。连通分量代表网络中有联系的小团体，在连通分量内部，任意两个节点之间必然有一条途径相连，而两个不同的连通分量中的节点之间不存在联系。连通分量数越多，说明网络中相互独立的小团体越多，网络整体的连通性越低，反之，则说明网络中相互独立的小团体较少，相应的网络的连通性较高。本书构建的 11 个供应链网络的密度在 0.0001 和 0.0003 之间，整体密度较小，但是从 2012 年之后呈现上升趋势，而连通分量数在 2013 年之后开始明显下降。这些表现说明供应链网络越来越稠密并且连通性越来越高。

最后，入度熵和出度熵用于衡量网络的无标度性（Scale-Free）。现实中的大部分网络都具有无标度特征，无标度性的本质是一种非同质性。无标度网络的特点是在网络中存在少数度远高于平均值的节点和大量度低于平均值的节点，其中度较高的节点通常被称为枢纽节点，度较低的节点被称为末梢节点。枢纽节点对网络的连通性起到重要作用，一旦这些枢纽节点被移除，原本的网络就会变成离散的多个连通分量。熵通常用于测量状态的无循性或者混乱性，此处采用结构熵测度网络的无标度性，计算方法如下。

第一步，测量单个节点的节点熵：

---

① 在有向图中，最大可能边数等于节点数×(节点数 − 1)。

$$I_{it} = -\frac{d_{it}}{\sum_j d_{jt}} \ln\left(\frac{d_{it}}{\sum_j d_{jt}}\right) \qquad (4.1)$$

其中，I_{it} 为节点 i 在 t 时刻的节点熵，d_{it} 为节点 i 在 t 时刻的边数，在无向图中，该数值等于节点的连接总数，在有向图中，可以根据连接的方向将度进一步划分为入度和出度，从而计算入度熵和出度熵。

第二步，把节点熵加总计算结构熵：

$$E_t = \sum_i I_{it} \qquad (4.2)$$

其中，E_t 为网络在 t 时刻的结构熵，与节点熵类似，在有向图中，结构熵也分为入度熵和出度熵。

从表 4-2 中报告的供应链网络的入度熵和出度熵结果可以看出，在 2012 年之前，入度熵和出度熵总体呈现上升趋势，在 2012 年达到最大值之后开始下降。这一结果表明供应链网络的无标度性是先上升后下降的，并且下降幅度很大。也就是说，在 2012 年之后，网络中占据枢纽位置的公司比重相对减少，或者说占据枢纽位置公司的核心地位有所下降。

4.2.4 我国供应链网络特征分析

本书运用社会网络分析法，基于 2009~2019 年上市公司数据构建我国的供应链网络，绘制供应链网络图，并且分年度测算了一系列供应链网络特征指标，通过分析，可以得出我国供应链网络具有以下四个重要特征。

（1）供应链网络具有交叉性

供应链网络包含供应商、制造商、分销商、零售商等众多类型的企业，同一类型中又涉及多个企业，且某些企业自身也有多种业务类型。这些企业组成了多条供应链，供应链中的某个节点企业可能属于多条供应链，两条供应链通过该企业交叉连接，大量供应链相互交叉则形成了供应链网络。因此，供应链网络可以视作具有交叉关系的多个垂直级别形成的网络，且每个级别上包含多个企业主体，表现出垂直结构和水平结构特征。从垂直结构来看，供应链网络包含从供给端到需求端的物料流动过程，最初的原材料通过供应链网络转化为最终商品到达消费者手中。从水平结构来看，在物料流动的每个层级，都存在多个企业，这些企业不仅相互竞争而且相互合作。

(2) 供应链网络具有复杂性

供应链网络的复杂性集中表现在两个方面：一是网络中大量企业实体间的关系具有复杂性；二是网络结构形态具有复杂性。关系的复杂性源于供应链网络中各个企业为了追求自身利益的最大化在纵向和横向上都形成了复杂的竞争和合作关系。竞争关系体现在，在纵向上企业为了占据更大利润空间，采取隐瞒信息或行动的机会主义行为，凭借自身优势与上下游交易主体讨价还价，以及在横向竞争市场上与同类型企业抢夺市场；合作关系体现在，在纵向上企业为了降低供应链总成本、降低库存、加强信息共享等与供应链伙伴建立战略合作关系，在横向上为了分散风险、扩大市场势力等与同类型企业开展合作。这种复杂的竞争与合作并存的状态使供应链网络参与主体之间的关系具有复杂性。网络结构形态的复杂性在于，供应链网络中大量的企业节点及其之间多样的关系形成了大规模的网络结构，具有无标度网络结构特征，并且随着网络节点及其之间关系的改变，网络结构也会不断变化。

(3) 供应链网络具有系统性

尽管供应链网络中的每个企业都依循自身利益需求和管理模式进行自主决策，并具有各自的经营目标，但事实上，每个企业的生存发展都需要依赖与外部企业进行信息和资源交流，从而与供应链网络其他参与主体形成密切的合作和竞争关系。供应链网络中的成员相互影响、依赖与制约，并构成一个整体系统。同时，供应链网络系统具有开放性，不断地与外部社会环境和经济环境产生实物或信息等方面的交互，并且供应链网络中各个参与主体之间的关系也会受到外部市场环境变化的影响。在外部环境的作用下，供应链网络的企业主体经过相互作用、协同等动态演化过程，构成具有一定稳定性的系统。

(4) 供应链网络具有动态性

供应链网络内部与外部环境的不确定性导致供应链网络有不断重构的动态性。从供应链网络内部来看，网络成员是不断变化的，整个系统一直存在新企业进入以及已有企业脱离。各个参与主体之间的关系并非一成不变，企业由于自身发展战略的调整、生产需求的变化、管理人员的变更等不断改变与供应链网络成员之间的业务关系，进而催动整个供应链网络发展变化。从供应链网络所处的外部环境来看，国际国内政治经济环境的深度变革、市场需求的频繁变化，以及各种突发的天灾人祸等外部因素都会对供应链网络的运行和发展产生影响，进一步刺激供应链网络发生变化。

通过以上分析可以发现，供应链网络呈现交叉性、复杂性、系统性和动态性等特征，传统的线性静态分析方法已经难以解释规模庞大、结构复杂的现代供应链系统的运行机制。因此，本书在后续的研究中建立供应链网络模型，基于社会网络的视角和方法建立研究框架。

4.3 我国企业创新现状分析

在国家创新体系中，企业作为创新活动的主要承担者起到了关键作用。本节从企业的创新意愿、创新投入和创新产出三个方面对企业创新的现状展开分析。

4.3.1 我国企业创新意愿现状

熊彼特的创新理论认为，企业家创新精神是企业开展创新的原动力，而企业制定的创新战略目标是企业家创新意愿的重要体现。《中国科技统计年鉴》报告了我国规模以上工业企业创新战略目标的制定情况。如表4-3所示，2016~2020年，制定创新战略目标企业占全部企业的比重均超过50%。[①] 在具体的战略目标制定中，过半企业将"增加创新投入，提升企业竞争力"作为创新战略的首要目标。紧随其后的目标有"赶超同行业国内领先企业""保持现有的技术水平和生产经营状况"，以这两项作为目标的企业各占20%和18%左右。此外，以"赶超同行业国际领先企业""保持本领域的国际领先地位"为目标的企业占比较小，占比不足6%和5%。

表4-3 规模以上工业企业创新战略目标制定情况

单位：%

企业创新战略目标	2016年	2017年	2018年	2019年	2020年
制定创新战略目标企业占全部企业的比重	51.3	50.7	51.1	55.6	53.4
保持本领域的国际领先地位	4.0	4.1	4.2	4.0	4.2
赶超同行业国际领先企业	5.4	5.7	5.6	5.5	5.3
赶超同行业国内领先企业	19.4	20.2	20.0	20.6	20.9

---

① 《中国科技统计年鉴》从2017年开始报告规模以上工业企业创新战略目标制定情况。

续表

企业创新战略目标	2016 年	2017 年	2018 年	2019 年	2020 年
增加创新投入,提升企业竞争力	52.2	51.7	51.3	51.7	50.3
保持现有的技术水平和生产经营状况	18.7	17.9	18.5	17.9	18.9
其他目标	0.3	0.4	0.4	0.4	0.4

资料来源：2017~2021 年《中国科技统计年鉴》。

以上统计结果表明，我国还有半数企业需要加强创新意识，需要认识到在经济高质量发展阶段，创新才是企业可持续发展的第一动力。在已经具备创新意识的企业中，多数企业开展创新活动的主要动力来源于提升市场竞争力以占有更多的市场利润，创新目标明确，但是创新风格偏稳健。创新方面的主要竞争对象大多局限于国内，仅有少数企业将占据国际领先地位作为创新目标，这也从侧面反映出我国企业的创新能力与国际领先企业依然存在一定差距，在创新领域还需要提升我国企业在国际上的竞争力和影响力。

4.3.2 我国企业创新投入现状

本节从企业创新投入规模、类型及强度三个方面对我国企业创新投入的现状进行分析。

（1）我国企业创新投入规模

从全社会创新投入来看，如图 4-9 所示，我国全社会研究与试验发展（R&D）经费支出从 2000 年到 2020 年逐年递增，达到 2.4 万亿元，仅次于排名第一的美国，紧随其后的是日本、德国、韩国、法国和英国[1]。同时，我国 R&D 经费支出占 GDP 的比重也整体呈现上升趋势，2020 年这一比重达到 2.4%，已经非常接近疫情发生前 OECD 国家 2.47% 的平均水平[2]。这表明无论是从创新投入规模还是从创新投入强度来说，我国对创新的重视程度都越来越高，创新投入规模保持较快增长，逐渐在国际上处于领先水平。但是，需要注意的是，相对于我国这么大的经济体量，我国的创新投入强度与发达国家相比依然存在一定的差距，推进我国迈向创新强国，有必要持续提高创新投入强度。

---

[1] 资料来源：世界银行公开数据（World Bank Open Data）。
[2] 资料来源：国家统计局。

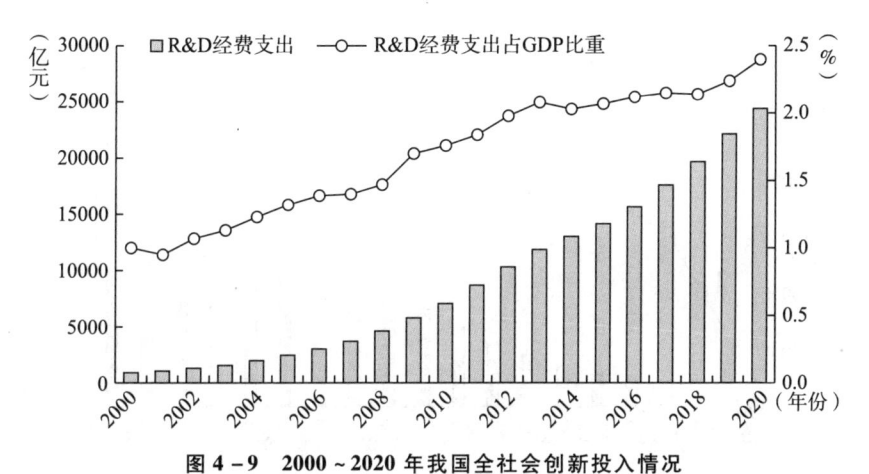

图 4-9　2000~2020 年我国全社会创新投入情况

资料来源：国家统计局。

我国 R&D 活动的资金主要来源于企业部门、政府部门以及研发机构和高等学校等其他部门。图 4-10 展示了我国 R&D 经费支出的资金来源分布，可以明显看出企业支出是最主要的资金来源，远远高于政府及其他部门的总支出，并且企业支出呈现持续增长的趋势。从 2002 年到 2020 年，企业 R&D 经费支出从 708 亿元增长至 18895.03 亿元，实现了 26 倍的增长。同时，企业 R&D 经费支出占全社会 R&D 经费支出的比重整体呈增长趋势。2002 年，企业资金占比刚刚过半，约占 55%，到了 2011 年，这一比重上升至 74% 左右，在这 9 年之间实现了飞速增长。2011 年之后，企业 R&D 经费支出占比增长速度逐渐放缓，除了 2015 年和 2019 年出现微弱下降，整体仍然呈现上升趋势，到 2020 年约为 77.46%，平均每年增加 0.4 个百分点。这说明我国已经逐渐形成以企业为主体的创新资金体系，企业在我国创新体系中发挥着越来越重要的作用，企业的创新资金投入开始进入稳步增长阶段。

（2）我国企业创新投入类型

R&D 活动按照执行部门可以划分为基础研究、应用研究和试验发展。其中，基础研究是认识客观事物的本质及其发展规律，进而形成新知识的过程；应用研究是为了实现特定目标而开展的创造性研究，目的是为解决实际问题提供科学依据和方法；前两者都是创造知识的过程，而试验发展并不产生新知识，主要是对现有知识进行创新性应用，在材料、产品、工艺、系统和服务等方面实现改进。从表 4-4 可以发现，我国企业在不同活

图 4-10 2002～2020 年我国分资金来源创新投入情况

资料来源：国家统计局。

动间的资金投入比例有着相当明显的差异。2009～2020 年，我国企业大部分 R&D 资金都投入试验发展活动，平均占比达到 96.85%。其中，2009 年占比最高为 97.90%，2018 年占比最低为 95.98%。与此同时，用于基础研究和应用研究的资金占比则远低于试验发展，2020 年基础研究占比为 0.51%，应用研究占比为 3.03%。造成这一现象的主要原因在于基础研究和应用研究所需的资金巨大，创新难度大，成果转化周期长，尤其是基础研究，具有很强的公益性和探索性，因此，企业普遍缺乏开展基础研究和应用研究的动力。尽管试验发展活动能够将创新成果转化为生产力，但是试验发展是建立在基础研究和应用研究产生的新知识之上的，基础研究和应用研究对于加强创新，解决我国核心技术"卡脖子"的问题具有重要意义，未来企业有必要进一步重视基础研究和应用研究，加大相应的创新投入。

表 4-4 2009～2020 年我国分执行部门创新投入情况

单位：亿元；%

年份	基础研究	应用研究	试验发展	基础研究占比	应用研究占比	试验发展占比
2009	4.42	84.82	4159.37	0.10	2.00	97.90
2010	4.33	126.21	5054.93	0.08	2.43	97.48
2011	7.27	190.97	6381.09	0.11	2.90	96.99
2012	7.09	238.86	7596.29	0.09	3.05	96.86

续表

年份	基础研究	应用研究	试验发展	基础研究占比	应用研究占比	试验发展占比
2013	8.61	249.20	8818.04	0.09	2.75	97.16
2014	10.00	315.16	9735.48	0.10	3.13	96.77
2015	11.40	329.31	10540.65	0.10	3.03	96.87
2016	26.08	368.57	11749.31	0.21	3.04	96.75
2017	28.94	438.26	13193.02	0.21	3.21	96.58
2018	33.49	578.23	14622.01	0.22	3.80	95.98
2019	50.77	560.71	16310.31	0.30	3.31	96.39
2020	95.61	565.18	18012.96	0.51	3.03	96.46

资料来源：2010~2021年《中国科技统计年鉴》。

(3) 我国企业创新投入强度

为了进一步分析我国企业内部创新投入现状，表4-5报告了2011~2020年我国规模以上工业企业的R&D经费内部支出情况。可以发现，我国规模以上工业企业R&D经费内部支出从2011年的5993.8亿元增长至2020年的15271.3亿元，9年内实现了155%的增长。同时，企业的R&D项目数呈现同步增长，从2011年的约23万项，增长为2019年的约60万项。值得注意的是，企业R&D经费内部支出的增长远远高于其营业收入的增长。2011年，企业R&D经费内部支出与营业收入之比为0.71%，到了2020年，达到了1.41%，说明我国企业内部对创新的重视程度越来越高。但是，2021年欧盟发布的数据表明，我国企业的研发投入强度相较于欧美发达国家依然存在较大的追赶空间。[1]

表4-5　2011~2020年我国规模以上工业企业创新投入情况

年份	R&D经费内部支出（亿元）	R&D经费内部支出与营业收入之比（%）	R&D项目数（项）
2011	5993.8	0.71	232158
2012	7200.6	0.77	287524
2013	8318.4	0.80	322567
2014	9254.3	0.84	342507
2015	10013.9	0.90	309895

---

[1]　资料来源：赛迪研究院（https://www.ccidgroup.com/info/1105/34157.html）。

续表

年份	R&D 经费内部支出（亿元）	R&D 经费内部支出与营业收入之比（%）	R&D 项目数（项）
2016	10944.7	0.94	360997
2017	12013.0	1.06	445029
2018	12954.8	1.23	472299
2019	13971.1	1.31	598072
2020	15271.3	1.41	—

注：自 2011 年起规模以上工业企业的标准有所调整，因此数据从 2011 年开始。此外，2020 年规模以上工业企业的 R&D 项目数据未公布，此处空缺。

资料来源：2012～2021 年《中国科技统计年鉴》。

4.3.3 我国企业创新产出现状

基于我国企业创新投入现状的分析可以发现，我国规模以上工业企业的创新投入占企业总体创新投入的比重在 80% 以上，具有很强的代表性。此外，考虑到数据的可获得性，本节采用我国规模以上工业企业的专利申请数据和新产品开发数据对我国企业创新产出现状展开分析。

（1）我国企业专利申请情况

专利申请数是测度企业创新最直观的指标，在现有文献中得到了广泛应用。从我国企业的专利申请数来看，如图 4-11 所示，2009～2020 年我国企业专利申请数量持续上升，从 2009 年的 26.58 万件增长至 2020 年的 124.39 万件，总体增长了 3.68 倍。从增长趋势来看，2009 年以来我国企业的专利申请数量增长速度放缓，2015 年增长率下降至最低点为 1.26%，2016 年上升至 12.04%，之后基本稳定在 15% 左右，表明我国企业专利产出已经进入稳定增长阶段。

此外，按照中国专利法的分类，专利包括发明专利、实用新型专利和外观设计专利。现有研究大多认为三者之中发明专利的技术水平最高，能够代表企业的实质性创新水平。由图 4-11 可知，我国企业发明专利申请量和专利申请量的变动趋势较为一致。此外，在专利申请量中，发明专利占比平均为 37.31%，最高也仅在 2016 年达到 40.12%。这一现象表明，虽然我国企业的专利数量有明显的提升，但专利质量依然有待提高。

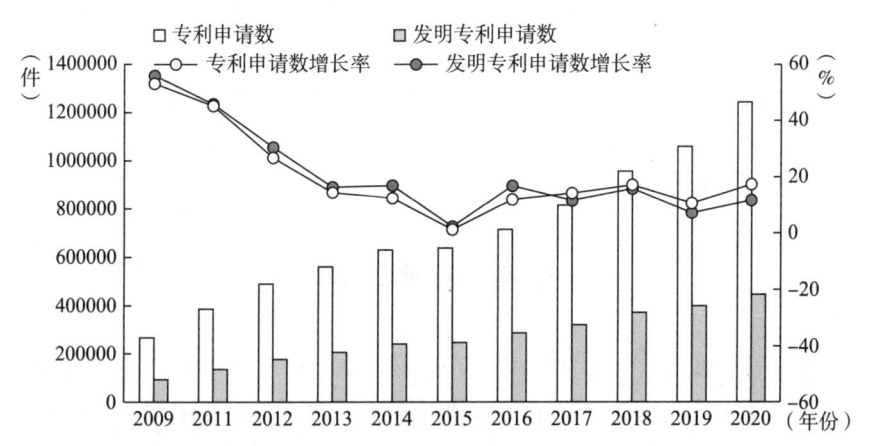

图 4-11　2009 年、2011~2020 年我国规模以上工业企业专利申请情况

注：2010 年规模以上工业企业的专利数据未公布，此处未包含 2010 年数据。

资料来源：2010~2021 年《中国科技统计年鉴》。

（2）我国企业新产品开发情况

图 4-12 报告了我国规模以上工业企业的新产品开发情况。从企业新产品开发项目数可以发现，2010 年和 2015 年我国企业新产品开发项目数出现短暂下降，其他年份新产品开发项目数均增加。尤其是 2015 年之后，新产品开发项目数呈现直线上升趋势，每年增长幅度都超过 15%，2020 年达到 788125 项，说明我国企业创新活跃度较高。

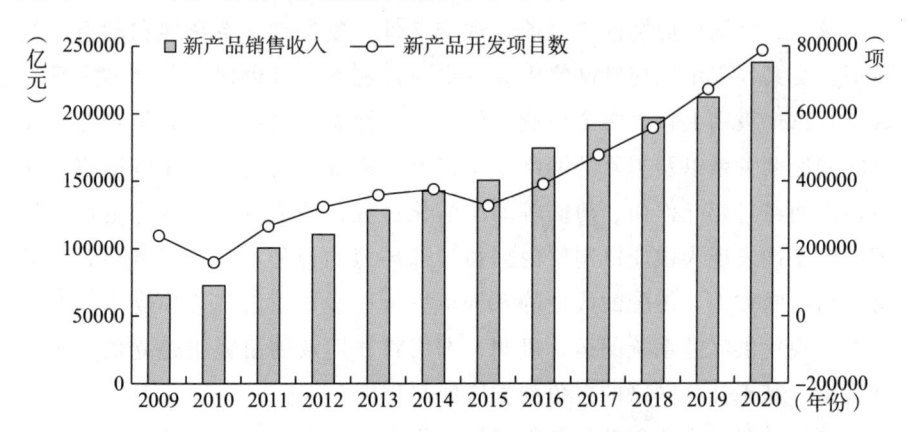

图 4-12　2009~2020 年我国规模以上工业企业新产品开发和销售情况

资料来源：2010~2021 年《中国科技统计年鉴》。

但是，新产品开发项目数还不能直接反映企业的创新产出，新产品销售收入能够代表企业创新成果转化为利润的水平，是衡量企业创新产出水平的重要指标之一。如图4-12所示，我国规模以上工业企业新产品销售收入在2009~2020年快速增加。2009年企业新产品销售收入为65838亿元，2020年达到了238073亿元，平均每年增长12.4%，表明我国企业创新的经济效益稳步提升，创新产出效果明显。

4.4 本章小结

本章首先梳理了我国供应链的发展历程；其次基于社会网络分析方法，采用上市公司披露的前五大客户和前五大供应商数据构建我国的供应链网络，并总结了我国供应链网络的演变规律和突出特征；最后运用统计分析方法考察了我国企业创新的情况以及存在的问题。通过以上分析本章得出以下结论。

第一，我国供应链发展历程可以划分为萌芽阶段（1979~1992年）、探索阶段（1993~2000年）、成长阶段（2001~2012年）和突破阶段（2013年以来）四个阶段。每个阶段的供应链在特定的时代背景和历史进程下都具有不同的特征。总体来说，我国供应链从聚焦于单个企业内部的"纵向一体化"模式，扩展到各个企业之间形成的垂直供应链，再发展到当前企业集群纵横交织形成的错综复杂的供应链网络。

第二，我国供应链网络当前呈现交叉性、复杂性、系统性和动态性等特征。交叉性表示供应链网络由大量供应链相互交叉形成，包含多个垂直级别且每个级别上包含多个企业主体。复杂性源于网络中的大量企业实体之间的庞杂关系以及丰富的网络结构形态。系统性表现为供应链网络企业主体之间经过相互作用、协同等动态演化过程，构成具有一定稳定性的系统。动态性表现为供应链网络内部和外部环境的各种不确定因素导致供应链网络不断重构。传统的线性静态分析方法已经难以解释规模庞大、结构复杂的现代供应链系统的运行机制，本书将在后续的研究中建立供应链网络模型，基于社会网络的视角和方法展开分析。

第三，我国企业创新在创新意愿、投入和产出上的表现及存在的问题如下。其一，在创新意愿上，我国有超过40%的规模以上工业企业没有拟订创新战略目标，企业创新意识还有待加强，尤其是需要树立明确的创新目标，提升自身在国际上的竞争力和影响力。其二，在创新投入上，企业是我国创新资金的主要来源，虽然投入规模和强度已进入稳步增长阶段，但相较于欧美发达国家，我国依然存在较大的追赶空间；此外，我国企业的创新投入多用于试验发展，存在基础研究和应用研究投入不足的问题。其三，在创新产出上，我国企业新产品开发的活跃度较高，创新产出的经济效益明显，并且专利数量稳步提升，但是专利质量依然有待提高。

第5章 供应链网络影响企业创新的理论分析框架

5.1 供应链网络关系影响企业创新的理论分析

5.1.1 基于交易成本理论视角的分析

交易成本理论认为企业进行关系管理的关键驱动力是交易成本最小化和交易效率最大化（Williamson，1979），企业与客户和供应商的强关系有助于企业通过特定关系投资实现交易效率提升，但是这种特定关系投资会使企业面临较高的转换成本，可能会削弱企业投资创新研发活动的动力。交易成本理论中，公司与其供应商或客户之间的交易可以分为三种类型：一是离散交易，双方签订内容明确的协议，具有易于核实和期限短的特点；二是长期交易，其特点是在不确定的情况下有不完全规定的或有债权，而且具有较长的期限；三是关系交易，同样是长期性的，并且缔约双方具有长期可持续关系，通常要求缔约方进行特定关系投资。在关系交易的背景下，供应商公司可能会与工人签订长期合同，并购置专门资产，为特定公司的生产加大投入。同样，签订长期合同的客户公司可能会购买专门的机器来加工特定公司的产品。这类投资不可逆转，并且仅仅针对特定交易（Banerjee et al.，2008）。但是，这种特定关系投资一方面会导致企业现金流水平降低，使企业更易陷入财务困境；另一方面会降低企业对外部客户或外部供应商的价值，企业如果寻找新的客户或供应商，将面临高昂的转换成本（Kim and Zhu，2018）。同时，研发活动对公司业绩没有立竿见影的拉动效果，因此，特定关系投资可能会导致企业缺乏研发创新的动机。

同时，交易成本理论认为，在许多情况下，关系交易的当事人极有可能在签订合同后从事机会主义行为，企业为了防范被"敲竹杠"的风险，可能会减少创新投入。先前的研究表明，供应商和客户都关心公司履行长期隐性索赔条款的能力（Telser and Lester，1980；Bull，1987）。供应商和客户在决定是否与某一特定公司进行交易或向该公司提供何种条款时，都非常重视该公司是否有能力履行利益相关者的隐性索赔条款。例如，耐用品生产商的客户希望从生产商处购买的产品获得多年保修服务，因此关注生产商提供这种长期支持的能力。同样，耐用品生产商希望通过对特定客户所销售产品的多年维护服务赚取收入，从而关心客户公司的长期前景。基于交易成本理论，在长期合同中，要完全覆盖与隐性索赔相关的所有或有事项是非常困难的。因此，关系交易中企业针对交易方展开的创新研发投入将创造具有可挪用的"准租金"性质的资产，这鼓励缔约方机会主义行事，产生"敲竹杠"行为（Klein et al.，1978；Klein，2000）。为了降低被大客户或大供应商榨取准租金的可能性，公司进行研发创新投资的意愿会降低（李丹蒙等，2017）。

因此，基于交易成本理论可以预测，供应链网络中的密切合作会带来特定关系投资，这类投资将导致企业现金流水平降低，转换成本增加，并且可能引发交易对手的机会主义行为。在这种情况下，供应链网络中的公司为了避免较高的转换成本和被"敲竹杠"的风险，可能会减少创新活动。

5.1.2 基于资源依赖理论视角的分析

Pfeffer 和 Salancik（1978）提出的资源依赖理论表明，在资源依赖关系中，商业伙伴之间的权力不对等。当交易对手有较强的议价动机并且有其他可选择的合作对象时，企业在制定合同时自由度较低。当合约双方地位不对等时，容易引发机会主义行为（Grout，1984；Grossman and Hart，1986；Hart and Moore，1990）。由于企业、客户和供应商的目标不一致，为了实现自身利益，实力强的一方会要求另一方进行更多的特定关系投资，甚至发生"敲竹杠"行为，损害另一方利益，这势必会抑制企业创新。

当企业依赖少数供应商时，可能会导致供应商出现机会主义行为，促使供应商提高原材料价格、降低产品质量，以及实施更严苛的供货条件，导致购买企业经营利润减少（韩忠雪等，2021）。由于技术创新往往需要较高的投入，并且存在较高的失败风险，因此严重的供应商依赖会导致企业缺乏足够的资金,并且面临更高的风险,进而不利于企业技术创新。当企业依赖少数大客户时,首先,大客户可以在与供应商企业的竞争关系中占据优势地位,削弱供应商企业在创新活动中分配资源的能力。大客户能够与弱势供应商企业谈判,以保持较低的库存,在这种不利关系下将流动性风险转移给供应商企业,甚至可以通过隐瞒需求信息来影响价格,使供应商企业的盈利能力降低。在依赖不对称的背景下,大客户损害了供应商企业的盈利能力和自主性,导致供应商企业难以实现资源分配的自由(Krolikowski and Yuan,2017)。其次,依赖大客户的企业需要针对客户进行特定关系投资,使得现金流水平降低,从而挤出创新资金。同时,这种特定关系投资会导致较高的转换成本,削弱企业投资其他服务开发或新产品生产活动的动力。最后,依赖大客户的企业往往难以对大客户进行有效的监控,可能会导致企业面临高度不确定性。如果某个大客户宣布破产,依赖这一大客户的企业很可能会陷入财务困境,或者面临未来销售额大幅减少的风险。因此,依赖不对称条件下的风险和不确定性可能会降低供应商公司投资创新活动和追求新技术的意愿(Kim and Zhu,2018)。

因此,基于资源依赖理论可以预测,企业在供应链网络中的关系强度越高,越容易依赖少数大供应商或者少数大客户,导致企业在制定合同时的自由度较低,在交易中面临更严苛的条件,陷入劣势地位,甚至会导致企业盈利能力降低,业务战略被影响,最终对企业创新产生不利影响。

5.1.3 基于强关系和弱关系理论视角的分析

以 Coleman(1990)、Uzzi(1997)为代表的强关系理论认为,社会网络中的强关系能够加强彼此之间的信任和合作,更有效地促进高质量信息的流动和知识共享,因此强关系对企业创新起到促进作用。基于强关系理论,首先,有价值的信息和知识往往是隐性的、专业化的和嵌入性的,难以通过市场交易发生转移(Macher,2006)。在这方面,企业能够通过与供应链网络成员合作直接、反复地获取合作伙伴的专有技术。其次,企业与供应链网络成员形成的长期稳定关系能够产生信任和声誉,可以减少潜在的机会主义行为,增强网络成员分享专有知识的动机,促进知识的传递和转化(Villena et al.,2011),进而有助于企业创新水平的提升。此外,较为稳定的供应链网络关系能够给企业之间的信息传递建立有效的渠道,并且有助于减少信息不对称以及机会主义行为(Villena et al.,2011),进而促进企业进行技术创新。

与之相对，以 Granovetter（1973）为代表的弱关系理论则认为，弱关系的非冗余性有助于异质性资源的传递，因此社会网络中的弱关系能够提高企业的创新绩效。尽管强关系有利于传递复杂知识，但是强关系传递的信息通常是同质的、冗余的，而弱关系不仅能够降低转换成本，而且可以跨越不同社会群体成为其相互联系的纽带，吸收更多样化的信息，因此弱关系更有助于企业提高创新能力以及开展创新活动（Hansen，1999；Capaldo，2007）。

因此，基于强关系理论，企业在供应链网络中形成的强关系有利于企业建立外部信息和知识的获取通道，但是基于弱关系理论可以预测，供应链网络关系较强时反而会引起信息和知识的严重同质化，导致集体失明，最终不利于企业的创新活动。

5.1.4 基于随机最优控制理论的分析

本节通过构建一个代表性企业的随机最优控制模型来探究供应链网络关系对企业创新的影响。首先，假定代表性企业在一个连续时间区间 $[0,+\infty)$ 内持续经营，企业符合理性经济人特征，其经营目标是企业股东利益最大化。参考 Black 和 Scholes（1973）与 Merton（1974）的研究，假定公司价值波动服从如下伊藤过程：

$$\begin{cases} \mathrm{d}X(t) = [\mu X(t) - C(t)]\mathrm{d}t + \sigma X(t)\mathrm{d}W(t), & t \geq 0 \\ X(0) = x_0 \end{cases} \tag{5.1}$$

其中，$X(t)$ 为随机变量，表示公司在 t 时刻的价值，x_0 表示初始 0 时刻的公司价值，μ 表示公司价值的期望收益率，即企业预期新增价值占原价值的比例，$C(t)$ 为随机变量，表示公司在 t 时刻给股东的分红，σ 表示公司价值增长的波动率，$W(\cdot)$ 为定义在某一概率空间 (Ω, F, P) 上的维纳过程（或标准布朗运动），代表影响公司价值的随机因素。上述 $C(\cdot)$ 和 $X(\cdot)$ 均为关于维纳过程 $W(\cdot)$ 生成的信息流 $F = \{F_t\}_{t \in [0,+\infty)}$ 的适应过程。

接下来，参考 Acemoglu 等（2015）的研究，定义一个 n 维方阵 N 代表供应链网络，矩阵中的元素 n_{ij} 表示网络中任意两个公司之间是否存在供销关系，以及建立在供销业务基础上的二者的关系强度：

$$n_{ij} = \begin{cases} 0 & \text{if } j \notin N(i) \\ f_{ij} & \text{if } j \in N(i) \end{cases} \quad (5.2)$$

其中，$N(i)$ 为供应链网络中与公司 i 有直接供销业务往来的公司集合，f_{ij} 表示公司 i 与公司 j 之间的关系强度，具体可以采用公司 i 与公司 j 之间业务额占公司 i 总销售额或总购买额的比重来衡量。

企业创新有利于企业改进生产技术、提高生产效率，开发新产品、加强市场竞争优势，进而帮助企业获得更高的利润和市场价值。因此，可以认为企业创新的目的是提高其期望收益率，即式（5.1）中的 μ，据此本书认为企业创新与企业收益率正相关。除此之外，考虑到创新的正外部性特征，供应链网络成员的创新也会给企业价值带来积极影响（Li，2018），并且企业与网络成员之间的关系强度越高，网络成员创新的溢出效应越明显。因此，参考孟庆斌和师倩（2017）的做法，本书假定企业的期望收益率与企业自身的创新水平、网络成员的创新水平以及企业和网络成员之间的关系有关：

$$\mu_i(Pat_i, Pat_j, f_{ij}) = kPat_i + b\sum_{j \in N(i)} f_{ij} Pat_j \quad (5.3)$$

其中，Pat_i 表示公司 i 的创新水平，Pat_j 表示供应链网络中与公司 i 有直接关系的公司 j 的创新水平，k 和 b 均大于 0，k 表示企业创新对其期望收益率的贡献度，b 表示供应链网络合作伙伴的创新水平对企业期望收益率的贡献度。

创新活动具有高风险和高收益并存的特点。一方面，如果企业创新活动取得成功，获得了更先进的生产技术或者开发出了新颖的产品，则企业能够提高生产效率或者抢占更大的市场份额，从而获得较高的利润，企业价值也会大幅提升。另一方面，企业创新往往需要较高的前期投入用于建设实验室或者雇用科研人员，一旦创新活动失败，将导致大量成本难以回收，给企业价值带来严重的损失。因此，企业创新活动会增加企业价值的波动。企业所处的外部网络也会影响企业价值，当企业与网络成员的关系强度较高时，企业更容易受到供应链网络其他公司决策失误、经营不善、财务恶化等状况的牵连，导致企业价值的不确定性增加（孟庆斌、师倩，2017）。此外，如果同时考虑企业创新和供应链网络关系强度两个因素，企业创新对企业价值增长的影响将被供应链网络强度放大。按照交易成本理论的观点，企业创新投入属于企业对其合作伙伴的特定关系投资的组成部分，特定关系投资的存在会使企业面临更高的转换成本，导致企业更容易受到合作伙伴业务中断的冲击，加剧企业的价值波动（Chen and Wang，2020）。因此，参考张彧泽和赵新泉（2019）的研究，本书假定企业价值增长的波动率 σ 和企业创新、供应链网络关系强度之间的关系如下：

$$\sigma_i = \beta Pat_i \sum_{j \in N(i)} f_{ij}^2 \tag{5.4}$$

其中，β 表示企业创新水平和供应链网络关系强度对企业价值增长波动率的作用强度，并且满足 $\beta > 0$。

假定股东获得分红的效应函数为 $U(\cdot)$，贴现率为 r，那么股东福利最大化的问题可转化为如下一类随机最优控制问题，即寻找适当的分红 $C(\cdot)$ 使得下述目标函数 $J(0, x_0, C)$ 达到最大：

$$J(0, x_0, C) = E \int_0^{+\infty} e^{-rt} U[C(t)] dt \tag{5.5}$$

其中，E 为在 0 时刻对股东分红效用的期望，$C(\cdot)$ 满足如下条件：

$$E \int_0^{+\infty} e^{-rt} U[C(t)] dt < +\infty \tag{5.6}$$

定义上述控制问题的值函数 $V(\cdot)$ 为：

$$V(x_0) = \sup_C J(0, x_0, C) \tag{5.7}$$

以下本书采用动态规划原理和 Hamilton-Jacobi-Bellman 方程（简称 HJB 方程）理论来求解上述最优控制问题。相关思路借鉴 Fleming 和 Soner（2006）以及 Yong 和 Zhou（1999）的研究。首先，引入如下动态化最优控制问题，即给定任意时刻 $t \in [0, +\infty)$，以及 t 时刻公司价值 $x \in \mathbb{R}$，其中 $\mathbb{R}$ 表示一维欧氏空间，假设公司价值波动满足如下随机微分方程：

$$\begin{cases} dX(s) = [\mu X(s) - C(s)] ds + \sigma X(s) dW(s), & s \in [t, +\infty) \\ X(t) = x \end{cases} \tag{5.8}$$

相应的目标函数为：

$$J(t, x, C) = E \int_t^{+\infty} e^{-rt} U[C(s)] ds \tag{5.9}$$

其中，$x \in \mathbb{R}$，$t \geq 0$，$C(\cdot)$ 为 F^t-适应过程，可以表达为：

$$F^t = \{F_s^t\}_{s \geq 0}, \quad F_s^t = \sigma(W(r) - W(t)], \quad r \in [t, s]) \tag{5.10}$$

易知如下函数 $\overline{V}$ 为定义在 $[0,+\infty)\times\mathbb{R}$ 上的确定函数：

$$\overline{V}(t,x) = \sup_{C} J(t,x,C) \tag{5.11}$$

定义上述函数为对应式（5.8）和式（5.9）的最优控制问题的值函数。

接下来考虑两类值函数 $\overline{V}(\cdot,\cdot)$ 和 $V(\cdot)$ 之间的关系，由于

$$\begin{aligned}J(t,x,C) &= \mathrm{E}\int_t^{+\infty} \mathrm{e}^{-rs} U[C(s)]\mathrm{d}s = \mathrm{E}\int_0^{+\infty} \mathrm{e}^{-r(s+t)} U[C(s+t)]\mathrm{d}s \\ &= \mathrm{E}\int_0^{+\infty} \mathrm{e}^{-r(s+t)} U[\tilde{C}(s)]\mathrm{d}s \leq \mathrm{e}^{-rt} V(x)\end{aligned} \tag{5.12}$$

其中 $\tilde{C}(\cdot) = C(\cdot + t)$ 是定义在 $[0,+\infty)$ 上的函数。因此，对于任意分红 C，由上述值函数定义及条件数学期望性质可知：

$$\overline{V}(t,x) \leq \mathrm{e}^{-rt} V(x) \tag{5.13}$$

对任意 $t \geq 0$，可知：

$$\begin{aligned}\mathrm{e}^{-rt}\mathrm{E}\int_0^{+\infty} \mathrm{e}^{-rs} U[C(s)]\mathrm{d}s &= \mathrm{E}\int_0^{+\infty} \mathrm{e}^{-r(s+t)} U[C(s)]\mathrm{d}s \\ &= \mathrm{E}\int_0^{+\infty} \mathrm{e}^{-r(s+t)} U[\hat{C}(s+t)]\mathrm{d}s = \mathrm{E}\int_t^{+\infty} \mathrm{e}^{-rs} U[\hat{C}(s)]\mathrm{d}s \leq \overline{V}(t,x)\end{aligned} \tag{5.14}$$

其中，$\hat{C}(\cdot) \triangleq C(\cdot - t)$。因此，可得如下不等式：

$$\overline{V}(t,x) \geq \mathrm{e}^{-rt} V(x) \tag{5.15}$$

根据式（5.13）和式（5.15），可以得出：

$$\overline{V}(t,x) = \mathrm{e}^{-rt} V(x) \tag{5.16}$$

如下本书给出满足 $\overline{V}$ 的 HJB 方程，对于给定 (t,x)，任意分红 C，以及任意 $t' \in [t,+\infty)$，可知：

$$\overline{V}(t,x) \geq J(t,x,C) = \mathrm{E}\int_t^{t'} \mathrm{e}^{-rs} U[C(s)]\mathrm{d}s + \mathrm{E}\int_{t'}^{+\infty} \mathrm{e}^{-rs} U[C(s)]\mathrm{d}s \tag{5.17}$$

通过对 $C(\cdot)|_{[t',+\infty)}$ 取上确界，可得：

$$\overline{V}(t,x) \geq \mathrm{E}\left\{\int_t^{t'} \mathrm{e}^{-rs} U[C(s)]\mathrm{d}s + \overline{V}[t',X(t')]\right\} \tag{5.18}$$

由分红 C 的任意性可知：

$$\overline{V}(t,x) \geq \sup_C E\left\{\int_t^{t'} e^{-rs} U[C(s)] ds + \overline{V}[t', X(t')]\right\} \tag{5.19}$$

对于任意 $\varepsilon > 0$，存在 C^{ε} 使得：

$$\begin{aligned}
\overline{V}(t,x) &< J(t,x,C^{\varepsilon}) + \varepsilon \\
&= E\left\{\int_t^{t'} e^{-rs} U[C^{\varepsilon}(s)] ds + J[t', X^{\varepsilon}(t'), C^{\varepsilon}(\cdot)]\right\} + \varepsilon \\
&\leq E\left\{\int_t^{t'} e^{-rs} U[C^{\varepsilon}(s)] ds + \overline{V}[t', X^{\varepsilon}(t')]\right\} + \varepsilon \\
&\leq \sup_C E\left\{\int_t^{t'} e^{-rs} U[C(s)] ds + \overline{V}[t', X(t')]\right\} + \varepsilon
\end{aligned} \tag{5.20}$$

因此，令 $\varepsilon \to 0$，可以得到：

$$\overline{V}(t,x) \leq \sup_C E\left\{\int_t^{t'} e^{-rs} U[C(s)] ds + \overline{V}[t', X(t')]\right\} \tag{5.21}$$

基于式（5.19）和式（5.21），可以得出：

$$\overline{V}(t,x) = \sup_C E\left\{\int_t^{t'} e^{-rs} U[C(s)] ds + \overline{V}[t', X(t')]\right\} \tag{5.22}$$

其中，$t' \in [t, +\infty)$。式（5.22）为本书所研究的最优控制问题对应的贝尔曼最优性方程。

接下来，假设 $\overline{V}_t(\cdot,\cdot)$、$\overline{V}_x(\cdot,\cdot)$ 和 $\overline{V}_{xx}(\cdot,\cdot)$ 存在且连续。给定 $(t,x) \in [0, +\infty) \times \mathbb{R}$，对于任意 $c \in \mathbb{R}$ 以及足够小的 $\varepsilon > 0$，取 $\overline{C}(\cdot) = c$ 为常数，由式（5.22）和伊藤公式可得：

$$\begin{aligned}
0 &\geq E\left\{\int_t^{t+\varepsilon} e^{-rs} U(c) ds + \overline{V}[t+\varepsilon, X(t+\varepsilon)] - \overline{V}(t,x)\right\} \\
&= E\Big(\int_t^{t+\varepsilon} \big\{e^{-rs} U(c) + \overline{V}_s[s, X(s)] + \overline{V}_x[s, X(s)][\mu X(s) - c] + \\
&\quad \frac{1}{2} \overline{V}_{xx}[s, X(s)] \sigma^2 X^2(s)\big\} ds\Big)
\end{aligned} \tag{5.23}$$

式（5.23）左右两边除以 ε，并令 $\varepsilon \to 0$，可得：

$$0 \geq \overline{V}_t(t,x) + H[t, x, c, \overline{V}_x(t,x), \overline{V}_{xx}(t,x)] \tag{5.24}$$

其中，

$$H[t, x, c, \overline{V}_x(t,x), \overline{V}_{xx}(t,x)] \triangleq e^{-rt} U(c) + \overline{V}_x(t,x)(\mu x - c) + \frac{1}{2} \overline{V}_{xx}(t,x) \sigma^2 x^2 \tag{5.25}$$

接下来，对于任意 $\delta > 0$ 和 $\varepsilon > 0$，根据伊藤公式和值函数 $\overline{V}$ 的定义，存在 $C^{\delta,\varepsilon}$ 使得：

$$-\delta\varepsilon < \mathrm{E}\left\{\int_{t}^{t+\varepsilon} \mathrm{e}^{-rs} U[C^{\delta,\varepsilon}(s)]\mathrm{d}s + \overline{V}[t+\varepsilon, X^{\delta,\varepsilon}(t+\varepsilon)] - \overline{V}(t,x)\right\}$$

$$= \mathrm{E}\Big(\int_{t}^{t+\varepsilon}\{\mathrm{e}^{-rs}U[C^{\delta,\varepsilon}(s)] + \overline{V}_s[s, X^{\delta,\varepsilon}(s)] + \overline{V}_x[s, X^{\delta,\varepsilon}(s)][\mu X^{\delta,\varepsilon}(s) - C^{\delta,\varepsilon}(s)]$$

$$+ \frac{1}{2}\overline{V}_{xx}[s, X^{\delta,\varepsilon}(s)]\sigma^2 |X^{\delta,\varepsilon}(s)|^2\}\mathrm{d}s\Big)$$

$$\leq \mathrm{E}\int_{t}^{t+\varepsilon}(\overline{V}_s[s, X^{\delta,\varepsilon}(s)] + \sup_{c\in\mathbb{R}} H\{s, X^{\delta,\varepsilon}(s), c, \overline{V}_x[s, X^{\delta,\varepsilon}(s)], \overline{V}_{xx}[s, X^{\delta,\varepsilon}(s)]\})\mathrm{d}s$$

$$\leq \varepsilon\{\overline{V}_t(t,x) + \sup_{c\in\mathbb{R}} H[t,x,c,\overline{V}_x(t,x),\overline{V}_{xx}(t,x)]\} - K\mathrm{E}\int_{t}^{t+\varepsilon}|X^{\delta,\varepsilon}(s) - x|\mathrm{d}s$$

(5.26)

此处 K 是一个绝对常数，$X^{\delta,\varepsilon}$ 满足：

$$\sup_{s\in[t,t+\varepsilon]} \mathrm{E}|X^{\delta,\varepsilon}(s) - x|^2 \to 0, \varepsilon \to 0 \tag{5.27}$$

将式（5.26）两边同时除以 ε，并令 $\varepsilon \to 0$，可以得到：

$$-\delta \leq \overline{V}_t(t,x) + \sup_{c\in\mathbb{R}} H[t,x,c,\overline{V}_x(t,x),\overline{V}_{xx}(t,x)] \tag{5.28}$$

由 $\delta > 0$ 的任意性，可得：

$$0 \leq \overline{V}_t(t,x) + \sup_{c\in\mathbb{R}} H[t,x,c,\overline{V}_x(t,x),\overline{V}_{xx}(t,x)] \tag{5.29}$$

由式（5.24）和式（5.29）可知：

$$\overline{V}_t(t,x) + \sup_{c\in\mathbb{R}} H[t,x,c,\overline{V}_x(t,x),\overline{V}_{xx}(t,x)] = 0 \tag{5.30}$$

由式（5.16）和式（5.30），可以得到：

$$rV(x) = \sup_{c}[U(c) + V_x(x)(\mu x - c) + \frac{1}{2}V_{xx}(x)\sigma^2 x^2] \tag{5.31}$$

式（5.31）即本书研究框架下值函数 V 所满足的 HJB 方程。其中，V_x 表示函数 $V(x)$ 关于企业价值 x 的一阶导数，V_{xx} 表示函数 $V(x)$ 关于企业价值 x 的二阶导数。HJB 方程是一个关于值函数 $V(x)$ 的二阶常微分方程，通过求解该方程，可得到值函数 V，进而可在约束条件下求出最优分红 C。

考虑到公司股东符合理性人假定，并且具有风险厌恶特征，本书采用幂函数的形式表示企业股东的效用函数：

$$U(C) = C^{\gamma} \tag{5.32}$$

其中，γ 表示公司股东的风险偏好系数，对应的 $1-\gamma$ 为公司股东的风险厌恶系数，$0 < \gamma < 1$。

在此基础上，求解式（5.31）的最优性条件：

$$C(t) = \left[\frac{V_x(x)}{\gamma}\right]^{\frac{1}{\gamma-1}} \tag{5.33}$$

将式（5.33）代入式（5.31）可以得到：

$$rV(x) = \left[\frac{V_x(x)}{\gamma}\right]^{\frac{\gamma}{\gamma-1}} + V_x(x)\left\{\mu x - \left[\frac{V_x(x)}{\gamma}\right]^{\frac{1}{\gamma-1}}\right\} + \frac{1}{2}V_{xx}(x)x^2\sigma^2 \tag{5.34}$$

式（5.34）是关于值函数 $V(x)$ 的二阶常微分方程，可以求出值函数 $V(x)$ 为：

$$V(x) = \left(\frac{r - \mu\gamma}{1-\gamma} + \frac{\gamma\sigma^2}{2}\right)^{\gamma-1} x^{\gamma} \tag{5.35}$$

将式（5.35）代入式（5.33）可以得到此时公司给股东的最优分红：

$$C(t) = \left(\frac{r-\mu\gamma}{1-\gamma} + \frac{\gamma\sigma^2}{2}\right)x \tag{5.36}$$

为了探究此时公司的最优创新水平 Pat^*，本书求解式（5.35）中的最优股东福利 $V(x)$ 关于企业创新水平 Pat 的一阶条件：

$$\frac{\partial V(x)}{\partial Pat} = (\gamma-1)\left(\frac{r-\mu\gamma}{1-\gamma} + \frac{\gamma\sigma^2}{2}\right)^{\gamma-2}\left(\frac{\gamma}{\gamma-1}\cdot\frac{\partial \mu}{\partial Pat} + \gamma\sigma\frac{\partial \sigma}{\partial Pat}\right)x^{\gamma} = 0 \tag{5.37}$$

式（5.37）可以简化为：

$$\frac{\gamma}{\gamma-1}\cdot\frac{\partial \mu}{\partial Pat} + \gamma\sigma\frac{\partial \sigma}{\partial Pat} = 0 \tag{5.38}$$

将式（5.3）和式（5.4）代入式（5.38）可以解得公司 i 的最优创新水平为：

$$Pat_i^* = \frac{k}{(1-\gamma)\beta^2}CR_i^{-2} \tag{5.39}$$

$$CR_i = \sum_{j \in N(i)} f_{ij}^2 \tag{5.40}$$

其中，CR_i 可以视为公司 i 与其客户群或供应商群的整体关系强度。

此时，供应链网络关系强度对企业最优创新水平 Pat_i^* 的影响可以表示为式（5.39）关于供应链网络关系强度的偏导数。首先，考虑公司 i 与单一网络合作伙伴公司 j 之间关系强度 f_{ij} 对企业最优创新水平 Pat_i^* 的影响：

$$\frac{\partial Pat_i^*}{\partial f_{ij}} = -\frac{4k}{(1-\gamma)\beta^2}CR_i^{-3} \cdot f_{ij} \tag{5.41}$$

由于 $k>0$，$0<\gamma<1$，$\beta>0$，可以判断公司 i 的最优创新水平 Pat_i^* 关于其与任意网络合作伙伴公司 j 之间关系强度 f_{ij} 的偏导数为负。

其次，考虑公司 i 与其客户群或供应商群的整体关系强度 CR_i 对企业最优创新水平 Pat_i^* 的影响：

$$\frac{\partial Pat_i^*}{\partial CR_i} = -\frac{2k}{(1-\gamma)\beta^2}CR_i^{-3} \tag{5.42}$$

同上，可以判断 Pat_i^* 关于 CR_i 的偏导数也为负。

因此，基于以上理论分析，本书提出如下假说 H1。

H1：供应链网络关系强度与企业创新负相关，即高强度的供应链网络关系会对企业创新产生负面影响。

5.2 供应链网络关系影响企业创新的作用机制

5.2.1 风险承担机制

当供应链网络关系强度提高时，企业面临的经营风险将随之增加。首先，如果企业与交易伙伴关系紧密，外部公司的经营决策将在很大程度上影响企业的经营状况，导致企业经营面临较高的不确定性。例如，从下游客户关系来看，当客户改变发展战略缩小业务规模时，这种改变对客户自身来说可能影响有限，但是对供应商企业来说将给其带来严重的冲击，供应商企业将不得不以大幅折扣将产品出售给另一个客户，或者对产品进行高成本的改造，以满足其他客户的需求（Chen and Wang，2020）。上游供应商关系给客户企业带来的风险也是类似的，如果供应商突然停止供货，那么客户企业难以在短时间内找到新的供应商或者必须以更高的价格从其他供应商处采购原材料或中间品，将面临供应中断、成本剧增等风险（陈正林，2016）。其次，牢固的关系将导致企业更容易受到供应链网络成员的风险传染，加剧企业的经营风险。具体来说，一旦网络中其他公司陷入财务困境,甚至面临破产,那么这种负面影响将在供应链网络中发生传染效应,并且牢固的关系将强化这种风险传染效应,给企业的经营带来巨大的冲击(Hertzel et al., 2008)。最后,企业与供应链网络成员的关系强度较高时,可能会使企业过度依赖少数大客户或大供应商,这种高度依赖性会导致企业面临较高的成本和财务风险,一旦失去大客户或者大供应商,将给企业带来巨大危机(吴祖光等,2017)。

企业面临的经营风险将进一步影响企业的创新行为。创新本身就是一种高风险项目,具有资金投入大、失败风险高以及投资回报周期长的特点。对于本身就因为供应链网络关系处于高风险状态的企业来说,企业出于预防性动机倾向于持有现金而减少对创新的投入,进而导致企业开展创新活动的意愿减弱。根据式(5.39)对企业股东的风险偏好系数 γ 求偏导得到:

$$\frac{\partial Pat_i^*}{\partial \gamma} = \frac{k}{(1-\gamma)^2 \beta^2} CR_i^{-2} > 0 \tag{5.43}$$

由式(5.43)可知,企业风险偏好与企业创新正相关,即企业股东的风险厌恶程度越高,企业的创新水平越低。考虑到现实中公司经营者在进行决策时大多厌恶风险(Swalm, 1966),当企业面临的经营风险加剧时,企业开展创新活动的意愿将减弱。

因此,基于以上分析,本书提出如下假说 H2。

H2:高强度供应链网络关系通过加剧企业的经营风险进而对企业创新产生不利影响。

5.2.2 商业地位机制

企业生存和发展需要依赖与其他企业进行资源互换以获取外部资源,这将导致组织间权力不对等,使占主导地位的企业能够在交换关系中实现利益最大化(Pfeffer and Salancik, 1978)。在供应链网络中,网络参与者以自身利益最大化为经营目标,商业伙伴之间的动机和目的不一致容易引发机会主义,在这种情况下,不平衡的权力关系可能引发优势方对弱势方的利益剥削(Jin and Shao, 2022)。牢固的供应链网络关系容易导致路径依赖,即企业强烈依赖其主要客户和主要供应商提供的资源(Gassmann et al., 2010;王生年、赵爽,2020),从而形成一种不对称的权力结构,使企业处于弱势地位。在这种结构中,权力大的一方对资源有更高的控制权，进而影响权力小的企业的行为和决策，甚至损害企业的利益（Kim and Zhu，2018）。

首先，当企业依赖少数大客户时，大客户可能利用它们的权力与弱势企业谈判，以保持较低的库存，通过延迟付款把流动性风险转嫁给企业，甚至可能挤压企业的利润（Krolikowski and Yuan，2017）。其次，企业集中在少数供应商处购买，对供应商高度依赖，可能会导致供应商产生机会主义行为，采用抬升原材料价格、偷工减料以及实施更严苛的供货条件等手段，致使企业经营利润下降，不利于企业创新水平的提升（Krolikowski and Yuan，2017）。同时，根据式（5.39）对参数 β 求偏导可以得到：

$$\frac{\partial Pat_i^*}{\partial \beta} = -\frac{2k}{(1-\gamma)\beta^3} CR_i^{-2} < 0 \tag{5.44}$$

可以发现，当企业创新水平 Pat 与网络关系强度 CR 对企业价值增长波动率的作用强度 β 增加时，企业的创新水平将降低，且作用强度越大，企业的创新意愿越弱。如果企业在商业关系中处于弱势地位，其经营与决策的自由度会降低，价值波动受到各种不确定因素影响的程度会提高，进而会导致企业开展创新活动的意愿减弱。因此，供应链网络关系强度可能通过削弱企业在交易中的商业地位，从而抑制企业创新。

基于此，本书提出如下假说 H3。

H3：高强度供应链网络关系通过削弱企业的商业地位进而对企业创新产生不利影响。

5.2.3 知识吸收机制

供应链网络是企业获得外部信息和知识的重要途径。一方面，企业可以选择拥有多样化技术和技能的供应商，并从中获取新产品开发所需的核心技术。另一方面，由于创新的外部性，供应商同样可以从客户的创新溢出中获益。在此基础上，企业对外部知识的吸收成为左右创新绩效的关键环节。企业吸收外部知识是企业对外部知识进行识别、消化，进而将其运用于创新活动中的过程（Cohen and Levinthal，1990）。根据关系嵌入性的观点，网络关系对于企业吸收外部信息和知识非常重要，而网络关系促进知识吸收的有效性取决于关系强度（Zhou et al.，2014）。首先，企业的关系强度较高，可能会导致企业承担不必要的义务，增加额外的专用性资产投入，由此产生的情境锁定和技术锁定会阻碍企业学习和吸收额外的知识

（Lechner et al.，2010；杨震宁等，2013）。其次，牢固的关系可能会导致集体失明，企业可能会对现有的合作伙伴过度自信，而缺乏持续学习的动力，阻碍外部知识的吸收（Nahapiet and Ghoshal，1998；Koka and Prescott，2002）。最后，当关系强度较高时，企业之间传递的信息和知识往往是同质的，不利于企业吸收多样化的知识（Capaldo，2007；于茂荐、孙元欣，2020）。因此，供应链网络关系强度越高越不利于企业吸收外部知识。

企业对外部知识的吸收会影响企业创新过程。从外部获得知识是替代性学习的一部分，通过这种学习，企业从其他企业或机构吸收新知识和创新经验（Hora and Klassen，2013）。可以说，新技术的孕育和已有技术的传播，都取决于社会中各类知识的有效传播和使用程度。因此，对外部知识的吸收程度是影响企业创新的关键要素之一。新的知识能为企业带来新的想法和技术，并进一步推动企业创新。此外，根据式（5.39）对参数 k 求偏导可以得到：

$$\frac{\partial Pat_i^*}{\partial k} = \frac{1}{(1-\gamma)\beta^2} CR_i^{-2} > 0 \qquad (5.45)$$

根据式（5.45）中的偏导数大于 0 可以发现，企业创新对企业预期回报率的贡献程度 k 越大，企业开展创新活动的意愿越强。企业通过对外部知识的吸收、消化和改进提高创新成功的可能性，并且通过学习外部知识帮助企业与已有知识融合，加快企业产出新技术和新产品的速度，进而提高企业创新成果的转化效率和预期回报率。因此，企业吸收外部知识有利于企业提高创新水平。

基于此，本书提出如下假说 H4。

H4：高强度供应链网络关系通过削弱企业的知识吸收能力进而对企业创新产生不利影响。

5.3　供应链网络结构影响企业创新的理论分析

5.3.1　基于开放式创新理论视角的分析

随着技术复杂度的提高，单个企业内部资源的整合渐渐难以满足复杂创新活动中的大量的资金和技术需求，仅仅凭借企业独立投入资金、配置设备和人员已经很难满足激烈的市场竞争对企业创新的要求，企业创新越来越依赖外部物质、制度和环境的发展（高良谋、马文甲，2014；王金杰等，2018）。Chesbrough（2003）提出的开放式创新理论为企业开展创新活动提供了新的指引。开放式创新是与封闭式创新相对的创新模式，更强调在整合内部和外部创新思想、技术和资源的基础上，利用内外部市场渠道完成创新成果的商业化。

根据开放式创新理论，供应链网络将多个企业连成一个利益群体，不仅加深了企业间的互动交流，有利于企业获取外部创新资源，而且降低了信息不对称，增强了企业之间的信任，便于企业与网络成员形成合作研发关系，提高企业的创新水平。具体来说，供应链网络将通过以下三个过程影响创新：第一，企业可以整合供应链网络成员的知识来丰富自身的知识库，进而提升企业创新能力；第二，企业可以通过供应链网络将创新思想引入市场或者出售知识产权将创新技术转移到外部环境来获取利润，进而加强企业开展创新活动的动力；第三，企业可以通过供应链网络成员之间的相互合作，共同开展研发活动以及将创新成果商业化，同时完成前两个过程，即获取外部知识以及将创新想法和创新技术投入市场（Enkel et al.，2009）。

在这种情况下，企业在供应链中的位置将影响企业的开放式创新。在供应链网络中占据优势位置的企业，具有控制优势和信息优势（宋灿、侯欣裕，2021）。例如，在网络中更靠近中心位置的企业与网络成员形成的直接或间接关联更丰富，并且与其他关联企业的平均距离更短，这意味着企业与网络成员之间的连通度更高，能够加快企业的信息获取速度；在网络中占据更多结构洞位置的企业能够将两个没有直接关联的个体或群体连接起来，起到"媒介"作用，有助于企业从中获取大量非冗余性的信息和商业机会（陈运森，2015）。那么，相对于其他靠近网络边缘或者不占据结构洞位置的企业，靠近网络中心或者占据结构洞位置的企业在开放式创新中更具主动性，进而有利于提高企业创新能力和创新效率。

因此，基于开放式创新理论可以预测，企业在供应链网络中的优势位置不仅能够为企业带来更多机会去获取外部的稀缺知识和信息，而且有利于企业同其他组织共同开展新技术或新产品的研发，最终对企业创新产生积极影响。

5.3.2 基于资源基础理论视角的分析

Barney（1991）的资源基础理论强调企业的异质性资源是企业竞争优势的重要来源。从资源基础观出发，企业间网络有利于企业与其他企业建立联系，帮助企业从中获取资源和能力以应对各种制约因素的影响。因此，企业嵌入的社会网络被视作宝贵的"网络资源"（Gulati and Gargiulo，1999）。企业在网络结构中的位置将影响其获取网络资源的便利程度。首先，Coleman（1990）认为，企业与网络成员之间的连接密度是企业掌握外部资源的重要影响因素，这意味着如果企业与其他网络参与者之间的平均距离较近，则其更容易从网络中得到利益。按照这一观点，企业处于网络中的核心位置，代表着企业拥有较多的直接或间接关联，可以在大范围内捕获信息和资源，具有一定的资源、信息和控制优势（李德辉等，2017）。其次，Burt（1992）提出的另一种观点强调，企业在网络中的结构性优势取决于企业占据的"中介位置"，被称为结构洞理论。基于结构洞理论，在两个或多个集群之间充当中介或桥梁的个体可以获得重要的比较优势。一方面，占据结构洞位置的企业可以从不同的群体中获得非重复的信息，从而具有信息优势（Burt，2004）；另一方面，位于中介位置的企业可以决定信息和资源的流向，从而具有控制优势。因此，企业在供应链网络中的优势位置有利于企业获取网络资源，从而提高创新水平。

但是，根据 Auty（1993）的"资源诅咒"（Resource Curse）理论，自然资源丰富的国家或地区非但没有实现经济繁荣，反而出现了收入分配不平等问题严重、寻租和腐败活动盛行以及人力资本投入降低等一系列不利于经济增长的现象（Papyrakis and Gerlagh，2004）。按照这一理论的逻辑，企业的网络资源丰富并非意味着一定会给企业创新活动带来好处，相反，拥有较多的网络资源可能会带来路径依赖和锁定效应，不利于企业创新（袁建国等，2015）。在这种情况下，企业管理层倾向于过度依赖网络资源而非通过创新研发提升市场竞争力，最终导致企业创新动力减弱，减少创新活动。按照"资源诅咒"理论的逻辑，企业占据供应链网络的优势位置反而不利于企业创新水平提升。

因此，基于资源基础理论可以预测，企业在供应链网络中占据中心位置或结构洞位置有利于企业获取丰富的网络资源，掌握信息优势和控制优势，从而有助于企业提高创新水平。但是，丰富的网络资源也可能会产生资源诅咒现象，带来路径依赖和锁定效应，挤出企业的创新活动，最终给企业创新带来负面影响。

5.3.3　基于知识基础理论视角的分析

Grant（1996）的知识基础理论提出，知识是企业最具战略意义的资源，异质性的知识资本和能力是企业维持竞争优势的决定因素。而企业的知识资本主要来源于内部生成和外部汲取（Bellamy et al.，2014）。内部知识可以来源于技术系统的发展，企业通过在产品或服务开发阶段进行有效的实验、原型设计、模拟和测试创造出新知识（Gaimon and Bailey，2013）。从外部汲取知识则是替代性学习的一部分，企业可以从外部组织获得知识和经验，在此基础上整合不同类型的新知识，创造出新技术或新产品，从而积累创新优势（Hora and Klassen，2013）。供应链网络作为企业获取新知识的重要外部来源，不仅是企业之间知识和信息流动的关键渠道，而且是开发和传播新思想、新知识的催化剂（Yli-Renko et al.，2001）。随着供应链网络结构越来越复杂，企业在供应链网络中的结构特征在很大程度上决定着企业从中获取外部知识并将其转化为自身创新能力的水平。

在供应链网络中，企业越靠近网络中心的位置，意味着企业与网络成员之间的直接或间接关联程度越高，并且企业到达关联企业所经过的平均路径越少（宋灿、侯欣裕，2021）。随着企业的网络中心度提高，企业通过供应链网络接触其他企业知识和信息的范围将更加广泛，并且知识传递的速度和效率也会提升。因此，企业在网络中位于中心位置将有更多的机会接触外部知识，并且能够提高企业获取的外部知识的质量，进而有利于企业提高创新水平。除此之外，从网络结构洞的视角来看，企业占据更多的结构洞，表明企业与网络成员具有较多的非冗余联系，占据结构洞的企业可以从其连接的不同网络集群中获得低冗余信息，并且支付相对较低的成本。如果企业能够占据更多的结构洞，企业将迅速获得新信息，学习和整合不同的知识，进而抓住创新机遇、降低创新风险、实现创新产出。

但是，企业处理信息和吸收知识的能力是有限的（Gilsing et al.，2008），当企业在供应链网络中占据优势位置时，大量的外部信息反而会给企业带来管理和资源方面的压力。由于管理多样化知识的成本较高（Pillai and Bindroo，2020），位置优势反而会降低企业的知识获取效率，甚至可能会导致新知识难以吸收和整合，不利于企业的创新发展。

因此，基于知识基础理论可以预测，企业在供应链网络中占据中心位置或结构洞位置能够扩大企业的知识接触范围，有助于企业获取外部知识，进而提高创新水平。但是，丰富的外部知识可能会带来较高的信息处理成本，导致企业吸收和整合新知识的效率降低，从而阻碍企业创新。

综合开放式创新理论、资源基础理论以及知识基础理论视角的分析，本书提出如下假说 H5a 和 H5b。

H5a：供应链网络位置优势（中心度、结构洞）能够促进企业创新。

H5b：供应链网络位置优势（中心度、结构洞）将阻碍企业创新。

5.4　供应链网络结构影响企业创新的作用机制

5.4.1　创新选择机制

企业在供应链网络中的位置可能会左右企业创新模式的选择，并进一步改变企业的创新水平。按照吴延兵和米增渝（2011）的定义，企业创新按照独立程度可以划分为独立创新和合作创新两种创新模式。其中，独立创新是指企业主要依靠内部资源，独立开展研发创新活动，并且企业拥有创新成果的最终收益控制权；合作创新是指企业与其他企业、高校或科研机构等外部组织合作开展研发创新活动，最终形成的创新产出由多个合作方共同拥有。

现有研究表明，独立创新和合作创新两种模式都会给企业创新产出带来积极影响。也就是说，加大对某种创新模式的投入，能促进企业创新产出水平提升（Radicic and Balavac，2019）。一方面，独立创新有助于企业打造独立的研发体系，加强自身核心技术优势，并且能够确保对知识产权以及专利权等创新成果的独占，进而增强企业的获利能力和市场竞争力（张慧颖、王辉，2011；刘岩等，2022）。另一方面，企业与外部组织合作开展创新研发活动，能够使企业有效获取外部知识，激发创新灵感，有利于提高创新产出的多样性，并且合作创新可以分散创新失败的风险，减少企业的创新投入成本（Chesbrough，2003；于飞等，2017）。

企业在供应链网络中的结构特征会影响企业创新模式的选择。首先，独立创新要求企业内部具备较高的创新研发条件，以及独立承担创新成本和创新失败的风险（Chesbrough，2003；于飞等，2017）。当企业在供应链网络中占据优势位置时，企业通常具备丰富的信息和市场资源，有机会通过市场交易的方式购买所需技术（李德辉等，2017），企业将降低独立创新的投入。其次，考虑到当前中国的知识产权保护制度尚不完善，当企业在供应链网络中处于中心位置时，其与网络成员的关联程度较高，独立创新成果很容易被模仿学习（Fang et al.，2017），从而会削弱企业进行独立创新的动力。此外，当企业占据供应链网络结构洞位置，并在网络中发挥桥接作用时，由于创新具有正外部性，外部企业的创新成果将对占据结构洞位置的企业产生较强的知识外溢效应（Azadegan et al.，2008），企业很容易学习和模仿其他企业的创新成果，导致企业自身开展独立创新的意愿减弱。

从合作创新模式的特征来看，首先，合作创新能够使创新成果的溢出内部化，合作企业之间能够通过知识分享的方式提高各自的知识产出，并且合作成员将共担创新的成本和创新失败的风险，以及共同推动创新成果转化（Amir et al.，2003）。因此，占据供应链网络优势位置的企业，有更多与外部企业开展合作的机会，为了提升创新效率和减少创新成本，这些企业会更多地进行合作创新。其次，对于占据中心位置的企业，其与网络成员形成的直接或间接关联更丰富，能够在更大范围内选择创新活动的合作伙伴，进而有助于企业开展合作创新（宋灿、侯欣裕，2021）。再次，当企业在供应链网络中占据丰富的结构洞位置时，企业具有较多的非冗余连接，能够发挥信息优势，从而有助于企业评估合作者的能力和资质，并选出最优质的合作伙伴，提高企业的合作创新水平（Wang et al.，2021）。最后，占据结构洞位置的企业具有控制优势，能够决定资源倾斜到哪一方，有利于企业争取更多的合作创新机会，并且在合作创新中占据强势地位，从而有助于提高企业通过合作创新得到的收益。

基于以上理论分析，本书提出如下假说 H6a 和 H6b。

H6a：供应链网络位置优势（中心度、结构洞）通过鼓励企业与外部企业进行合作创新，进而提升企业的创新水平。

H6b：供应链网络位置优势（中心度、结构洞）通过削弱企业开展独立创新的动力，进而降低企业的创新水平。

5.4.2 资源依赖机制

企业所处的供应链网络是企业创新资源的重要来源，一方面，在供应链网络中处于优势地位有利于企业从中汲取资源,缓解融资约束,最终助力企业开展创新研发活动,提高企业创新水平。另一方面,企业依赖网络资源可能会导致市场趋同以及嵌入惰性,使企业过度投资,挤出创新资源,产生"资源诅咒"效应,阻碍企业创新。

企业在供应链网络中的位置优势能够引发资源汲取效应。现有研究表明网络资源有助于企业缓解融资约束(卞泽阳等,2021;杨兴全等,2021)。具体来说,从资源依赖理论的观点出发,企业占据供应链网络的中心位置和结构洞位置能够给企业带来更多的网络资源、更丰富的信息来源,使企业对外部资源有更强大的控制力(Burt,1992;Gulati and Gargiulo,1999)。这更有利于企业获得更多的资金,缓解企业融资约束。根据信号理论的观点,企业在供应链网络中的优势地位能够给企业带来更高的声望,从而发挥信号作用,向外部投资者传递积极信号(朱丽等,2017;吴晓晖等,2020),有利于企业获得市场投资者和金融机构投资者的认可,帮助企业从资本市场融资以及通过银行的贷款审批等,从而缓解企业的融资约束。因此,企业在供应链网络中占据的优势位置有助于企业缓解融资约束,并进一步促进创新。

但是,企业在供应链网络中占据优势位置也可能引发"资源诅咒"效应。许多研究表明外部资源丰富的企业更容易产生过度投资行为,反而不利于企业创新(袁建国等,2015;罗劲博、李小荣,2019)。首先,处在供应链网络中心或者结构洞位置的企业能够接触到更多的投资机会和相关信息渠道,这种优势地位很容易使企业管理层盲目乐观和过度自信,进而引发过度投资行为(Richardson,2006;张润宇等,2017)。其次,供应链网络中的位置优势能够给企业带来大量的信息,面对繁杂的信息,企业管理者甄别筛选众多潜在的投资项目时需要付出大量的精力和时间(Gilsing et al.,2008;Pillai and Bindroo,2020),可能会降低企业的经营管理效率,加剧企业的过度投资行为。最后,企业过度投资将挤出在创新研发项目上的投入(袁建国等,2015),并且会削弱企业管理者对创新活动的关注,导致企业创新效率下降,从而阻碍企业创新。

基于以上理论分析,本书提出如下假说 H7a 和 H7b。

H7a:供应链网络位置优势(中心度、结构洞)通过资源汲取效应缓解企业资金约束,进而对企业创新产生积极影响。

H7b:供应链网络位置优势(中心度、结构洞)通过资源诅咒效应加剧企业过度投资，进而对企业创新产生负面影响。

5.4.3　知识获取和整合机制

供应链网络是企业重要的外部知识来源，企业通过将外部知识整合到自己的知识结构中，提高开发和制造新产品的能力（Yli-Renko et al.，2001；于茂荐、孙元欣，2020）。因此，企业在供应链网络中的位置将影响企业的外部知识获取以及内部知识整合，进而影响企业创新。

在企业获取外部知识的阶段，企业在网络中的位置决定了企业获取外部知识的机会和限制。一方面，当企业位于中心或结构洞位置时，企业能够接触更多的信息来源，有助于企业从网络中获取外部知识（宋灿、侯欣裕，2021）。另一方面，企业在供应链网络中的中心度和结构洞反映了企业对网络中其他成员的影响力和控制力，中心度较高和结构洞较多的企业在网络成员中具有更高的声望（林聚任，2009；朱丽等，2017），有利于增强企业与网络成员之间的信任关系，进而从网络成员处获取高质量的知识。

在获取外部知识后，企业还面临将外部知识整合到其内部知识框架的挑战。这个过程需要企业将外部和内部知识进行有机融合，对原有知识体系进行重构，并形成更先进的知识体系，最终将其运用于创新研发活动（林聚任，2009；朱丽等，2017）。企业的知识整合能力体现为企业对不同科学领域的知识元素进行重新组合，从中创造出新知识的能力。强大的知识整合能力不仅有利于企业探索新的创新发展方向，而且能够提升企业的研发能力，降低创新失败的风险，从而带来更高的创新绩效（Tsai and Hsu，2014）。企业在供应链网络中的位置将决定其知识整合能力，并进一步决定其创新水平。具体来说，企业在供应链网络中占据优势位置，将强化企业的"惯性依赖"（石军伟、付海艳，2010），表现为企业过度依赖从供应链网络中获取的外部知识，导致企业对新知识的敏锐度降低，削弱了企业把外部知识转变为创新的能力。尤其是当企业靠近网络中心时，容易强化其与合作伙伴之间的"示范和追随"效应，导致企业之间的同质化现象严重（Fracassi and Tate，2012）。因此，位于中心位置的企业往往会面临知识冗余和重复的问题，久而久之会削弱企业对异质性知识的整合能力，最终不利于企业创新水平的提升。

基于以上理论分析，本书提出如下假说 H8a 和 H8b。

H8a：供应链网络位置优势（中心度、结构洞）通过提高企业外部知识获取水平，进而对企业创新产生积极影响。

H8b：供应链网络位置优势（中心度、结构洞）通过削弱企业的知识整合能力，进而对企业创新产生不利影响。

5.5 本章小结

本章从关系和结构两个维度分析了供应链网络对企业创新的影响，提出了供应链网络关系和结构影响企业创新的作用机制，并且建立了本书的理论框架，主要包含四个部分的内容。

第一，本章基于交易成本理论、资源依赖理论、强关系和弱关系理论分析供应链网络关系对企业创新的影响，并且在随机最优控制理论的指导下构建随机最优控制模型，探究在供应链网络中关系强度如何影响企业创新。分析结果如下：①基于交易成本理论可以预测，企业在供应链网络中的关系越牢固，越会面临较高的转换成本和被"敲竹杠"的风险，从而可能会减少创新活动；②基于资源依赖理论可以预测，企业在供应链网络中的关系强度越高，越容易依赖少数大供应商或者少数大客户，导致企业在交易中面临更严苛的条件，甚至会使企业盈利能力降低，业务战略被影响，最终对企业创新产生不利影响；③基于强关系理论，企业在供应链网络中形成的强关系有利于企业建立外部信息和知识的获取通道，但是基于弱关系理论可以预测，供应链网络关系较强时反而会引起信息和知识的严重同质化，导致集体失明，最终不利于企业创新；④基于随机最优控制理论，在假定企业目标是股东利益最大化的前提条件下，同时考虑创新和供应链网络关系对企业价值的影响，可以推导出供应链网络关系强度与企业创新存在负相关关系。

第二，本章在理论分析的基础上，得到了供应链网络关系影响企业创新的作用机制。①风险承担机制，一方面，企业与供应链网络成员的关系强度较高会使企业经营容易被外部公司的经营决策影响，导致企业经营面临较大的不确定性，进而削弱企业开展创新活动的动力；另一方面，密切的网络关系会增强供应链网络中的风险传染效应，导致企业经营风险加剧，不利于企业创新。②商业地位机制，牢固的供应链网络关系容易使企业与合作方之间形成不对称的权力结构，使企业在商业交易中处于弱势地位,导致企业的行为和决策受到影响,甚至损害企业的利益,最终阻碍企业创新。③知识吸收机制,在供应链网络中,企业的网络关系强度较高,不仅会产生情境锁定和技术锁定,阻碍企业学习和吸收额外的知识,而且可能会引发集体失明,使企业过度自信而缺乏持续学习的动力,减少对外部知识的吸收,最终对企业创新产生不利影响。

第三,本章基于开放式创新理论、资源基础理论和知识基础理论分析了供应链网络结构对企业创新的影响,具体分析了企业在供应链网络中的位置优势(中心度、结构洞)对企业创新的影响,结果如下。①基于开放式创新理论可以预测,企业在供应链网络中的优势位置不仅能够为企业带来更多机会以获取外部的稀缺知识和信息,而且有利于企业同其他组织共同开展新技术或新产品的研发,最终对企业创新产生积极影响。②基于资源基础理论可以预测,企业在供应链网络中占据中心位置或结构洞位置有利于企业获取丰富的网络资源,掌握信息优势和控制优势,从而有助于企业提高创新水平。但是,丰富的网络资源也可能会产生资源诅咒现象,带来路径依赖和锁定效应,挤出企业的创新活动,最终给企业创新带来负面影响。③基于知识基础理论可以预测,企业在供应链网络中占据中心位置或结构洞位置能够扩大企业的知识接触范围,有助于企业获取外部知识,进而提高创新水平。但是,丰富的外部知识可能会带来较高的信息处理成本,导致企业吸收和整合新知识的效率降低,从而阻碍企业创新。

第四,本章通过对供应链网络结构与企业创新的进一步探讨,得到了供应链网络结构影响企业创新的三个作用机制。①创新选择机制,企业创新可以分为独立创新和合作创新两种模式,企业在供应链网络中的位置优势一方面会抑制企业的独立创新,从而给企业创新绩效带来不利影响;另一方面会鼓励企业积极开展合作创新,进而提高企业创新水平。②资源依赖机制,在供应链网络中处于优势位置有利于企业汲取网络资源,从而缓解融资约束,助力企业创新;但是,也可能会导致企业依赖网络资源,产生市场趋同以及嵌入惰性,使企业过度投资,挤出企业创新投入。③知识获取和整合机制,企业在供应链网络中占据优势位置能够扩大企业的知识触及范围以及提高企业在网络成员中的声望,进而有助于企业获取外部知识,给企业创新带来积极影响;但是,这种优势位置也会导致企业过度依赖从供应链网络中获取的外部知识,削弱企业对新知识的敏锐度,从而弱化企业的知识整合能力,最终对企业创新产生不利影响。

第6章 供应链网络关系对企业创新的影响

6.1 研究设计

6.1.1 样本选取与数据筛选

本章选取2009~2019年我国A股上市公司作为研究样本。样本区间以2009年为起点的原因在于,从2009年开始才有较多的公司自愿披露前五大供应商和前五大客户的信息以及具体的采购和销售金额。接下来,按照如下流程对初始样本进行筛选:①剔除金融业上市公司,金融行业在业务类型和商业模式上相对一般行业具有特殊性,财务报表要求和结构也与其他行业不同,因此金融类公司的财务指标与其他非金融公司不具有可比性;②剔除当年PT、ST、*ST的样本,因为这类公司往往在财务或经营状况上已经出现问题,亏损严重,甚至面临退市的风险,很多财务指标存在异常;③剔除当年IPO的企业样本,以避免IPO对企业财务数据的影响;④剔除相关数据缺失的样本。最终,本章的研究样本共包含8059个企业年度观测值。除此之外,为了消除异常值的影响,本章对连续变量进行上下1%的缩尾处理。数据全部来源于CSMAR数据库和CNRDS数据库。

6.1.2 变量定义

(1) 被解释变量:企业创新(Pat)

在本书中,我们用发明专利申请量来衡量企业创新水平,原因有三个。其一,专利数据是衡量创新绩效的一个重要指标,可以客观地反映企业创新绩效(Liu et al., 2021a)。其二,专利从申请到授权往往需要经历很长的时间,并且是否授权受到很多企业外的因素影响,因此,相比专利授权量,专利申请量能够更加客观及时地体现企业的创新水平。其三,

《中华人民共和国专利法》规定专利分为三种类型：发明专利、实用新型专利和外观设计专利。发明专利是指为产品、方法或者其改进提出的新技术方案。这类专利代表了企业的核心技术成果，被认为是高技术水平的创新（黎文靖、郑曼妮，2016）。根据国家知识产权局的数据，2019 年发明专利的授权成功率仅为 44.3%，是三种类型中最低的。其他两种类型的专利往往被视为简单的、技术水平较低的成果。因此，本书采用发明专利申请量来衡量企业创新水平。此外，在稳健性检验中，采用三类发明专利申请量的总和作为企业创新的替代指标，对结果进行验证。

（2）解释变量：供应链网络关系强度

本书对供应链网络关系强度的衡量主要基于两个方面的考虑：一方面，从企业与供应链网络成员的供销关系来看，企业在供应链网络中的关系包括其与网络上游供应商之间的关系和与网络下游客户之间的关系；另一方面，基于交易成本理论，交易双方为了降低交易成本和提高交易效率，有动机建立牢固的关系，在这种关系交易的背景下，依赖少数交易伙伴的企业通常愿意建立更强大的双边关系。因此，参考 Dhaliwal 等（2016）、Krolikowski 和 Yuan（2017）的研究，采用客户关系和供应商关系衡量企业在供应链网络中的关系强度。

客户关系（CCR）采用前五大客户的赫芬达尔指数，即前五大客户销售额占总销售额比重的平方之和来衡量：

$$CCR_{it} = \sum_{j=1}^{J} \left(\frac{CSales_{ijt}}{Sales_{it}} \right)^2 \tag{6.1}$$

其中，$CSales_{ijt}$ 表示第 t 年从企业 i 到客户 j 的销售额，$Sales_{it}$ 表示企业 i 在第 t 年的总销售额。CCR 越高，表示企业的客户群越集中，企业在供应链网络中的客户关系越牢固。

供应商关系（SCR）采用前五大供应商的赫芬达尔指数，即前五大供应商采购额占总采购额比重的平方之和来衡量：

$$SCR_{it} = \sum_{j=1}^{J} \left(\frac{SPurchase_{ijt}}{Purchase_{it}} \right)^2 \tag{6.2}$$

其中，$SPurchase_{ijt}$ 表示第 t 年从企业 i 到供应商 j 的采购额，$Purchase_{it}$ 表示企业 i 在第 t 年的总采购额。SCR 越高，表示企业的供应商越集中，企业在供应链网络中的供应商关系越牢固。

此外，在稳健性检验中，采用前五大客户销售额占比以及前五大供应商采购额占比作为供应链网络关系强度的替代指标。

(3) 控制变量

参考 He 和 Tian（2013）、鲁桐和党印（2014）的做法，控制一系列企业 - 年度层面的变量，以控制其他可能对企业创新产生影响的因素。

第一，企业规模（Size）。从最早熊彼特的创新理论到最新针对企业创新的相关研究，企业规模都被视作影响企业创新的关键因素。现有研究认为企业开展创新和研发活动需要巨大的前期投入，大企业具有雄厚的资本、充沛的人力资源和较多的资金渠道，具有更强的风险承受能力，并且大企业往往具有一定的垄断地位，能够最大限度地通过开展创新活动获得超额利润（于君博、舒志彪，2007；Sasidharan et al.，2015）。因此，本书采用企业期末总资产的自然对数衡量企业规模，并且预期企业规模与企业创新水平正相关。

第二，资本结构（Lev）。资产负债率是常用于描述企业资本结构的指标。企业具有较高的资产负债率往往意味着企业处于更高的风险中，负债更高的企业在投资于创新项目时会更加谨慎，可能会导致创新水平相对较低（吴尧、沈坤荣，2020）。因此，本书采用企业年度负债总额除以资产总额计算企业的资产负债率，并且预期资产负债率与企业创新负相关。

第三，净资产收益率（ROE）。在公司金融领域的研究中，净资产收益率通常用于评价企业的盈利能力。Benfratello 等（2008）、孙晓华和翟钰（2021）指出，那些具有较高盈利能力的企业有更充裕的资金投入创新研发活动，用于购买研发设备、实验材料，以及聘用研发人才等。因此，本书采用净利润与股东权益的比值来测算 ROE，并且预期 ROE 与企业创新正相关。

第四，资本支出（Capexp）。企业的资本支出指企业购置固定资产和无形资产这类可供长期使用的资产发生的支出。一方面，企业创新活动通常需要购置大量实验设备等固定资产；另一方面，企业的一些创新成果会形成无形资产（马德林等，2012）。因此，企业的资本支出在一定程度上反映了企业对技术创新的重视状况，本书采用企业年度资本性支出与总资产的比值衡量企业的资本支出，并且预期资本支出与企业创新水平正相关。

第五，现金流水平（Cash）。周伟和肖海莲（2012）指出，企业创新活动由于其高风险性的特征往往很难从外部获得投资，并且由于某些创新项目的保密性，企业也不愿意向外部投资者披露相关信息以吸引投资，因此，企业内部资金是企业创新研发活动的重要资金来源。本书以企业当年经营活动产生的现金流量净额与总资产的比值衡量企业现金流水平，并且预期现金流水平与企业创新正相关。

第六，股权集中度（Fsh）。现有研究认为股权集中度在很大程度上会影响企业的公司治理，过高的股权集中度将带来一股独大问题，即少数大股东对企业决策和运营具有完全的控制力，可能会导致企业经营决策完全为个别大股东的利益服务，不利于企业的可持续发展（冯根福、温军，2008）。本书采用前五大股东的持股比例作为股权集中度的代理变量，并且预期股权集中度会对企业创新产生负向影响。

第七，股权性质（SOE）。广泛的研究证明国有股东和民营股东关注的重点有很大不同，由此带来了不同股权性质企业在创新方面的差异化表现。多数研究证明国有企业比非国有企业更具创新性（李春涛、宋敏，2010；Boubakri et al.，2013）。因此，本书设定股权性质变量，当企业为国有企业时，取值为1，为非国有企业时，取值为0。此外，预期国有企业创新水平高于非国有企业。

第八，企业年龄（Age）。根据企业生命周期理论，处于不同生命周期的企业在战略选择上具有不同的特征（董晓芳、袁燕，2014）。在创新研发方面，年老的企业往往更加保守，而年轻的企业更加激进。因此，本书采用观测年份减去企业成立年份再加一取自然对数来衡量企业年龄，并且预期企业年龄与企业创新负相关。

第九，销售增长率（$Growth$）。销售收入较高的公司可能在研发上投资更多，进而创新水平更高。但是维持比竞争者更高的销售收入增长率往往需要缩减成本，企业如果保持较高的销售收入增长率，可能会减少研发投入以保持较低的成本（Krolikowski and Yuan，2017）。因此，本书预期销售增长率与企业创新负相关。

所有变量具体的定义和测量方式如表6-1所示。

表6-1 变量定义和计算方法

变量名称	变量符号	变量含义及说明
企业创新	Pat	发明专利申请量加1后取对数
客户关系	CCR	前五大客户销售额占总销售额比重的平方之和

续表

变量名称	变量符号	变量含义及说明
供应商关系	SCR	前五大供应商采购额占总采购额比重的平方之和
企业规模	Size	企业期末总资产的自然对数
资本结构	Lev	资产负债率,企业年度负债总额除以资产总额
净资产收益率	ROE	企业当期净利润除以股东权益平均余额
资本支出	Capexp	企业年度资本性支出除以总资产
现金流水平	Cash	企业当年经营活动产生的现金流量净额除以总资产
股权集中度	Fsh	前五大股东持股数占总股数的比例
股权性质	SOE	企业为国有企业时,取值为1;企业为非国有企业时,取值为0
企业年龄	Age	观测年份减去企业成立年份加1的自然对数
销售增长率	Growth	企业当年销售收入相对上一年的增长率

6.1.3 模型设定

为了探究供应链网络关系强度对企业创新的影响,本章参考 Hirshleifer 等 (2012)、黎文靖和郑曼妮 (2016) 的研究,建立多元回归模型。考虑到被解释变量企业创新总体分布在正数范围内,但是很多创新水平较低的公司不开展发明专利申请活动,所以被解释变量在一部分观测点上取值为 0,呈现截尾特征。这类数据采用最小二乘法估计,参数是有偏的。因此,Tobin (1958) 最早提出采用极大似然法估计的 Tobit 模型,Amemiya (1984) 进一步提供了 Tobit 模型的简化模型。在此基础上,本章构建供应链网络关系强度影响企业创新的 Tobit 模型:

$$Pat_{it}^* = a_0 + a_1 CCR_{it} + a_2 SCR_{it} + \sum Control + \sum Year + \sum Industry + \sum Prov + \varepsilon_{it}$$

$$Pat_{it} = \begin{cases} Pat_{it}^* & \text{if } Pat_{it}^* > 0 \\ 0 & \text{if } Pat_{it}^* \leq 0 \end{cases}$$

(6.3)

其中,Pat_{it} 表示可观测到的公司 i 在第 t 年的发明专利申请量,Pat_{it}^* 为潜变量,表示潜在的部分观测变量,可以获取超出极限点的值,条件等式意味着当潜变量大于 0 时能够被观测到,当潜变量小于等于 0 时在 0 处截尾。CCR 表示客户关系,SCR 表示供应商关系,$Control$ 表示一系列可能影响企业创新的控制变量,具体的定义见表 6-1,$Year$、$Industry$ 和 $Prov$ 分别表示年度、行业和省份虚拟变量，ε_{it} 为随机误差项，服从正态分布，$\varepsilon_{it} \sim N(0, \sigma^2)$。

6.2 实证结果分析

6.2.1 描述性统计

表6-2报告了变量的描述性统计结果。企业创新（Pat）的均值为1.216，最小值为0.000，最大值为8.884，中位数为1.099，说明样本公司的发明专利申请量存在一定差异。客户关系（CCR）和供应商关系（SCR）的平均值分别为0.049和0.053，平均来看，企业的供应商关系强度高于客户关系强度，但是相差不大。

表6-2 描述性统计

变量	观测量	平均值	标准差	最小值	最大值	中位数
Pat	8059	1.216	1.353	0.000	8.884	1.099
CCR	8059	0.049	0.088	0.000	0.523	0.016
SCR	8059	0.053	0.080	0.001	0.469	0.023
$Size$	8059	21.977	1.120	19.995	25.557	21.816
Lev	8059	0.397	0.197	0.049	0.843	0.385
ROE	8059	0.064	0.091	-0.380	0.295	0.065
$Capexp$	8059	0.052	0.046	0.001	0.218	0.038
$Cash$	8059	0.043	0.065	-0.150	0.224	0.041
Fsh	8059	0.530	0.147	0.204	0.857	0.535
SOE	8059	0.283	0.451	0.000	1.000	0.000
Age	8059	2.863	0.284	2.079	3.555	2.890
$Growth$	8059	0.205	0.422	-0.473	2.573	0.125

6.2.2 相关性分析

表6-3展示了主要变量之间的两两相关系数。从相关系数来看，企业创新和客户关系的相关系数为-0.087，在1%的水平下显著，企业创新和供应商关系的相关系数为-0.161，同样在1%的水平下显著，这些结果表明供应链网络关系强度与企业创新具有负相关关系，初步验证了本书的研

表 6-3 相关系数矩阵

	Pat	CCR	SCR	Size	Lev	ROE	Capexp	Cash	Fsh	SOE	Age	Growth
Pat	1											
CCR	-0.087***	1										
SCR	-0.161***	0.218***	1									
Size	0.166***	0.041***	-0.073***	1								
Lev	0.002	0.046***	-0.036***	0.547***	1							
ROE	0.116***	-0.014	-0.057***	0.113***	-0.129***	1						
Capexp	0.051***	0.024**	0.007	-0.041***	-0.037***	0.078***	1					
Cash	0.073***	0.006	-0.010	0.017	-0.163***	0.318***	0.117***	1				
Fsh	-0.006	0.051***	0.010	0.084***	-0.058***	0.161***	0.099***	0.108***	1			
SOE	0.013	0.119***	0.014	0.349***	0.322***	-0.086***	-0.081***	0.006	-0.056***	1		
Age	-0.064***	0.003	0.037***	0.173***	0.137***	-0.004	-0.154***	0.011	-0.190***	0.177***	1	
Growth	-0.005	0.011	-0.001	0.068***	0.024**	0.234***	0.006	-0.035***	0.048***	-0.103***	-0.006	1

注：***、**分别表示在1%、5%的水平下显著。

究假说 H1。除此之外，其他解释变量和控制变量之间的相关系数的绝对值均小于 0.4，意味着解释变量和控制变量之间不存在较强的相关关系，说明模型不存在严重的多重共线性。

6.2.3 基准模型回归结果

表 6-4 报告了模型（6.3）的回归结果。被解释变量均为企业创新，其中，第（1）列为不包含企业层面控制变量，仅控制年份、行业和省份固定效应的估计结果。可以发现客户关系和供应商关系的估计系数均在 1% 的水平下显著为负（系数 = -2.110，t 统计量 = -6.71；系数 = -3.869，t 统计量 = -11.58）。加入控制变量的结果如第（2）列所示，客户关系和供应商关系的估计系数依然为负，并且在 1% 的水平下显著，说明在考虑了其他可能影响企业创新的因素之后，客户关系和供应商关系对企业创新的回归系数依然显著为负。除此之外，本章还对客户关系和供应商关系进行了单独回归，结果如第（3）、（4）列所示，可以发现，客户关系和供应商关系的系数均在 1% 的水平下显著为负（系数 = -2.634，t 统计量 = -8.86；系数 = -3.544，t 统计量 = -11.25）。以上结果说明，高强度的客户关系和供应商关系对企业创新具有显著的负向影响。

表 6-4 基准模型回归结果

变量	(1) Pat	(2) Pat	(3) Pat	(4) Pat
CCR	-2.110*** (-6.71)	-2.059*** (-6.83)	-2.634*** (-8.86)	
SCR	-3.869*** (-11.58)	-3.118*** (-9.76)		-3.544*** (-11.25)
Size		0.385*** (14.33)	0.403*** (14.94)	0.395*** (14.68)
Lev		-0.748*** (-4.95)	-0.722*** (-4.76)	-0.756*** (-5.00)
ROE		1.819*** (6.21)	1.969*** (6.69)	1.770*** (6.04)
Capexp		3.104*** (6.06)	3.018*** (5.86)	3.007*** (5.86)

续表

变量	(1) Pat	(2) Pat	(3) Pat	(4) Pat
Cash		1.511***	1.506***	1.504***
		(3.92)	(3.89)	(3.89)
Fsh		-0.594***	-0.616***	-0.633***
		(-3.70)	(-3.81)	(-3.93)
SOE		0.205***	0.214***	0.182***
		(3.41)	(3.55)	(3.02)
Age		-0.565***	-0.606***	-0.548***
		(-6.33)	(-6.76)	(-6.12)
Growth		-0.176***	-0.187***	-0.181***
		(-3.01)	(-3.18)	(-3.09)
常数项	-0.047	-6.799***	-7.181***	-7.009***
	(-0.13)	(-10.27)	(-10.79)	(-10.58)
年份	控制	控制	控制	控制
行业	控制	控制	控制	控制
省份	控制	控制	控制	控制
N	8059	8059	8059	8059
Pseudo R^2	0.067	0.085	0.081	0.083

注：*** 表示在1%的水平下显著，括号内为t统计量。

可能的原因在于，首先，牢固的供应链网络关系容易导致企业面临更高的转换成本，一旦客户或供应商公司发生财务危机甚至倒闭，将给企业带来巨大的风险，从而削弱了企业开展创新活动的动机。其次，在资源依赖关系中，企业可能处于弱势地位，造成客户或供应商有动机机会主义行事，发生"敲竹杠"行为，侵害企业的利益，导致企业缺乏足够的资金进行创新研发活动。最后，牢固的供应链网络关系传递的信息往往是同质的、冗余的，企业在这种关系下获取的外部信息和知识过于单一，缺乏多样性，同时强关系阻碍了企业从其他渠道获取信息和知识，反而不利于企业创新。

除此之外，从其他控制变量的回归结果中可以发现，企业规模、净资产收益率、资本支出、现金流水平都会对企业创新产生显著的正向影响，可能是由于大规模、高收益的企业具有更充裕的资金以及更强的抗风险能力,所以创新水平更高;资本性支出越高意味着企业在固定资产和无形资产上的投入越多,会带来更高的创新水平;现金流水平高的企业有更多的内部资金用于研发,因此具有更高的创新水平。资本结构、股权集中度、企业年龄、销售增长率的回归系数均显著为负,说明资产负债率更高的公司可能面临更大的财务风险,从而削弱了其开展高风险创新活动的动机;股权集中度较高容易引起公司管理上的"一股独大"问题,大股东对公司决策的控制力过高,大股东可能会为了其自身的利益,干预企业创新决策,导致企业创新水平下降;企业年龄越大,经营战略可能越偏向保守,从而可能会减少创新活动;销售增长率高意味着企业可能为了保持较高的销售利润而减少对创新活动的投入以降低成本。企业创新在国有企业和非国有企业中也存在显著的差异,国有企业的创新水平显著高于非国有企业。以上控制变量的回归结果与前文的预期相符,与现有的研究结果也基本一致。

6.3 稳健性检验

为了验证结论的稳健性,本书进行了一系列稳健性检验,包括替换被解释变量和解释变量的度量方法、调整回归模型、改变研究的时间窗口、选取部分行业的公司作为研究样本,以及检验非线性关系。表6-5展示了稳健性检验的结果。

6.3.1 替换核心变量的度量方法

为了验证结论不受变量测量方式的影响,本章替换被解释变量和解释变量的衡量指标重新对模型(6.3)进行回归分析。首先,被解释变量采用发明、实用新型和外观设计三种类型专利申请总量(Pat_all)衡量。其次,采用前五大客户销售额占年度总销售额的比重(CCR_r)衡量客户关系,前五大供应商采购额占年度总采购额的比重(SCR_r)衡量供应商关系。表6-5的第(1)列为专利申请总量的回归结果,其中客户关系和供应商关系的估计系数都在1%的水平下显著为负。第(2)列报告了改变客户关系和供应商关系衡量指标后的回归结果,可以发现改变测量方式之后解释变量的估计系数依然在1%的水平下显著为负。以上结果再次验证了本书的研究假说H1,即高强度的供应链网络关系对企业创新有显著的负向影响，这一结果在改变核心变量的测量方式后始终保持不变。

6.3.2 调整回归模型

在之前的基准回归中，考虑到被解释变量发明专利申请量在 0 处截尾，采用了 Tobit 模型。但是，还需要注意的是专利申请量为非负整数，Fiebig（2007）强调即使对这些计数变量进行对数变换，依然可能产生回归估计偏差。因此，本章以发明专利申请计数（Pat_count）衡量企业创新，并且采用负二项回归模型进行稳健性检验。表 6-5 第（3）列为负二项回归模型的回归结果，可以看出，客户关系和供应商关系的估计系数依然在 1% 的水平下为负，再次验证了本章的结论，说明高强度的供应链网络关系会对企业创新产生负向影响这一结果不受回归模型选择的影响。

6.3.3 改变研究的时间窗口

中国证监会 2012 年发布的文件《公开发行证券的公司信息披露内容与格式准则第 2 号——年度报告的内容与格式（2012 年修订）》，鼓励上市公司自文件公布之日起开始披露前 5 名供应商名称和采购金额，以及前 5 名客户名称和销售金额。因此，2013 年后披露主要客户和供应商的相关信息的上市公司数量有所增多，在稳健性检验中把样本区间从 2009~2019 年调整为 2013~2019 年，再次进行回归分析。表 6-5 第（4）列报告了更改样本区间后的回归结果，可以看出，样本量减少为 6762 个，客户关系和供应商关系的回归系数依然小于 0，并且在 1% 的水平下显著。上述结果说明即使调整样本区间，高强度的供应链网络关系会对企业创新产生不利影响的结果仍然稳健。

6.3.4 选取部分行业的公司作为研究样本

考虑到相对于其他行业，制造业及信息传输、软件和信息技术服务业更需要开展创新活动，因此，在稳健性检验中仅保留制造业及信息传输、软件和信息技术服务业的公司作为研究样本，再次进行回归分析。表 6-5 第（5）列的结果显示，剔除其他行业公司后的样本量为 6497 个，客户关系和供应商关系对企业创新的影响方向不变，系数在 1% 的水平下显著为负。但是，改变研究样本之后的拟合优度仅为 0.051，相较于表 6-4 第

(2) 列中的基准模型回归结果（Pseudo $R^2 = 0.085$），拟合优度明显下降，说明在剔除其他行业公司之后，模型对企业创新的解释力度减弱。这一结果意味着在探究供应链网络关系强度对企业创新的影响时，应该保留更多行业的样本，而非仅仅保留这类对创新要求较高的行业的样本。

6.3.5 检验非线性关系

有研究认为供应链网络关系对企业的影响是非线性的。例如，Villena 等（2011）发现，供应商关系带来的社会资本与客户绩效有倒"U"形关系，供应商带来的社会资本在战略和运营方面对客户的绩效有积极影响，但是当社会资本到达临界值后，其将对客户绩效产生负向影响。除此之外，江伟等（2017）、况学文等（2019）也发现客户关系与企业获得的长期银行贷款和企业杠杆率都呈现倒"U"形关系。因此，为了检验这种非线性关系，本章在模型（6.3）中加入客户关系的平方项（CCR_sqr）和供应商关系的平方项（SCR_sqr）进行回归。从表 6-5 第（6）列的结果中可以看出，客户关系平方项的估计系数不显著，客户关系的系数在 10% 的水平下显著为负，说明客户关系与企业创新不存在非线性关系。供应商关系平方项的估计系数为 4.721，并且在 5% 的水平下显著，供应商关系的估计系数为 -4.720，在 1% 的水平下显著，表明供应商关系与企业创新之间存在正"U"形关系。通过简单的计算可以得到，供应商关系与企业创新的正"U"形关系的拐点在供应商关系等于 0.5 处 [-(-4.720/4.721) × 0.5 ≈ 0.5]，即当供应商关系小于 0.5 时，供应商关系对企业创新产生负向影响，当供应商关系大于 0.5 时，供应商关系对企业创新产生正向影响。但是，根据表 6-2 中的描述性统计结果可以看出，样本中供应商关系的最大值为 0.469，小于 0.5，说明样本的观测值均位于拐点之前，随着供应商关系强度上升，企业创新水平逐渐下降，并且供应商关系的边际作用递减。综上，供应链网络关系与企业创新之间呈现显著的负相关关系，其中客户关系的作用表现出明显的线性特征，随着客户关系强度的上升，企业创新水平下降，而供应商关系的作用表现出一定的非线性特征，供应商关系强度上升会带来企业创新水平下降，但是供应商关系影响企业创新的边际效果不断减弱。

表 6-5 稳健性检验结果

变量	(1) Pat_all	(2) Pat	(3) Pat_count	(4) Pat	(5) Pat	(6) Pat
CCR	-1.857*** (-5.95)		-1.747*** (-6.20)	-2.378*** (-7.19)	-1.995*** (-5.95)	-1.376* (-1.86)
SCR	-3.267*** (-9.91)		-2.081*** (-7.33)	-2.871*** (-8.15)	-3.098*** (-9.29)	-4.720*** (-5.95)
CCR_r		-0.570*** (-4.60)				
SCR_r		-1.481*** (-11.43)				
CCR_sqr						-1.683 (-0.93)
SCR_sqr						4.721** (2.21)
常数项	-6.014*** (-8.58)	-5.536*** (-8.19)	-12.351*** (-20.01)	-6.359*** (-9.09)	-7.801*** (-11.40)	-6.726*** (-10.05)
Control	控制	控制	控制	控制	控制	控制
年份	控制	控制	控制	控制	控制	控制
行业	控制	控制	控制	控制	控制	控制
省份	控制	控制	控制	控制	控制	控制
N	8059	8059	8059	6762	6497	8059
Pseudo R^2	0.084	0.085	0.087	0.089	0.051	0.085

注：***、**和*分别表示在1%、5%和10%的水平下显著，括号内为t统计量；限于篇幅，表中省略了控制变量的估计结果。

6.4 供应链网络关系的内生性问题处理

上述结果可能受到内生性问题的影响。首先，样本选择偏差可能导致内生性问题。受到数据可获得性的限制，本章采用的研究样本具有非随机性，大部分没有开展创新活动的样本无法被观测到，由此造成的样本选择偏差会带来内生性问题。其次，供应链网络关系与企业创新之间的反向因果也会引起内生性问题。具体来说，创新水平高的公司在供应链网络中可能更具有主动权，一方面，为了规避供应商集中隐含的风险，这类公司可能会选择与多个供应商合作，采用分散化采购策略；另一方面，创新水平高的公司在产品市场上更具优势，能够吸引更多客户，这类公司可能与多个大客户保持长期交易关系。

为了解决内生性问题可能对结果产生的影响，本章采用滞后解释变量、Heckman 两阶段模型和倾向得分匹配法（PSM）进行分析，再次验证结论的可靠性。

6.4.1 滞后解释变量

为了处理解释变量的内生性问题，本章在模型中将解释变量进行滞后一期处理。表 6-6 第（1）列报告了滞后一期的客户关系（L.CCR）和供应商关系（L.SCR）的回归结果，可以看出估计系数均在 1% 的水平下显著为负，说明在考虑了解释变量可能内生的问题之后，高强度的供应链网络关系对企业创新的影响依然显著为负。

6.4.2 Heckman 两阶段模型

由于采用企业发明专利申请量衡量企业创新，所以部分不开展创新活动而不申请发明专利的企业难以被观测到，这可能导致样本选择偏差。如果企业创新活动是随机发生的，那么忽略那部分没有创新的企业不会造成结果偏差，但是受观测数据的限制，企业创新并非是随机的，从而可能会导致那些被忽略的企业样本中存在的影响企业创新的关键因素被遗漏。在这种情况下，为了解决样本选择偏差带来的内生性问题，本章采用 Heckman 两阶段模型进行分析。

Heckman（1976）提出的 Heckman 两阶段模型的第一阶段为概率模型，采用 Probit 二值选择模型估计企业开展创新活动的概率，构建的选择方程如下：

$$Y\_dum = X'\boldsymbol{\beta}_1 + \varepsilon \quad (6.4)$$

其中，Y_dum 为企业是否创新的虚拟变量，X 是影响企业是否创新的一系列可观测解释变量，$\boldsymbol{\beta}_1$ 表示这组可观测变量的影响系数，ε 表示随机扰动项，服从均值为 0、方差为 1 的标准正态分布。在对模型进行回归得到系数估计值 $\hat{\boldsymbol{\beta}}_1$ 之后，计算逆米尔斯比率（Inverse Mills Ratios，IMR）：

$$IMR = \frac{\varphi(X'\hat{\boldsymbol{\beta}}_1)}{\Phi(X'\hat{\boldsymbol{\beta}}_1)} \tag{6.5}$$

其中，$\varphi(\cdot)$ 和 $\Phi(\cdot)$ 分别表示标准正态分布的概率密度函数和对应的累计分布函数。

接下来，把逆米尔斯比率作为解释变量引入第二阶段的回归方程：

$$Y = Z'\boldsymbol{\beta}_2 + \gamma IMR + \mu \tag{6.6}$$

其中，Y 表示开展创新活动企业的创新水平，Z 是影响企业创新水平的一系列解释变量，μ 表示服从正态分布的随机扰动项，其均值为 0、方差为 σ^2，并且与第一阶段方程中的随机扰动项 ε 之间的相关系数为 ρ，二者服从均值为 0、协方差矩阵为 $\begin{bmatrix} \rho^2 & \rho\sigma \\ \rho\sigma & 1 \end{bmatrix}$ 的二元正态分布。

方程（6.4）和方程（6.6）共同构成 Heckman 两阶段模型，值得注意的是，如果两个阶段模型的解释变量 X 和 Z 设置完全相同，那么在第二阶段的估计中将出现严重的多重共线性问题。因此，为了保证估计方程的准确性，X 除了包含 Z 当中的全部解释变量，还需要引入一个工具变量，该变量与创新选择高度相关，但是不直接影响创新水平。

基于此，根据本章的研究内容，参考郭晓玲和李凯（2019）、孙晓华和翟钰（2021）的做法，构建 Heckman 两阶段回归方程，第一阶段的创新选择方程如下：

$$Pat\_dum_{it} = \beta_0 + \beta_1 CCR_{it} + \beta_2 SCR_{it} + \beta_3 Pat\_dum_{it-1} + \sum Control + \sum Year + \sum Industry + \sum Prov + \varepsilon_{it} \tag{6.7}$$

其中，Pat_dum_{it} 为企业是否创新的二值虚拟变量，当企业 i 在第 t 年的发明专利申请量为正值时取值为 1，发明专利申请量为 0 值时取值为 0。Pat_dum_{it-1} 代表企业 i 在第 $t-1$ 年是否创新，在这个模型中作为影响企业当期创新选择但是对创新水平不产生直接影响的工具变量。其余变量含义同公式（6.3）中的变量含义。

在第一阶段方程的基础上计算出逆米尔斯比率，构建供应链网络关系影响企业创新的第二阶段回归方程：

$$Pat_{it} = \beta_0 + \beta_1 CCR_{it} + \beta_2 SCR_{it} + \gamma IMR + \sum Control + \sum Year + \sum Industry + \sum Prov + \mu_{it} \quad (6.8)$$

其中，Pat_{it} 为企业创新即企业的发明专利申请量。第二阶段的回归样本仅包含第一阶段中发明专利申请量大于 0 的企业。

Heckman 两阶段模型的估计结果如表 6-6 第（2）、（3）列所示。可以发现，在第（2）列中，客户关系和供应商关系对企业创新选择的影响系数在 1% 的水平下显著为负，表明当企业拥有牢固的供应链网络关系时，企业倾向于选择不开展创新活动。第（3）列的结果中，逆米尔斯比率的系数在 1% 的水平下显著为负，说明样本确实存在选择偏差，采用 Heckman 模型进行估计是合理的。客户关系和供应商关系的系数依然为负，但是客户关系的系数在第二阶段的模型中变得不显著，供应商关系的系数在 5% 的水平下显著。这一结果说明，高强度的客户关系负向影响了企业的创新选择，但是对开展了创新活动的企业来说，客户关系对企业创新水平的影响比较微弱；而高强度的供应商关系不仅显著影响企业的创新选择，而且对于企业的创新水平也有明显的负向影响。综上，Heckman 两阶段模型的估计结果再次验证了高强度的供应链网络关系对企业创新的不利影响。

表 6-6 滞后解释变量和 Heckman 两阶段模型回归结果

变量	(1)	(2)	(3)
	Pat	Pat_dum	Pat
L.CCR	-1.835***		
	(-5.74)		
L.SCR	-3.326***		
	(-972)		
CCR		-0.841***	-0.025
		(-3.20)	(-0.09)
SCR		-0.864***	-0.590**
		(-3.16)	(-2.07)
L.Pat_dum		1.612***	
		(38.80)	
IMR			-0.694***
			(-15.97)

续表

变量	(1)	(2)	(3)
	Pat	Pat_dum	Pat
常数项	-7.450***	-0.925	-8.680***
	(-10.46)	(-1.54)	(-14.27)
Control	控制	控制	控制
年份	控制	控制	控制
行业	控制	控制	控制
省份	控制	控制	控制
N	6854	5826	3449
R^2			0.333
Pseudo R^2	0.086	0.362	

注：***、**分别表示在1%、5%的水平下显著，括号内为t统计量；限于篇幅，表中省略了控制变量的估计结果。

6.4.3　倾向得分匹配法（PSM）

倾向得分匹配法（PSM）最早由 Rosenbaum 和 Rubin（1983）提出，是一种通过模拟自然实验的发生条件展开分析的方法。在自然实验中，实验组和控制组的样本都是随机的，其个体可以看作同质的，因此可以对实验结果进行直接比较。但是在研究很多问题时，实验组和控制组往往不具有随机性，直接比较结果将产生偏差。因此，Rosenbaum 和 Rubin（1983）根据一系列代表样本特征的匹配变量计算倾向得分，用于描述样本进入实验组的条件概率，把得分相似的两个样本分别划分到实验组和测试组。通过这种方法重新建立的两组样本类似于经历了随机分配，控制了可观测的混杂因素，模拟出了一个"准随机"实验。

针对研究内容，本章根据企业供应链网络关系强度的高低，按照年度行业中位数把每年的样本都分为关系强度高和关系强度低的两组，把高强度样本组作为实验组，低强度样本组作为控制组，生成一个虚拟变量，当企业的关系强度高于当年行业中位数时，取值为1，当关系强度低于当年行业中位数时，取值为0。但是，企业的供应链网络关系强度高低一定不是随机分布的，其关系强度会受到一系列企业层面因素的影响，例如规模小和财务绩效差的企业相对于规模大、财务绩效好的企业可能具有更集中的客户群和供应商。因此，在根据企业供应链网络关系强度大小进行分组时，需要计算出企业的倾向得分，把得分相近的公司进行匹配，匹配后的两组样本在除供应链网络关系强度以外的可观测特征上不具有显著差异。

具体来说，分别以客户关系强度高低和供应商关系强度高低两个虚拟变量作为被解释变量，选择企业规模、资本结构、净资产收益率、资本支出、现金流水平、股权集中度、股权性质、企业年龄和销售增长率作为匹配变量，利用 Logit 回归计算企业的倾向得分，计算方法如下：

$$p(X_i) = \Pr(CCR\_dum_i = 1 | Xi) = \frac{\exp(\beta Xi)}{1 + \exp(\beta Xi)} \quad (6.9)$$

$$p(X_i) = \Pr(SCR\_dum_i = 1 | Xi) = \frac{\exp(\beta Xi)}{1 + \exp(\beta Xi)} \quad (6.10)$$

其中，$p(X_i)$ 是企业 i 的供应链网络关系强度高的概率，即企业的倾向得分值。Xi 为匹配变量的矩阵，β 为匹配变量的系数矩阵。CCR_dum_i 和 SCR_dum_i 分别代表两个指示变量，如果企业 i 的客户关系强度高于行业中位数，则 CCR_dum_i 取值为 1，否则，取值为 0；如果企业 i 的供应商关系强度高于行业中位数，则 SCR_dum_i 取值为 1，否则，取值为 0。

通过式（6.9）和式（6.10）计算出企业的倾向得分之后，将供应链网络关系强度高低两组的企业样本进行1∶3最近邻匹配。通过计算平均处理效应（ATT）估计实验组和控制组在创新上的差异，得到供应链网络关系强度对企业创新的平均影响，计算方法如下：

$$\begin{aligned}
ATT &= \mathrm{E}(Y_{1i} - Y_{0i} | CCR\_dum_i = 1) \\
&= \mathrm{E}[Y_{1i} - Y_{0i} | CCR\_dum_i = 1, p(X_i)] \\
&= \mathrm{E}[Y_{1i} | CCR\_dum_i = 1, p(X_i)] - \mathrm{E}[Y_{0i} | CCR\_dum_i = 0, p(X_i)]
\end{aligned} \quad (6.11)$$

$$\begin{aligned}
ATT &= \mathrm{E}(Y_{1i} - Y_{0i} | SCR\_dum_i = 1) \\
&= \mathrm{E}[Y_{1i} - Y_{0i} | SCR\_dum_i = 1, p(X_i)] \\
&= \mathrm{E}[Y_{1i} | SCR\_dum_i = 1, p(X_i)] - \mathrm{E}[Y_{0i} | SCR\_dum_i = 0, p(X_i)]
\end{aligned} \quad (6.12)$$

其中，Y_{1i} 和 Y_{0i} 分别表示实验组和控制组样本的企业创新水平。如果 ATT 为负，说明供应链网络关系强度高的企业在平均创新水平上低于关系强度低的企业，即供应链网络关系给企业创新带来负向影响。

图6-1和图6-2分别报告了以客户关系强度高低和供应商关系强度高低作为指示变量的匹配结果。可以看出，实验组和控制组的企业倾向得分值均集中在0.4~0.6，并且实验组中的企业大部分按照倾向得分值与控制组中的企业匹配，只有个别的实验组企业没有匹配到对应的控制组企

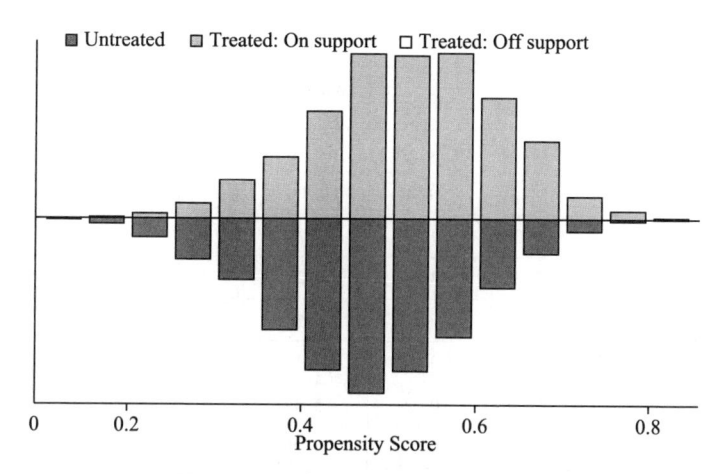

业。以上结果初步证明了本节的倾向得分匹配是有效的。

图 6-1　客户关系强度高低匹配结果

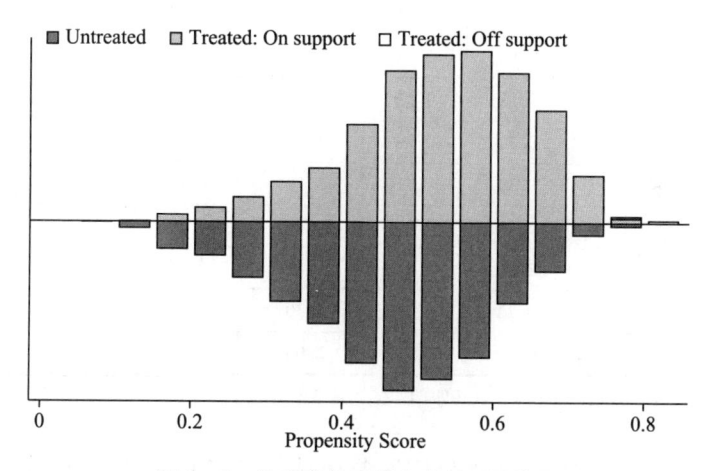

图 6-2　供应商关系强度高低匹配结果

表 6-7 展示了匹配变量的均衡性检验结果,可以发现,无论是按照客户关系强度高低还是按照供应商关系强度高低分组,各变量在实验组和控制组之间都是均衡的。在匹配之前,企业规模、资本结构、净资产收益率和现金流水平四个变量在两种分组中的组间差异都在 1% 的水平下显著,说明匹配之前两组样本之间存在显著的差异。而匹配之后,所有变量的组间差异都不显著,即接受了实验组和控制组无差异的原假设,意味着匹配之后的两组样本非常相似,满足 PSM 的均衡性检验。

表6-7 匹配变量的均衡性检验结果

变量	匹配状态	按照客户关系强度高低分组 均值 实验组	按照客户关系强度高低分组 均值 控制组	偏差（%）	按照供应商关系强度高低分组 均值 实验组	按照供应商关系强度高低分组 均值 控制组	偏差（%）
Size	U	21.80	22.18	-34.40***	21.75	22.29	-48.20***
Size	M	21.80	21.81	-1.00	21.76	21.77	-1.00
Lev	U	0.38	0.41	-12.20***	0.37	0.43	-27.20***
Lev	M	0.38	0.39	-1.20	0.37	0.37	-0.80
ROE	U	0.06	0.07	-13.50***	0.06	0.07	-16.20***
ROE	M	0.06	0.06	-0.20	0.06	0.06	0.10
Capexp	U	0.05	0.05	5.40*	0.05	0.05	8.40***
Capexp	M	0.05	0.05	-3.90	0.05	0.05	2.30
Cash	U	0.04	0.05	-16.60***	0.04	0.05	-8.70***
Cash	M	0.04	0.04	-2.80	0.04	0.04	-0.70
Fsh	U	0.53	0.53	0.80	0.53	0.53	1.30
Fsh	M	0.53	0.53	-1.30	0.53	0.54	-3.40
SOE	U	0.30	0.28	4.20	0.25	0.32	-15.10***
SOE	M	0.30	0.31	-2.60	0.25	0.26	-2.00
Age	U	2.85	2.88	-9.40***	2.86	2.87	-4.30
Age	M	2.85	2.84	2.80	2.86	2.87	-3.00
Growth	U	0.22	0.19	6.30	0.22	0.20	5.20*
Growth	M	0.22	0.21	2.00	0.22	0.23	-1.90

注：***、*分别表示在1%、10%的水平下显著；U代表未匹配，M代表匹配。

接下来，直接比较匹配后的实验组和控制组在企业创新水平上的差异。表6-8报告了供应链网络关系强度对企业创新的平均处理效应，从ATT的结果可以看出，在匹配前后，ATT都在1%的水平下显著为负。其中，以客户关系强度高低分组时，匹配之前，高强度样本组的平均创新水平为1.091，低强度样本组的平均创新水平为1.368，二者之间的差异为-0.277，通过了1%水平下的显著性检验；匹配之后，高强度样本组的平均值变为1.092，低强度样本组的平均值减少为1.268，两组之间的差异为-0.176，可以看出，匹配之后，实验组和控制组之间的差异缩小了，且依然在1%水平下显著。以供应商关系强度高低分组时，在匹配之前，高强度样本组的均值为0.962，低强度样本组的均值为1.511；在匹配之后，高强度样本组均值增加为 0.965，低强度样本组均值减少为 1.356，二者之间的差异为 -0.391，也通过了 1% 水平下的显著性检验。以上结果表明在进行匹配之后，能够排除一些无关要素的干扰，使平均处理效应绝对值减小。但是，匹配之后的结果直观地报告了供应链网络关系对企业创新的影响，相较于供应链网络关系强度较高的样本，关系强度低的样本具有较高的平均创新水平。这些结果再次验证了本书的结论，高强度的供应链网络关系会对企业创新产生显著的负向影响。

表 6-8 供应链网络关系强度对企业创新的平均处理效应

变量	匹配状态	实验组	控制组	ATT	标准误	t 统计量
按照客户关系强度高低分组						
Pat	U	1.091	1.368	-0.277	0.038	-7.31***
	M	1.092	1.268	-0.176	0.044	-3.99***
按照供应商关系强度高低分组						
Pat	U	0.962	1.511	-0.549	0.038	-14.60***
	M	0.965	1.356	-0.391	0.045	-8.67***

注：***表示在 1% 的水平下显著。

同时，采用匹配后的样本进行回归分析，回归结果如表 6-9 所示。可以看出，匹配后的样本分别为 4852 个和 4848 个，相较于之前的样本减少了一半多，说明有部分样本不符合"准自然实验"的要求被剔除。从回归系数来看，客户关系强度高低和供应商关系强度高低的虚拟变量都在 1% 的水平下显著为负（系数 = -0.211，t 统计量 = -3.55；系数 = -0.640，t 统计量 = -10.95）。这一结果与表 6-8 中的估计结果一致，表明供应链网络关系强度高的样本组，其创新水平低于供应链网络关系强度低的样本组，并且这一结果在控制其他可能影响企业创新的因素后依然保持不变。以上结果再次验证了本书的研究结论，即高强度的供应链网络关系会对企业创

表 6-9 PSM 样本的回归结果

变量	(1)	(2)
	Pat	Pat
CCR_dum	-0.211***	
	(-3.55)	

续表

变量	(1)	(2)
	Pat	Pat
SCR_dum		-0.640***
		(-10.95)
常数项	-5.718***	-5.033***
	(-6.47)	(-5.76)
Control	控制	控制
年份	控制	控制
行业	控制	控制
省份	控制	控制
N	4852	4848
Pseudo R²	0.078	0.081

注：*** 表示在1%的水平下显著，括号内为t统计量；限于篇幅，表中省略了控制变量的估计结果。

新产生显著的负向影响。

6.5 供应链网络关系影响企业创新的作用机制检验

前文的机制分析指出，高强度的供应链网络关系通过加剧企业面临的经营风险、削弱企业的商业地位和知识吸收能力，进而阻碍企业创新。具体来说，首先，如果企业处于牢固的网络关系中，那么企业将更加容易受到网络中其他公司决策失误、经营不善、财务恶化等状况的牵连，导致企业自身的经营风险加剧，削弱企业开展创新活动的动力。其次，牢固的关系可能会导致企业对交易伙伴高度依赖，这种不对称依赖会使企业在商业交易中处于弱势地位，缺乏监督和保障机制，从而可能会引发交易伙伴机会主义行为，导致企业利益受损，不利于企业创新。最后，牢固的关系传递的信息和知识通常是同质的、冗余的，并且在这种关系的限制下，企业往往会缩小对外部知识的搜索范围，减少对多样化知识的吸收，进而对企业创新产生不利影响。为了检验上述机制，本书借鉴 Baron 和 Kenny（1986）、温忠麟等（2005）提出的中介效应分析方法，在模型（6.3）的基础上，选取企业经营风险、商业地位和知识吸收作为中介变量，构建中介效应模型：

$$M_{it} = b_0 + b_1 CCR_{it} + b_2 SCR_{it} + \sum Control + \sum Year + \sum Industry + \sum Prov + \varepsilon_{it} \tag{6.13}$$

$$Pat_{it}^* = c_0 + c_1 CCR_{it} + c_2 SCR_{it} + c_3 M_{it} + \sum Control + \sum Year + \sum Industry + \sum Prov + \varepsilon_{it} \tag{6.14}$$

$$Pat_{it} = \begin{cases} Pat_{it}^* & \text{if } Pat_{it}^* > 0 \\ 0 & \text{if } Pat_{it}^* \leq 0 \end{cases}$$

模型（6.3）为总效应模型，是中介效应模型的第一步，系数 a_1 和 a_2 表示供应链网络关系对企业创新的总体影响。模型（6.13）是中介效应模型的第二步，其中 M_{it} 表示中介变量，本书分别以企业经营风险、商业地位、知识吸收作为中介变量，逐个检验供应链网络关系对中介变量的影响，如果系数 b_1 和 b_2 显著，则说明供应链网络关系对中介变量会产生显著的影响。模型（6.14）为中介效应模型的第三步，同时包含供应链网络关系和中介变量对企业创新的影响，其中，c_1 和 c_2 表示供应链网络关系对企业创新的直接影响，$b_1 \times c_3$ 和 $b_2 \times c_3$ 表示供应链网络关系通过中介变量对企业创新产生的间接影响。如果 b_1 和 b_2，以及 c_1、c_2 和 c_3 都显著，则说明中介变量 M_{it} 在供应链网络关系和企业创新之间起到间接中介作用，如果 b_1、b_2 和 c_3 都显著，c_1 和 c_2 不显著，则说明中介变量 M_{it} 在供应链网络关系和企业创新之间起到完全中介作用。

6.5.1　经营风险的中介作用检验

本书选取企业经营风险作为供应链网络关系影响企业创新的中介变量，展开中介效应分析。参考 Boubakri 等（2013）、何瑛等（2019）的研究，采用盈余波动性衡量企业的经营风险（Risk），盈余波动性越大，说明企业的经营风险越高。首先，计算企业经行业调整后的资产回报率作为描述企业盈利水平的指标：

$$Adj\_ROA_{it} = \frac{EBIT_{it}}{Asset_{it}} - \frac{1}{X}\sum_{k=1}^{X}\frac{EBIT_{it}}{Asset_{it}} \tag{6.15}$$

其中，Adj_ROA_{it} 表示企业 i 在第 t 年的调整后盈余水平，$EBIT$ 为企业的息税前利润，$Asset$ 为企业年末总资产，息税前利润除以总资产可以得到企业当年的资产回报率。X 表示企业所在行业当年的上市公司总数，企业当年的资产回报率减去所在行业当年所有公司的平均资产回报率即可得到经行业调整后的资产回报率。

在计算出企业的盈余水平之后，以每三年为一个窗口期，观测企业在三年内的盈余水平波动用于衡量经营风险：

$$Risk_{it} = \sqrt{\frac{1}{T-1}\sum_{t=1}^{T}\left(Adj\_ROA_{it} - \frac{1}{T}\sum_{t=1}^{T}Adj\_ROA_{it}\right)^2} \quad (6.16)$$

其中，$Risk_{it}$ 表示企业 i 在第 t 年面临的经营风险，T 等于 3，表示三年的窗口期，盈余波动即经行业调整后的资产回报率在三年内的标准差。

以企业经营风险作为中介变量对模型（6.13）和模型（6.14）进行回归，表 6-10 第（1）、（2）列报告了回归结果。第（1）列的被解释变量为企业经营风险（$Risk$），解释变量客户关系和供应商关系的系数估计值都大于 0，其中客户关系的系数通过了 1% 水平下的显著性检验（系数 = 0.054，t 统计量 = 4.13），但是供应商关系的系数不显著（系数 = 0.002，t 统计量 = 0.14）。这一结果说明客户集中将导致企业风险显著上升，而供应商集中虽然会增加企业风险，但是作用非常微弱。也就是说，对企业来说，其生产经营活动更容易受到下游客户影响。首先，当企业销售收入集中于少数大客户时，一旦大客户缩减订单或者终止交易，企业销售收入将大幅降低，财务状况将急剧恶化，导致企业经营风险增加；其次，大客户可能会凭借其强势地位要求企业降低价格、延迟付款等，把自身的风险转嫁给企业；最后，企业通常会为了这类大客户增加特定关系投资，导致企业转换成本上升，如果交易中断，必然会给企业经营带来巨大风险。相对来说，上游供应商给企业经营风险带来的影响比较微弱，说明供应商关系可能通过其他渠道影响企业创新。

进一步考察企业经营风险对企业创新的影响，从第（2）列的回归结果可以发现，企业经营风险的估计系数在 5% 的水平下显著为负（系数 = -0.620，t 统计量 = -2.28），说明经营风险会给企业创新带来显著的负面影响。当经营风险增大时，企业可能会出于预防性动机持有更多现金，从而会对其创新活动产生挤出效应，削弱其创新的动力。此外，客户关系和供应商关系的系数依然在 1% 的水平下显著为负，说明高强度的供应链网络关系既对企业创新产生直接的负向影响，又通过给企业带来额外的风险间接影响企业创新,验证了本书的研究假说 H2。

6.5.2 商业地位的中介作用检验

本书从企业获得商业信用融资的角度观察企业与其交易伙伴之间的不对称依赖,以描述企业的相对商业地位。根据博弈论,商业信用属于一项流动资产,会同时影响交易双方的流动性,提供商业信用的一方,流动性将降低,获得商业信用的一方,流动性将上升。企业获得的商业信用融资在一定程度上能够代表企业在网络关系中的地位,如果企业获得的商业信用融资较少,说明企业处于弱势地位,反之则说明企业处于强势地位。参考方红星和楚有为(2019)的研究,采用(应付账款+应付票据-预付款项)/企业总资产衡量企业获得的商业信用融资。

表 6-10 第(3)、(4)列报告了商业地位(Credit)的中介效应检验结果。从第(3)列的结果可以看出,客户关系和供应商关系都对企业获得商业信用融资产生了显著的负向影响(系数 = -0.022, t 统计量 = -1.87;系数 = -0.108, t 统计量 = -8.40)。而且客户关系的估计系数仅在 10% 的水平下显著,而供应商关系的系数通过了 1% 水平下的显著性检验,说明供应商关系对企业获得的商业信用融资产生的负向作用更明显。这些结果表明,企业在供应链网络中的关系强度越高,越容易处于弱势地位。

第(4)列报告了商业地位对企业创新的影响。可以看出,商业地位的估计系数大于 0,并且在 1% 的水平下通过了显著性检验(系数 = 1.883,t 统计量 = 6.39)。这一结果表明商业信用融资对企业创新具有显著的促进作用。此外,客户关系和供应商关系的系数在 1% 的水平下显著为负,说明客户关系和供应商关系除了对企业创新产生直接影响外,还会通过影响企业商业地位对企业创新产生间接影响。也就是说,在供应链网络中,企业的关系强度越高,企业越容易处于弱势地位,越有可能引发交易伙伴的机会主义行为和"敲竹杠"行为,导致企业自身利益被侵占,进而阻碍企业创新,证明本书的研究假说 H3 成立。

6.5.3 知识吸收的中介作用检验

供应链网络是企业获取外部信息和知识的重要途径。一方面,企业通过选择拥有多元化技术和技能的供应商获取新产品开发所需的核心技术。另一方面,由于创新的外部性,供应商同样可以从客户的创新活动中获益。根据关系嵌入性的观点，网络关系对于企业获取外部信息和知识非常重要，而网络关系促进知识吸收的有效性取决于关系强度（Zhou et al.，2014）。首先，企业的关系强度较高，可能会导致企业承担不必要的义务，增加额外的专用性资产投入，由此产生的情境锁定会阻碍企业学习和吸收额外的知识。其次，牢固的关系可能会导致集体失明，企业可能会对现有的合作伙伴过分自信，从而缺乏持续学习的动力，阻碍外部知识的吸收。最后，当关系强度较高时，其中传递的信息和知识往往是同质的，不利于企业吸收多样化的知识。因此，供应链网络关系强度越高越不利于企业吸收外部知识。

企业对外部知识的吸收会影响企业创新过程。从外部获得知识是替代性学习的一部分，通过这种学习，企业从其他企业或机构吸收新知识和创新经验。从理论上讲，无论是新技术的产生还是现有技术的传播，在很大程度上都取决于社会中各类知识的传递和扩散效率。因此，外部知识的吸收一直是影响企业创新的重要因素之一，新的知识能为企业带来新的想法和技术，进而推动企业创新。为了验证以上作用机制，本书借鉴 Rothaermel 和 Hess（2007）的做法，采用研发强度衡量企业知识吸收水平，企业的研发强度高，意味着企业识别和吸收了更多来源于企业外部的新知识，研发强度利用企业研发支出占总资产的比重来度量。

表6-10第（5）、（6）列报告了以知识吸收（RD）为中介变量的中介效应模型估计结果。其中，第（5）列展示了供应链网络关系对企业知识吸收的影响，可以看出，客户关系和供应商关系的估计系数都显著为负（系数 = -0.015，t 统计量 = -5.17；系数 = -0.007，t 统计量 = -2.44）。这一结果说明客户关系和供应商关系都会给企业知识吸收带来显著的负面影响，并且客户关系产生的影响更明显。也就是说，企业拥有牢固的供应链网络关系，不利于企业吸收外部新知识。

第（6）列为知识吸收对企业创新的回归结果。知识吸收的估计系数在1%的水平下显著为正（系数 = 17.556，t 统计量 = 17.41），表明吸收外部知识有利于企业开展创新活动，提高创新产出水平。同时，客户关系和供应商关系的系数依然小于0，并且通过了1%水平下的显著性检验。以上结果表明高强度的供应链网络关系不仅会对企业创新产生直接的负向影响，而且通过减少企业对外部知识的吸收，给企业创新带来间接的负面影响。换句话说，企业在供应链网络中的关系越紧密，越有可能阻碍企业吸收外部新知识，导致企业创新水平下降，说明本书的研究假说 H4 成立。

表 6-10　中介作用检验结果

变量	(1) Risk	(2) Pat	(3) Credit	(4) Pat	(5) RD	(6) Pat
CCR	0.054*** (4.13)	-2.076*** (-6.66)	-0.022* (-1.87)	-2.010*** (-6.38)	-0.015*** (-5.17)	-1.734*** (-5.89)
SCR	0.002 (0.14)	-3.021*** (-9.39)	-0.108*** (-8.40)	-3.375*** (-9.50)	-0.007** (-2.44)	-3.006*** (-9.60)
Risk		-0.620** (-2.28)				
Credit				1.883*** (6.39)		
RD						17.556*** (17.41)
常数项	0.161*** (5.03)	-6.437*** (-9.51)	0.277*** (9.86)	-7.627*** (-10.91)	0.064*** (9.25)	-7.953*** (-12.23)
Control	控制	控制	控制	控制	控制	控制
年份	控制	控制	控制	控制	控制	控制
行业	控制	控制	控制	控制	控制	控制
省份	控制	控制	控制	控制	控制	控制
N	7780	7780	7155	7155	8058	8058
调整 R^2	0.167		0.465		0.301	
Pseudo R^2		0.082		0.086		0.096

注：***、**和*分别表示在 1%、5% 和 10% 的水平下显著，括号内为 t 统计量；限于篇幅，表中省略了控制变量的估计结果。

根据以上的中介效应分析，本章绘制了供应链网络关系影响企业创新的作用机制图，如图 6-3 所示。高强度的供应链网络关系不仅会对企业创新产生直接的负向作用，而且通过影响企业面临的经营风险、所处的商业地位以及对外部知识的吸收进而给企业创新带来间接的负面影响。具体来说，客户关系主要通过加剧企业的经营风险、削弱企业的商业地位，以及阻碍企业对外部知识和信息的吸收，进而对企业创新产生不利影响；而供应商关系主要通过削弱企业的商业地位和知识吸收能力进而对企业创新产生负面影响。

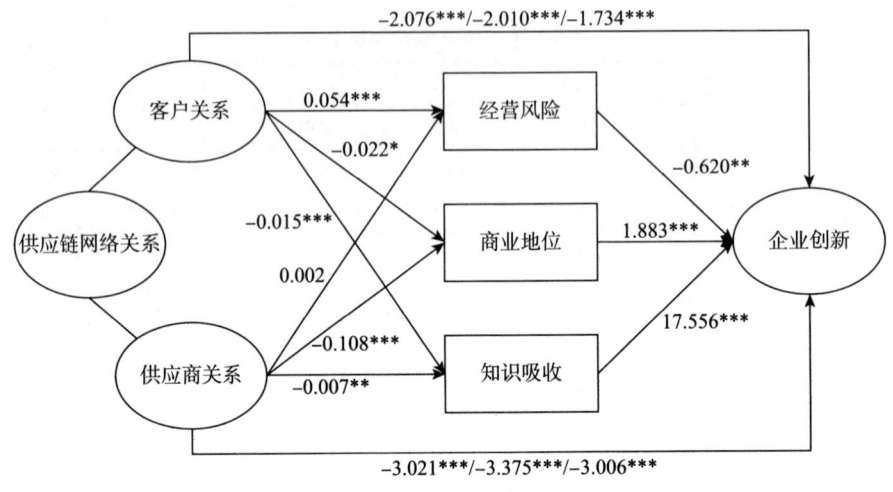

图 6-3 中介效应机制

6.6 供应链网络关系、议价能力与企业创新

前文的理论分析指出，牢固的供应链网络关系阻碍企业创新的原因可能在于，牢固的关系会使企业在网络关系中处弱势地位，鼓励交易伙伴机会主义行事，发生"敲竹杠"行为，导致企业利益受到损害，进而阻碍企业创新。在这种情况下，如果企业自身在交易关系中具有较高的相对议价能力，企业在制定合同时就能够有更高的自由度，并且能够限制其客户或供应商的机会主义行为，从而减弱牢固的供应链网络关系对企业创新的不利影响。如果企业自身的议价能力较低，则企业可能会处于弱势地位，牢固的供应链网络关系对企业创新的不利影响将更加严重。为了验证上述理论机制，本节参考李欢等（2018b）的做法，引入企业相对议价能力展开分析。值得注意的是，企业的相对议价能力可以分为两个方面：一方面是企业相对于客户的议价能力，另一方面是企业相对于供应商的议价能力。

6.6.1 相对于客户的议价能力

企业相对于客户的议价能力是从企业作为供应商的视角来分析的，此时，企业的相对议价能力是指企业可以通过提高价格、降低质量或减少产量来向买方施加压力。企业作为提供产品和服务的一方，如果在产品市场中占据较多的市场份额，不仅能够在更大程度上决定产品的价格，而且可以影响交易对手的行为。因此，本书借鉴张新民等（2012）的做法，采用企业在产品市场的市场份额，即企业营业收入在行业总营业收入中的占比来衡量企业相对于客户的议价能力。在此基础上，按照企业的相对议价能力生成分组虚拟变量 BP_C，当企业的相对议价能力超过当年所在行业的前 1/4 时，BP_C 取值为 1，当企业的相对议价能力低于当年所在行业的后 1/4 时，取值为 0。

首先，对筛选出的议价能力高和低的两组企业样本进行分组回归，回归结果展示在表 6-11 中的第（1）、（2）列。从客户关系的估计系数来看，客户关系在议价能力高的企业样本中，估计系数变得不显著，而在议价能力低的企业样本中，估计系数在 1% 的水平下显著。同时，表 6-12 中的组间系数差异检验也证明了客户关系在议价能力低的企业中对创新的阻碍作用更大（组间差异 = 1.484，$p<0.1$）。这一结果表明对于议价能力较强的企业，它们能够凭借市场势力在与买方的交易中占据优势地位，来自大客户的压力相应地被减弱甚至消除；而对于议价能力较弱的企业，它们在与大客户的交易中更容易处于弱势地位。因此高强度的客户关系对企业创新的不利影响在议价能力更弱的企业中更加明显。

供应商关系的回归结果与客户关系的回归结果恰好相反，尽管供应商关系的估计系数在两组中都在 1% 的水平下显著为负，但是从似无相关检验的结果来看，对于高议价能力的企业，高强度的供应商关系对于企业创新的抑制作用更强（组间差异 = -4.292，$p<0.01$）。这一结果可能的原因在于，这类企业相对其客户具有较高的议价能力，但是对于其供应商来说，企业占据的产品市场份额越大，越容易受到上游原材料或中间产品供给的限制，从而导致上游供应商关系对企业创新的影响更大。

其次，为了再次验证企业议价能力的影响，本书在模型（6.3）的基础上，引入了议价能力变量及其与供应链网络关系强度的交互项进行回归分析。表 6-11 第（3）列报告了回归结果，其中客户关系和议价能力的交互项（$CCR \times BP\_C$）估计系数在 1% 的水平下显著为正，说明企业的高议价能力能够明显减弱高强度的客户关系对企业创新的阻碍作用；供应商关系和议价能力的交互项（$SCR \times BP\_C$）估计系数显著为负，说明在产品市场占据更多份额的公司更容易受到供应商关系的影响。以上结果再次证明了企业议价能力在供应链网络关系和企业创新之间发挥的作用。

6.6.2 相对于供应商的议价能力

企业相对于供应商的议价能力是从企业作为客户的视角来分析的，此时，企业的相对议价能力是指企业通过压低价格、要求更高质量的产品和更好的客户服务来向卖方施加压力。当企业自身议价能力较强时，来自供应商的压力将减弱，客户关系对企业创新的影响也会被削弱。参考 Peress（2010）的研究，采用（营业收入 - 营业成本 - 销售费用 - 管理费用）/营业收入计算企业相对于供应商的议价能力，该数值越大，说明企业的营业收入超过边际成本的程度越高，表示企业具有较强的定价能力，作为买方占据优势地位。在计算企业议价能力的基础上，根据其高低将企业划分为两组，构建虚拟变量 BP_S，当企业的相对议价能力超过当年所在行业的前 1/4 时，BP_S 取值为 1，当企业的相对议价能力低于当年所在行业的后 1/4 时，取值为 0。

首先，对抽取出的议价能力高和低的两组样本进行分组回归。从表 6-11 中第（4）、（5）列的结果可以看出，客户关系在两组中的估计系数分别为 -1.807 和 -1.897，二者都在 1% 的水平下显著，并且表 6-12 中的组间系数差异检验显示两个系数在统计学意义上不存在显著的差异（组间差异 = 0.090，$p > 0.1$），表明客户关系对两组企业样本的影响没有区别。而供应商关系的估计系数在企业议价能力高的样本组为 -1.687，在议价能力低的样本组为 -3.410，并且二者都在 1% 的水平下显著。此外，似无相关回归的结果表明，供应商关系的系数在两组之间存在显著的差异（组间差异 = 1.723，$p < 0.1$）。这一结果意味着相对于卖方具有更强议价能力的企业，它们在交易中占据优势地位，供应商关系带来的压力能够得到缓解，它们甚至可以反过来向供应商施压，要求更低的产品价格或者延迟支付货款。在这种情况下，高强度的供应商关系对企业创新的负面影响随着企业自身议价能力的提高得到减弱；但是，当企业议价能力较低时，企业更容易遭受供应商的掠夺，导致自身利益受损，供应商集中对企业创新的不利影响更加严重。

其次，通过引入交互项再次验证企业相对议价能力在供应链网络关系和企业创新之间发挥的作用。表 6-11 第（6）列报告了交互项的回归结果，其中，客户关系和议价能力的交互项（$CCR \times BP\_S$）估计系数为正但是不显著（p>0.1），而供应商关系和议价能力的交互项（$SCR \times BP\_S$）估计系数在1%的水平下显著为正。这一结果再次证明，当企业相对议价能力较强时，高强度的供应链网络关系对企业创新的不利影响会减轻。

表6-11　企业相对议价能力的作用：分组回归和交互项回归

变量	(1) $BP\_C=1$	(2) $BP\_C=0$	(3) All	(4) $BP\_S=1$	(5) $BP\_S=0$	(6) All
CCR	-0.531 (-0.74)	-2.016*** (-4.17)	-2.690*** (-4.53)	-1.807*** (-3.52)	-1.897*** (-3.12)	-1.832*** (-3.14)
SCR	-5.717*** (-6.97)	-1.425*** (-2.69)	-0.813 (-1.24)	-1.687*** (-2.81)	-3.410*** (-5.84)	-3.899*** (-6.97)
BP_C			-0.117 (-1.04)			
$CCR \times BP\_C$			2.372*** (2.81)			
$SCR \times BP\_C$			-5.118*** (-5.33)			
BP_S						-0.100 (-0.99)
$CCR \times BP\_S$						0.162 (0.21)
$SCR \times BP\_S$						2.225*** (2.71)
常数项	-12.950*** (-8.35)	-2.573 (-1.63)	-10.775*** (-10.40)	-4.705*** (-3.47)	-7.506*** (-5.87)	-5.800*** (-6.36)
Control	控制	控制	控制	控制	控制	控制
年份	控制	控制	控制	控制	控制	控制
行业	控制	控制	控制	控制	控制	控制
省份	控制	控制	控制	控制	控制	控制
N	2075	2076	4151	2012	2014	4026
Pseudo R^2	0.133	0.095	0.105	0.137	0.111	0.111

注：*** 表示在1%的水平下显著，括号内为t统计量；限于篇幅，表中省略了控制变量的估计结果。

表 6-12 似无相关回归系数的组间差异检验

变量	议价能力高	议价能力低	组间差异	χ^2	p 值
按照 BP_C 分组					
CCR	-0.532 (-0.73)	-2.016*** (-4.20)	1.484	2.91	0.0878
SCR	-5.717*** (-5.73)	-1.425*** (-2.63)	-4.292	14.28	0.0002
按照 BP_S 分组					
CCR	-1.807*** (-3.24)	-1.897*** (-3.28)	0.090	0.01	0.9103
SCR	-1.687** (-2.50)	-3.410*** (-5.34)	1.723	3.43	0.0640

注：***、** 分别表示在 1%、5% 的水平下显著，括号内为 t 统计量；限于篇幅，表中省略了控制变量的估计结果。

6.7 供应链网络关系、研发能力与企业创新

企业的创新除了依赖从外部获取的信息和知识，还受到其自身研发能力的影响。一方面，研发能力强的企业创新效率更高，创新失败风险更低；另一方面，研发能力强的企业对外部信息更加敏感，更能识别、吸收和消化外部知识，并且利用这些知识进行创新活动。在这种情况下，企业能够利用自身高水平的研发能力，抵御供应链网络中的风险，并且能够从供应链网络中识别和吸收有益于自身创新研发活动的知识和信息。因此，可以预测对于研发能力强的企业，供应链网络关系强度对其创新的不利影响将减弱。为了验证这一推断，本书参考陈胜蓝和刘晓玲（2021）的研究，采用企业是否得到高新技术企业资质认定来评价企业研发能力的高低。具体来说，根据国泰安数据库公布的企业资质认定信息，如果企业被认定为高新技术企业，则认为该企业属于研发能力高的样本组，否则归为研发能力低的样本组，在此基础上构建虚拟变量 KI_h，高新技术企业样本取值为 1，非高新技术企业样本取值为 0。

表 6-13 中的第（1）、（2）列报告了两组样本的回归结果。可以看出，得到高新技术企业资质认定的样本数为 2137 个，非高新技术企业样本数为 5922 个，整体来说高新技术企业的个数大约是非高新技术企业的 1/3。

从回归系数来看，客户关系的系数估计值在高新技术企业组小于 0，但是没有通过显著性检验，表明客户关系对高新技术企业的创新影响较为微弱；与之相对，在非高新技术企业组中，客户关系的系数在 1% 的水平下显著为负（系数 = -2.492，t 统计量 = -6.66），表明高强度的客户关系给非高新技术企业的创新带来了显著的负向影响。供应商关系的估计系数在两组中都在 1% 的水平下显著为负（系数 = -1.849，t 统计量 = -3.57；系数 = -3.373，t 统计量 = -8.46），表明高强度的供应商关系对两组样本的创新水平均产生了显著的负向影响。但是从表 6 - 14 中的组间差异检验结果可以发现，供应商关系的系数在两组之间存在显著的差异（组间差异 = 1.524，p < 0.05）。相较于高新技术企业，高强度的供应商关系对非高新技术企业的创新产生了更明显的抑制作用。

表 6 - 13　企业研发能力的作用：分组回归和交互项回归

变量	(1) $KI\_h = 1$	(2) $KI\_h = 0$	(3) All
CCR	-0.804 (-1.59)	-2.492 *** (-6.66)	-2.388 *** (-6.90)
SCR	-1.849 *** (-3.57)	-3.373 *** (-8.46)	-3.325 *** (-8.95)
KI_h			0.477 *** (7.13)
$CCR \times KI\_h$			1.279 * (1.92)
$SCR \times KI\_h$			1.149 (1.64)
常数项	-11.029 *** (-9.38)	-6.905 *** (-8.17)	-7.838 *** (-11.81)
Control	控制	控制	控制
年份	控制	控制	控制
行业	控制	控制	控制
省份	控制	控制	控制
N	2137	5922	8059
Pseudo R^2	0.068	0.097	0.090

注：***、* 分别表示在 1%、10% 的水平下显著，括号内为 t 统计量；限于篇幅，表中省略了控制变量的估计结果。

表 6-14　研发能力分组下似无相关回归系数的组间差异检验

变量	研发能力高	研发能力低	组间差异	χ^2	p 值
CCR	-0.804 (-1.61)	-2.492*** (-6.36)	1.688	7.07	0.0078
SCR	-1.849*** (-3.37)	-3.373*** (-7.91)	1.524	4.80	0.0284

注：*** 表示在 1% 的水平下显著，括号内为 t 统计量。

此外，为了进一步验证供应链网络关系在高新技术企业和非高新技术企业之间的影响差异，本章将虚拟变量 KI_h 及其与关系强度变量的交互项引入回归模型，回归结果如表 6-13 第（3）列所示。可以发现，两个交互项（$CCR \times KI\_h$ 和 $SCR \times KI\_h$）的估计系数都大于 0，尽管显著程度较低，但是依然验证了研发能力在供应链网络关系和企业创新之间发挥的作用。也就是说，较强的研发能力能够在很大程度上减弱高强度的供应链网络关系对企业创新的不利影响。

6.8　供应链网络关系、市场竞争与企业创新

前文的理论分析指出，牢固的供应链网络关系通过加剧企业面临的风险、交易对手的机会主义行为以及信息获取的同质性，进而阻碍企业创新。与此同时，需要考虑到供应链网络关系嵌入在更大的市场环境中，必然会受到市场竞争的影响。首先，激烈的市场竞争会给企业带来更多的不确定性，可能会进一步加剧牢固的网络关系引起的风险，削弱企业开展创新活动的动力。其次，当竞争压力较大时，企业需要投入更多的资源和精力来应对不断变化的市场需求，导致其减少对合作伙伴的监督。如果没有严格的监督，合作伙伴可能会通过隐藏关键的产品信息或者提供不完整的需求信息等方式实施"敲竹杠"行为，给企业创新带来极大的不利影响。最后，在竞争激烈的环境中，企业需要参与各种价格和促销竞争，市场环境瞬息万变，任何公司的市场知识都会很快过时。然而，牢固的网络关系可能会导致集体失明，使企业在信息和知识库上变得过于自满，削弱企业持续学习的动机，阻碍有效知识的获取（Villena et al.，2011）。在市场竞争激烈时，这种问题更加严重。

为了验证市场竞争在供应链网络关系和企业创新之间的作用，本书参

考陈志斌和王诗雨（2015）的研究，采用企业所在行业的勒纳指数衡量行业市场竞争程度。按照竞争程度高低把企业分为两组，生成分组变量 MC_h，当企业所在行业的勒纳指数低于年度中位数时，MC_h 取值为1，否则，取值为0。把企业按照竞争强度高低分为两组样本，分别进行回归分析，结果如表6-15所示。

表6-15 市场竞争的作用：分组回归和交互项回归

变量	(1) $MC\_h=1$	(2) $MC\_h=0$	(3) All
CCR	-3.011*** (-6.88)	-1.063** (-2.56)	-1.132*** (-2.66)
SCR	-4.142*** (-8.25)	-2.272*** (-5.47)	-2.252*** (-5.26)
MC_h			0.169*** (2.78)
$CCR \times MC\_h$			-1.711*** (-2.92)
$SCR \times MC\_h$			-1.885*** (-2.98)
常数项	-8.843*** (-9.38)	-5.099*** (-5.37)	-6.920*** (-10.46)
Control	控制	控制	控制
年份	控制	控制	控制
行业	控制	控制	控制
省份	控制	控制	控制
N	3793	4266	8059
Pseudo R^2	0.092	0.093	0.086

注：***、**分别表示在1%、5%的水平下显著，括号内为t统计量；限于篇幅，表中省略了控制变量的估计结果。

从表6-15中第（1）、（2）列可以发现，客户关系和供应商关系的估计系数在两组样本中都小于0，并且都通过了1%水平下的显著性检验。其中，客户关系的估计系数分别为-3.011和-1.063，供应商关系的估计系数分别为-4.142和-2.272，说明在高竞争程度的企业样本中，关系强度对企业创新的影响明显更大。表6-16中的组间系数差异检验也从统计学上验证了两组样本的回归系数存在显著的差异（组间差异 = -1.948，p < 0.01；组间差异 = -1.870，p < 0.01）。这一结果表明，在市场竞争更激烈时，高强度的供应链网络关系对企业创新的阻碍更大。

除此之外，本章把市场竞争及其与关系强度变量的交互项引入模型（6.3）再次验证其影响。表6-15第（3）列报告了市场竞争的回归结果，可以看出，客户关系和市场竞争交互项（$CCR \times MC\_h$）的估计系数在1%的水平下显著为负（系数 = -1.711，t统计量 = -2.92），供应商关系和市场竞争交互项（$SCR \times MC\_h$）的估计系数也在1%的水平下显著为负（系数 = -1.885，t统计量 = -2.98）。以上结果表明，市场竞争在供应链网络关系与企业创新之间起到负向调节作用，也就是说，当企业面临更加激烈的市场竞争时，高强度的供应链网络关系给企业创新带来的不利影响也会随之加剧。

表6-16 市场竞争分组下似无相关回归系数的组间差异检验

变量	市场竞争高	市场竞争低	组间差异	χ^2	p 值
CCR	-3.011*** (-6.97)	-1.063** (-2.33)	-1.948	9.59	0.0020
SCR	-4.142*** (-7.95)	-2.272*** (-5.07)	-1.870	7.40	0.0065

注：***、**分别表示在1%、5%的水平下显著，括号内为t统计量。

总结以上因素的调节效应绘制出图6-4。供应链网络关系对企业创新的影响会由于企业自身议价能力、研发能力和市场竞争强度的不同而存在差异。具体来说，企业自身议价能力较强，能够减弱牢固的供应链网络关系给企业创新带来的不利影响；企业的研发能力较强，能够缓解牢固的供应链网络关系给企业创新带来的不利影响；外部市场竞争更激烈时，供应链网络关系加强给企业带来的不利影响更明显。

6.9 本章小结

本章选取2009~2019年我国A股非金融类上市公司作为研究样本，探究了供应链网络关系如何影响企业创新。具体来说，采用企业发明专利

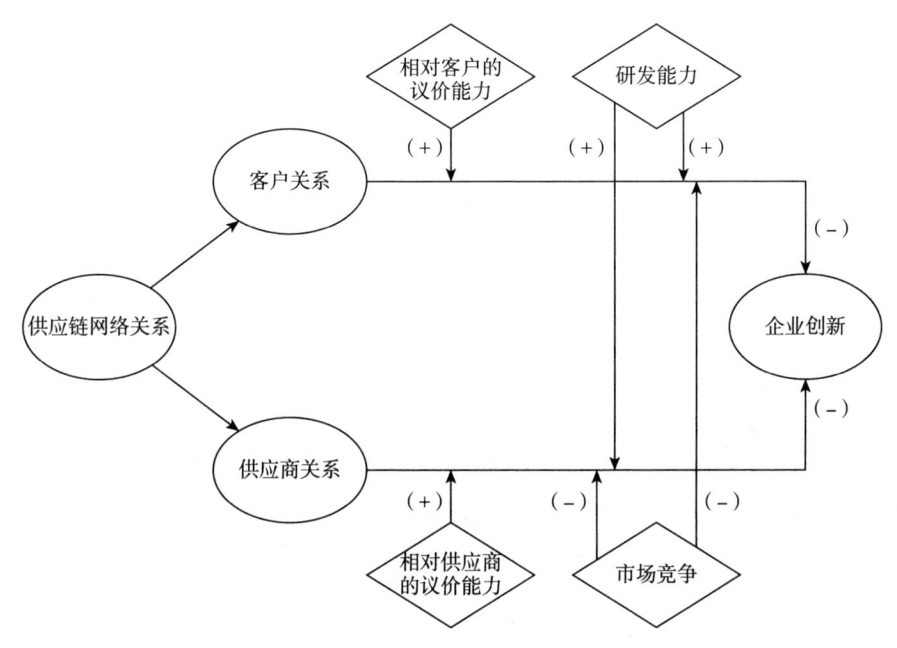

图 6-4 调节效应检验结果

申请量衡量企业创新水平，并且基于供应链网络成员之间的供销方向及其之间的关系型交易的特点构建供应链网络关系指标，包括客户关系和供应商关系，实证检验了供应链网络关系对企业创新的影响效果及作用机制，得出以下结论。

第一，供应链网络关系强度与企业创新水平显著负相关，随着供应链网络关系的加强，企业创新水平逐渐下降。无论是从客户关系还是从供应商关系的视角看，高强度的供应链网络关系都会对企业创新产生显著的负向影响。而且，经过替换核心变量的测量方法、调整回归模型、改变研究的时间窗口、选取部分行业的公司作为研究样本以及检验非线性关系这一系列稳健性分析之后，高强度的供应链网络关系对企业创新的负向影响依然显著。此外，本章也考虑到模型中的解释变量可能存在内生性问题，通过滞后解释变量、Heckman 两阶段模型以及 PSM 分析处理潜在的内生性问题，再次验证了高强度的供应链网络关系会对企业创新产生负面影响。

第二，高强度的供应链网络关系通过作用于企业经营风险、商业地位和知识吸收能力，进而对企业创新产生间接负面影响。首先，牢固的供应链网络关系会加剧企业经营所面临的风险，进而削弱企业的创新动力；其次，供应链网络关系较为集中时，企业在商业交易中容易处于弱势地位，进而阻碍企业创新；最后，企业在供应链网络中的关系越强，越不利于企业吸收外部的多样化知识，从而对企业创新产生负面影响。

第三，供应链网络关系对企业创新的影响还会受到其他因素的作用，例如企业自身的议价能力、企业研发能力以及市场竞争程度。首先，企业自身议价能力较强，有助于减弱企业的经营风险，提高企业在交易关系中的地位，从而缓解高强度的供应链网络关系对企业创新产生的不利影响；其次，企业研发能力提高，能够缓解企业创新失败的风险，有助于企业吸收多样化的知识，进而减弱高强度的供应链网络关系给企业创新带来的负面影响；最后，市场竞争激烈时，企业面临的风险加剧，难以有效监督交易伙伴，可能发生"敲竹杠"行为，并且会进一步妨碍企业对外部知识的吸收，从而加剧高强度的供应链网络关系对企业创新的不利影响。

第7章 供应链网络结构对企业创新的影响

7.1 供应链网络结构指标测算和分析

为了测度企业在供应链网络中的结构特征,本章在第4章构建的供应链网络基础上,采用 Python 软件计算各个公司每年对应的网络结构指标。Ibarra(1993)强调权力是社会网络结构的基本特性,现有研究大多从中心度和结构洞两个层面描述企业在网络结构中的权力。

7.1.1 中心度指标计算

中心度表示企业在网络中与核心位置的接近程度,衡量节点中心度的常用指标主要包括程度中心度、接近中心度、特征向量中心度、Katz 中心度和 PageRank 中心度。

(1) 程度中心度(Degree Centrality)

程度中心度指网络中与公司有直接相连关系的其他公司的数目,数目越多表明公司越靠近网络中心,其程度中心度越高。在无向图中,程度中心度使用一个标准化程度指标度量,用公司在一个时期内与其联系的其他公司的数量的占比来表示,计算方法如下:

$$Degree_i = \frac{\sum_j x_{ij}}{N-1} \tag{7.1}$$

其中,x_{ij} 在公司 i 和公司 j 存在联系时,取值为 1,否则为 0;N 为网络中所有公司的数量。

在有向网络中,程度中心度分为出度中心度(Out-Degree Centrality)和入度中心度(In-Degree Centrality)。区别在于,出度中心度是一个节点承认的对外关系数量总和占节点总数的百分比,入度中心度是其他节点承认的与本节点的关系的数量总和占节点总数的百分比。总之，程度中心度是最简单的中心度指标，仅仅反映公司拥有的连接数量。

（2）接近中心度（Closeness Centrality）

接近中心度衡量公司在网络中与其他公司的距离，如果公司与网络中其他公司的距离都很短，那么该公司对其他公司的依赖就相对较小，其接近中心度就较高，计算方法如下：

$$Closeness_i = \sum_j m_{ij} \qquad (7.2)$$

其中，m_{ij}是公司i和公司j之间的最短距离，即最短到达路径中包含的线数。接近中心度在有向图中也分为出度接近中心度（Out-Closeness Centrality）和入度接近中心度（In-Closeness Centrality）。其中，出度接近中心度越高表明一个节点到其他节点越容易，代表辐射力；入度接近中心度越高表明其他节点到这个节点越容易，代表整合力。

但是，罗家德（2005）指出接近中心度对网络的要求很高，仅仅对完全相连网络有效，即要求网络中任一节点都可以以若干个节点作为中介到达其他所有节点，如果部分节点无法到达某些节点，就不存在距离，也无法计算接近中心度。而本书构建的供应链网络为不完全相连网络，存在若干相互独立不相连的子网络，因此，接近中心度指标不适用于本书的研究。

（3）特征向量中心度（Eigenvector Centrality）

特征向量中心度将网络中与某家公司相连接的其他公司的中心性共同考虑进来度量这家公司的中心性，即公司的合作伙伴越靠近网络中心位置，那么该公司的特征向量中心度越高，计算方法如下：

$$Eigenvector_i = \frac{1}{\lambda} \sum_j x_{ij} e_j \qquad (7.3)$$

其中，λ是邻接矩阵A的最大特征值（A是利用公司与其主要客户和供应商之间的关系构造的邻接矩阵），e_j是与公司i相联系的公司j的特征向量中心度。特征向量中心度是程度中心度的扩展，通过结合无向图中的相邻关系来修正程度中心度。但是这一指标在无向图中适用良好，在有向图中却存在一定的问题，主要在于有向图中没有入边只有出边的节点，其特征向量中心度为0，从而忽视了这部分节点作为卖方与其他节点的联系。

(4) Katz 中心度 (Katz Centrality)

Katz (1953) 在特征向量中心度的基础上进一步提出 Katz 中心度,计算方法如下:

$$Katz_i = \alpha \sum_j x_{ij}(k_j + 1) \tag{7.4}$$

其中,k_j 是与公司 i 相联系的公司 j 的 Katz 中心度。与特征向量中心度的表达式相比,Katz 中心度用 $k_j + 1$ 代替了 e_j,意味着给任一节点的中心度增加了一个初始值,并且当 α 趋近于 $1/\lambda$ 时,Katz 中心度无限接近邻接矩阵 A 的最大特征值对应的特征向量。

Katz 中心度存在的问题是每条出边都会带上起始节点的完整中心度,这显然是不合理的,因为每个节点的重要性是不一样的,所以每条出边的值应该是不同的。

(5) PageRank 中心度 (PageRank Centrality)

Google 的 Brin 和 Page (1998) 进一步改进了 Katz 的方法,开发出了 PageRank 算法,用于计算 PageRank 中心度。PageRank 算法最早用于对网页的重要程度进行排名,万维网每个网页都可以看作网络中的一个节点,网页之间的超链接可以看作节点之间的边,从一个网页的超链接点击到其他网页被视作一条出边,从其他网页的超链接点击到这个网页被视作一条入边,万维网所有网页及其之间的连接构成了一个大型的有向图。PageRank 中心度通常采用迭代的方法计算,具体计算方法如下。

首先,假定初始时间的 PageRank 中心度为:

$$PR(x_i;0) = \frac{1}{N} \tag{7.5}$$

其中,N 为网络中的节点总数,$(x_i; 0)$ 代表初始时间的节点 i。

之后,在每个时间点,计算节点的 PageRank 中心度。

$$PR(x_i;t+1) = \frac{1-d}{N} + d \sum_{x_j \in M(x_i)} \frac{PR(x_j;t)}{L(j)} \tag{7.6}$$

其中,d 是阻尼因子 (Damping Factor),一般取值为 0.85,表示继续向下链接的概率,与之相对的 $1-d$ 为就此中止的概率,引入阻尼因子可以确保迭代值始终不为 0,解决自我链接和终止点的问题;$L(j)$ 为节点 j 的出边总量。

$$L(j) = \sum_i x_{ij} \tag{7.7}$$

式（7.6）可以采用矩阵表示为：

$$R(t+1) = dMR(t) + \frac{1-d}{N}I \tag{7.8}$$

其中，$R(t) = PR(x_i; t)$，I 是只包含 1 的 N 维列向量，矩阵 M 被定义为：

$$M_{ij} = \begin{cases} 1/L(x_j), & \text{if 节点 } j \text{ 链接到节点 } i \\ 0, & \text{otherwise} \end{cases} \tag{7.9}$$

接下来，对每个时间点的每个节点的 PageRank 值进行计算，然后对下一个时间点重复计算。当 $|R(t+1) - R(t)|$ 无限收敛至 0 时，迭代计算停止。

因此，PageRank 中心度的计算公式也可以写作下面这种形式：

$$PR_i = d \sum_j x_{ij} \frac{PR_j}{L(j)} + \frac{1-d}{N} \tag{7.10}$$

PageRank 中心度与特征向量中心度和 Katz 中心度相比的主要区别在于，其以 $L(j)$ 作为比例因子，把节点的中心度根据其出边数量进行稀释，把节点 j 的影响力均分给每一个出边，作为节点 i 的初始值。

因此，本书采用 PageRank 算法计算的 PageRank 中心度作为企业在供应链网络中的中心度的衡量指标，并且在 PageRank 中心度的基础上进行标准化处理，即乘上每年供应链网络中的节点总数，得到标准化后的 PageRank 中心度，该值越大，说明企业在当年供应链网络中越靠近中心位置。

7.1.2 结构洞指标计算

Burt（1992）在其著作中引入结构洞的概念来解释个体在社会网络中某些位置上的优势或劣势，如果某个个体在两个或两个以上关系密切的群体之间充当中介角色，则称该个体占据结构洞位置，可以在网络中获得重要的比较优势。现有研究中用于衡量结构洞的指标包括有效规模（Effective Size）、效率（Efficiency）、约束系数（Constraint）、等级度（Hierarchy）以及中介度（Betweenness）。

(1) 有效规模（Effective Size）

有效规模指公司与合作伙伴之间非冗余关系的比例。具体来说，它计算的是合作伙伴数量减去冗余连接的数量，冗余连接是公司与合作伙伴之间的间接联系，计算方法如下：

$$ES_i = \sum_j \left(1 - \sum_q P_{iq} P_{jq}\right) \tag{7.11}$$

其中，公司 q 为与公司 i 和公司 j 有直接联系的公司，P_{iq} 表示公司 i 与公司 q 的关系强度，即在公司 i 全部交易关系中，与公司 q 的交易额所占比重，P_{jq} 表示公司 j 与公司 q 的关系强度。

(2) 效率（Efficiency）

效率等于公司的有效规模除以实际规模，实际规模为实际的合作伙伴数量，计算方法如下：

$$EF_i = \frac{ES_i}{n_i} \tag{7.12}$$

其中，n_i 表示与公司 i 有直接联系的公司数目。

(3) 约束系数（Constraint）

约束系数用来测度网络闭合性，这个系数描述的是网络中某个节点与其他节点直接或间接联系的紧密程度，约束系数越低，网络闭合性越低，公司占据的结构洞位置越多，计算方法如下：

$$Constraint_i = \sum_j C_{ij} = \sum_j \left(P_{ij} + \sum_q P_{iq} P_{jq}\right)^2 \tag{7.13}$$

其中，C_{ij} 为公司 i 与公司 j 相连受到的约束程度，即公司 i 与公司 j 的直接联系和间接联系之和，P_{ij} 表示公司 i 与公司 j 的直接联系强度，$P_{iq}P_{jq}$ 表示公司 i 通过公司 q 到达公司 j 的路径中的非直接联系强度，通过求和测量公司 i 与公司 j 的间接联系强度。

(4) 等级度（Hierarchy）

等级度可以刻画结构洞节点的部分特征。等级度指数大，则表明在某个节点的邻域内，约束性集中在某个节点上。计算节点等级度的公式为：

$$Hierarchy_i = \frac{\sum_j \left(C_{ij} / \frac{C}{N}\right) \ln\left(C_{ij} / \frac{C}{N}\right)}{N \ln(N)} \tag{7.14}$$

(5) 中介度（Betweenness）

中介度衡量一个公司作为"桥"的作用，如果一个公司位于两个公司之间最短的可能路径上，则该公司能够充当信息等有价值资源流动的中介。在网络中，如果一家公司处于很多公司相互联系的路径上，那么该公司就拥有较高的中介度。中介度的计算方法如下：

$$Betweenness_i = \sum_{j<k} \frac{b_{jik}}{b_{jk}} \tag{7.15}$$

其中，b_{jk} 是公司 j 到公司 k 的最短路径数目，b_{jik} 表示公司 j 到公司 k 途中经过公司 i 的最短路径数目。

在无向图中，中介度的标准化公式可以进一步写作：

$$Betweenness_i = \frac{2\sum_{j<k} b_{jik}/b_{jk}}{(g-1)(g-2)} \tag{7.16}$$

其中，g 是网络中的节点总数。

在有向图中，中介度的标准化公式可以写作：

$$Betweenness_i = \frac{\sum_{j<k} b_{jik}/b_{jk}}{(g-1)(g-2)} \tag{7.17}$$

以上描述结构洞的指标中，使用最广泛的是约束系数和中介度，因此，在后续的回归分析中，本书采用中介衡量企业在供应链网络中的结构洞地位，并且通过将中介乘以 10000 来统一量纲。之后，在稳健性检验中采用约束系数作为替代指标进行分析。

7.1.3 中心度特征分析

图 7-1 展示了供应链网络公司的 PageRank 中心度分布。首先，从图中的频率直方图来看，可以发现大部分公司的 PageRank 中心度在 0.5 和 1.5 之间，并且随着 PageRank 中心度增大，样本分布量越来越少。但是在中心度为 2.7 到 3.2 的区间内，样本分布明显增多，这部分中心度较高的样本点大部分是上市公司，所以后文进一步将供应链网络节点区分为上市公司和非上市公司展开分析。从图 7-1 中的核密度曲线可以看出，样本分布密度最高的区间为 0.5~0.7，之后核密度急剧减小，在 2.7 到 3.2 的区间内先小幅上升后迅速下降，最后在 3.8 之后出现了小幅上升。值得注意

的是，在 3.8 之后的小幅上升主要是由于对数据进行了上下 1% 的缩尾处理，因此大于 99% 分位点的样本均聚集在 99% 的位置。从图 7-1 中的正态分布曲线来看，曲线的形状相对扁平，表示样本分布较为离散，并且数据呈现明显的正偏态分布，曲线的最高点偏向横轴的左边，尾部无限延伸直到接近横轴，说明分布在左侧的样本点远远多于分布在右侧的样本点。

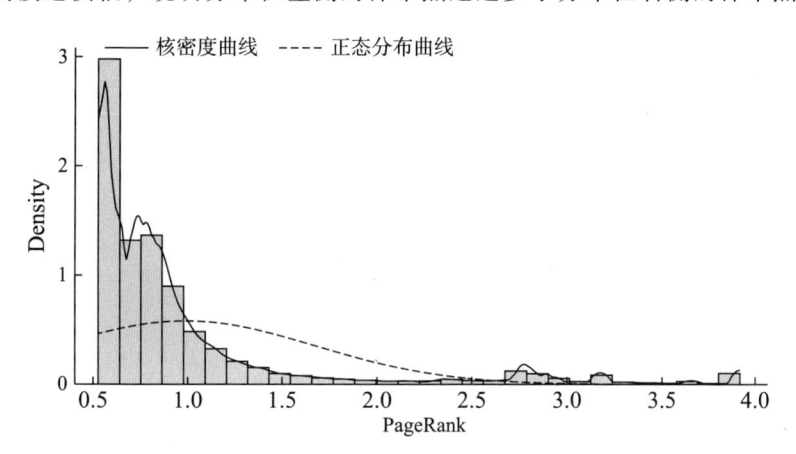

图 7-1　供应链网络公司 PageRank 中心度分布

接下来，把供应链网络中的公司区分为非上市公司和上市公司展开分析。图 7-2（a）报告了非上市公司的 PageRank 中心度分布，可以发现，其分布与全样本分布（见图 7-1）大体一致，样本集中在 0.5 和 1.5 之间，并且随着 PageRank 中心度增大，样本分布量越来越少。与全样本分布的差异在于非上市公司分布在 2.7 到 3.2 的区间内依然是平缓的，不存在明显的波动，说明非上市公司的 PageRank 中心度集中分布于 0.5 和 1.5 之间，大于 2 的样本很少。

图 7-2（b）报告了上市公司的 PageRank 中心度分布，可以发现上市公司的分布与非上市公司有明显的区别，样本集中在左右两侧，中间分布较少。具体来说，在 0.5 到 1.5 的区间内，样本分布较多，具有明显的集中趋势；在 1.5 和 2.2 之间，样本分布较少；在大于 2.2 的区间中，样本分布较多也相对分散，在 2.7、3.2 和 3.8 出现了明显的波峰。这一结果说明供应链网络中 PageRank 中心度较高的节点大多是上市公司。

接下来，重点分析上市公司中心度的变化情况。本章通过绘制小提琴图刻画上市公司 PageRank 中心度在 2009~2019 年的演变，这种图同时具有箱形图和密度图的特征，可以展示数据的分布形状。图 7-3 报告了上市

图 7-2 （a）非上市公司

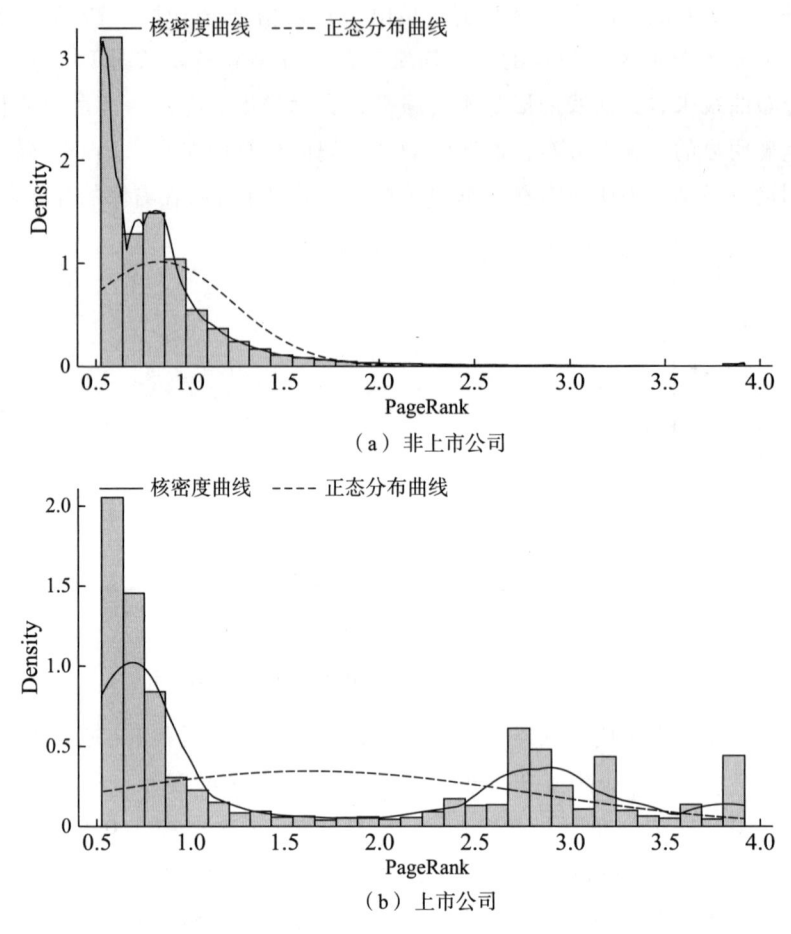

图 7-2 （b）上市公司

图 7-2　PageRank 中心度分样本分布

公司 PageRank 中心度的小提琴图，其中，白色圆点为中位数，中间的粗线表示上下四分位数范围，向两边延伸出的细线代表 95% 的置信区间，阴影部分代表样本分布密度。从中位数的位置可以看出，在 2009～2013 年，中位数位于图形下部，且均小于 1，在 2014 年，中位数明显上升接近 2，并且之后进一步增长，在 2015～2018 年保持在 2.3 左右的位置，在 2019 年下降到 2 以下。从 PageRank 中心度的上下四分位数可以看出，图形的下四分位数距离下边缘较近，而上四分位数距离上边缘相对较远，说明样本在中心度较小的部分比较集中，而在中心度较大的部分相对分散。

此外，从小提琴图的形状来看，在 2014 年以前，小提琴图呈现出明显的下部集中特征，在 2014 年及之后，小提琴图则呈现两头大中间小的特征。这说明在 2014 年之前上市公司的中心度大多数集中在 1 以下的数值，总体中心度较低，同时存在少数中心度非常高的样本点。在 2014 年之后，上市公司的中心度表现出明显的两极分化特征，中心度小于 1 的样本和中心度大于 2 的样本数量较多，而 1 到 2 之间的中部位置则样本分布较少。这一结果说明，上市公司的中心度整体呈现上升趋势，中心度较高的样本占比越来越多，但是两极分化的趋势没有得到改善，中心度较高和较低的样本之间差距较大。

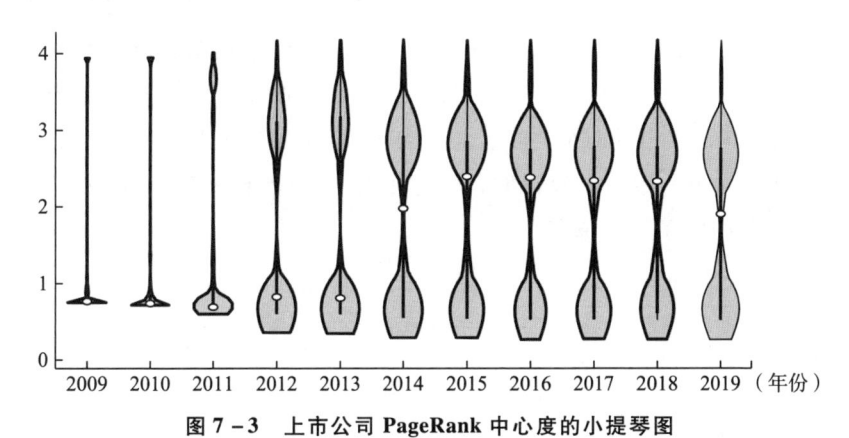

图 7-3 上市公司 PageRank 中心度的小提琴图

7.1.4 结构洞特征分析

表 7-1 报告了供应链网络公司的结构洞特征。从描述性统计结果来看，超过 75% 的公司结构洞为 0，说明多数公司在供应链网络中不占据结构洞的位置，并且在非上市公司中结构洞为 0 的样本比例远高于上市公司。从非上市公司和上市公司的对比分析来看，两组数据在平均值上有很大差异，前者均值为 0.0004，后者均值为 0.0101，相差大约 24 倍，说明上市公司的结构洞在平均水平上远高于非上市公司。从数据的标准差来看，三组样本的标准差都远远高于均值，说明供应链网络公司之间的结构洞差异很大。此外，从最大值来看，非上市公司的最大值为 0.9466，略低于上市公司的最大值 0.9657。而从 99% 分位数来看，其数值在三组中都远低于对应的最大值，这说明上市公司和非上市公司中都有少数结构洞远高于平均水平的样本，在后续的回归分析中需要对结构洞指标进行缩尾处理。

表 7-1　结构洞分组描述性统计结果

分组	N	平均值	标准差	最小值	P25	P50	P75	P99	最大值
全部公司	69918	0.0023	0.0210	0	0	0	0	0.0478	0.9657
非上市公司	56661	0.0004	0.0107	0	0	0	0	0.0010	0.9466
上市公司	13257	0.0101	0.0420	0	0	0	0.0068	0.1612	0.9657

接下来，对供应链网络公司结构洞在 2009~2019 年的演变展开分析，图 7-4 为全部公司、非上市公司以及上市公司三组样本的结构洞在 2009~2019 年的变化趋势。可以直观地发现，上市公司的结构洞均值远远高于非上市公司。三组样本的变化趋势相似，整体呈现在波动中上升的趋势，在 2012 年和 2015 年出现两个波峰，2013 年和 2017 年出现两个波谷，在 2017 年之后持续上升。这一结果说明，总体来看，供应链网络越来越密集，网络成员之间的联系越来越多。

图 7-4　2009~2019 年结构洞变化趋势

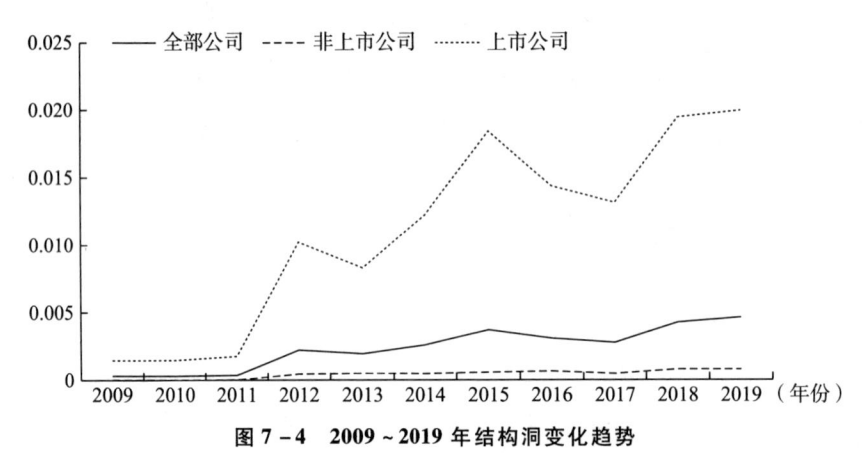

表 7-2 展示了全部公司的结构洞的分年度描述性统计。首先，从平均值的变化来看，结构洞的平均水平在 2012 年明显上升，在此之前，结构洞的平均水平在 0.0003 左右，没有明显波动，而在 2012 年，结构洞平均值提高到 0.0022，虽然在之后几年存在上下波动的情况，但是依然远远高于 2012 年之前的水平。这一结果说明在 2012 年后，供应链网络的结构变得更加复杂，公司之间的交错连接更加丰富。同时，标准差的变化趋势与平均值类似，在 2012 年出现明显提升，说明公司之间的结构洞差异明显变大。尤其从最大值的变化可以直观看出，在 2012 年，最大值较前一年上升近 9 倍，说明一些公司在供应链网络中的桥接作用越来越明显。

表 7-2 2009~2019 年结构洞分年度统计结果

年份	N	平均值	标准差	最小值	P25	P50	P75	P99	最大值
2009	5024	0.0003	0.0023	0	0	0	0	0.0099	0.0476
2010	6527	0.0003	0.0024	0	0	0	0	0.0082	0.0665
2011	7907	0.0004	0.0024	0	0	0	0	0.0096	0.0890
2012	9367	0.0022	0.0275	0	0	0	0	0.0335	0.8499
2013	8557	0.0020	0.0215	0	0	0	0	0.0363	0.9466
2014	5829	0.0026	0.0159	0	0	0	0	0.0704	0.4055
2015	6393	0.0037	0.0308	0	0	0	0	0.0881	0.8536
2016	5634	0.0031	0.0183	0	0	0	0	0.0643	0.4009
2017	5512	0.0028	0.0184	0	0	0	0	0.0576	0.5661
2018	4781	0.0043	0.0332	0	0	0	0	0.0810	0.9657
2019	4387	0.0046	0.0265	0	0	0	0	0.1081	0.6817

此外，针对上市公司的结构洞进行分年度描述性统计，结果如表 7-3 所示。首先，可以发现上市公司中结构洞为 0 的样本比重存在明显的变化，在 2009 年和 2010 年，超过 75% 的上市公司结构洞为 0，2011~2014 年，结构洞为 0 的比重不足 75%，2015~2018 年，不到半数的上市公司结构洞为 0，而到了 2019 年，上升至接近 75%。这一结果表明，2009~2019 年，越来越多的上市公司在供应链网络中占据结构洞位置。而且，从平均值来看，在 2012 年平均值出现明显的提高，在随后几年上下波动，整体仍然呈现上升趋势，表明上市公司在供应链网络中占据了越来越重要的结构洞位置。

表 7-3 2009~2019 年上市公司结构洞分年度统计结果

年份	N	平均值	标准差	最小值	P25	P50	P75	P99	最大值
2009	1058	0.0014	0.0047	0	0	0	0	0.0218	0.0476
2010	1353	0.0015	0.0048	0	0	0	0	0.0235	0.0665
2011	1567	0.0018	0.0050	0	0	0	0.0008	0.0218	0.0890
2012	1704	0.0102	0.0564	0	0	0	0.0029	0.2088	0.8499
2013	1597	0.0083	0.0394	0	0	0	0.0034	0.1664	0.7813
2014	1064	0.0122	0.0326	0	0	0	0.0074	0.1555	0.4055
2015	1125	0.0184	0.0639	0	0	0.0049	0.0061	0.3838	0.7828

续表

年份	N	平均值	标准差	最小值	P25	P50	P75	P99	最大值
2016	1003	0.0144	0.0354	0	0	0.0069	0.0085	0.1872	0.3644
2017	1009	0.0132	0.0363	0	0	0.0049	0.0082	0.1284	0.5621
2018	895	0.0195	0.0688	0	0	0.0022	0.0109	0.2513	0.9657
2019	882	0.0200	0.0512	0	0	0	0.0130	0.2277	0.6817

7.2 回归样本选取和计量模型设定

7.2.1 回归样本选取

在测算了 2009~2019 年供应链网络结构指标的基础上，本章选取供应链网络中的上市公司作为研究样本展开实证分析，并且剔除了金融类上市公司、财务数据异常的公司（PT、ST、*ST 公司）、当年 IPO 的公司以及所需数据缺失的公司样本。最终，得到企业-年度样本共计 7375 个。此外，为了剔除异常值对回归结果的影响，本章对所有连续型变量进行了上下 1% 的缩尾处理。

7.2.2 模型构建和变量定义

由于被解释变量企业创新即企业发明专利申请量呈现在 0 处截尾的特征，因此本章延续第 6 章的做法，构建用极大似然法估计的 Tobit 回归模型探究供应链网络结构特征对企业创新的影响，模型具体设定如下：

$$Pat_{it}^* = a_0 + a_1 PageRank_{it} + a_2 Hole_{it} + \sum Control + \sum Year + \sum Industry + \sum Prov + \varepsilon_{it}$$

$$Pat_{it} = \begin{cases} Pat_{it}^* & \text{if } Pat_{it}^* > 0 \\ 0 & \text{if } Pat_{it}^* \leq 0 \end{cases} \quad (7.18)$$

其中，Pat_{it} 表示可观测到的公司 i 在第 t 年的发明专利申请量，Pat_{it}^* 为潜变量，表示潜在的部分观测变量，可以获取超出极限点的值，条件等式意味着当潜变量大于 0 时能够被观测到，当潜变量小于等于 0 时在 0 处截尾。$PageRank_{it}$ 表示企业 i 在第 t 年的供应链网络中的中心度，采用式 (7.10) 计算的 PageRank 中心度衡量，其值越大，意味着企业在供应链网络中越靠近中心位置。$Hole_{it}$表示企业i在第t年供应链网络中的结构洞指标，由式（7.17）计算的中介度来衡量，代表企业在供应链网络中发挥的桥接作用，数值越大，意味着企业在供应链网络中占据的结构洞越丰富。$Control$表示一系列可能影响企业创新的控制变量，包括企业规模（$Size$）、资本结构（Lev）、净资产收益率（ROE）、资本支出（$Capexp$）、现金流水平（$Cash$）、股权集中度（Fsh）、股权性质（SOE）、企业年龄（Age）和销售增长率（$Growth$），具体的定义参见表6-1，$Year$、$Industry$和$Prov$分别表示年度、行业和省份虚拟变量，ε_{it}为随机误差项，服从正态分布，$\varepsilon_{it} \sim N(0, \sigma^2)$。

7.3 实证结果分析

7.3.1 描述性统计

表7-4报告了所有变量的描述性统计结果。首先，从被解释变量企业创新来看，样本企业发明专利申请量最大值为8.884，最小值为0.000，平均值为1.157，说明企业之间的创新水平相差很大，并且从中位数为0.693可以发现，大部分样本企业的创新水平低于平均值，说明整体来看我国上市公司的创新水平较低。其次，从供应链网络结构指标来看，PageRank中心度的平均值为1.690，中位数为0.887，最大值为5.740，说明样本公司在供应链网络中的中心度存在较大差异，少数公司处于供应链网络的中心位置，而多数公司位于相对边缘的位置；结构洞的平均值为0.009，中位数为0.000，表明我国上市公司构成的供应链网络较为简单，并且超过一半的样本公司不占据结构洞位置，而少数公司占据着重要的结构洞位置。

表7-4 描述性统计结果

变量	观测量	平均值	标准差	最小值	最大值	中位数
Pat	7375	1.157	1.459	0.000	8.884	0.693
$PageRank$	7375	1.690	1.263	0.526	5.740	0.887
$Hole$	7375	0.009	0.025	0.000	0.178	0.000
$Size$	7375	22.258	1.424	19.805	26.063	22.015

续表

变量	观测量	平均值	标准差	最小值	最大值	中位数
Lev	7375	0.455	0.211	0.049	0.873	0.462
ROE	7375	0.065	0.109	-0.543	0.310	0.068
Capexp	7375	0.057	0.049	0.001	0.231	0.043
Cash	7375	0.042	0.069	-0.163	0.241	0.041
Fsh	7375	0.534	0.161	0.195	0.885	0.535
SOE	7375	0.484	0.500	0.000	1.000	0.000
Age	7375	2.798	0.312	1.946	3.497	2.833
Growth	7375	0.189	0.403	-0.489	2.573	0.122

7.3.2 相关性分析

表 7-5 报告了全部变量的相关性分析结果。首先，可以发现中心度与企业创新具有负相关关系，并且在 10% 的水平下显著，而结构洞与企业创新在 1% 的显著水平下正相关，初步验证了中心度给企业创新带来负向影响，结构洞给企业创新带来正向影响。其次，从其他控制变量的相关性来看，两两之间的相关系数基本上都低于 0.3，说明变量之间不存在较强的相关关系，后续的回归分析不受严重的多重共线性影响。

7.3.3 基准模型回归结果

模型（7.18）的回归结果如表 7-6 所示。其中，第（1）列为仅控制年份、行业和省份固定效应而不包含其他控制变量的回归结果。可以发现，中心度（*PageRank*）的回归系数在 1% 的水平下显著为负（系数 = -0.141，t 统计量 = -5.90），这表明企业在供应链网络中越靠近中心位置，企业的创新水平越低；结构洞（*Hole*）的回归系数大于 0，并且通过了 1% 水平的显著性检验（系数 = 6.690，t 统计量 = 5.78），说明企业在供应链网络中占据的结构洞位置越多，其创新水平越高。第（2）列报告了加入一系列控制变量的回归结果，中心度的回归系数依然显著为负（系数 = -0.066，t 统计量 = -2.94），而结构洞的回归系数显著为正（系数 = 3.332，t 统计量 = 3.05）。第（3）、（4）列为中心度和结构洞单独回归的估计结果，其中，中心度的估计系数显著为负（系数 = -0.043，t 统计量 = -2.03），结构洞的估计系数显著为正（系数 = 2.244，t 统计量 = 2.18），

表 7-5 相关性分析结果

	Pat	PageRank	Hole	Size	Lev	ROE	Capexp	Cash	Fsh	SOE	Age	Growth
Pat	1											
PageRank	-0.021*	1										
Hole	0.086***	0.250***	1									
Size	0.254***	-0.037***	0.123***	1								
Lev	0.032***	-0.034***	0.043***	0.571***	1							
ROE	0.104***	-0.064***	-0.014	0.104***	-0.137***	1						
Capexp	0.038***	-0.041***	-0.038***	-0.043***	-0.094***	0.074***	1					
Cash	0.074***	-0.016	0.039***	0.089***	-0.098***	0.285***	0.137***	1				
Fsh	0.077***	-0.020*	0.049***	0.219***	-0.053***	0.130***	0.120***	0.101***	1			
SOE	0.042***	-0.065***	0.053***	0.430***	0.396***	-0.060***	-0.093***	0.058***	0.030**	1		
Age	-0.055***	0.110***	0.053***	0.112***	0.139***	-0.038***	-0.197***	0.024**	-0.259***	0.089***	1	
Growth	0.015	-0.015	-0.025**	0.021*	0.022*	0.242***	0.033***	0.001	0.050***	-0.073***	-0.010	1

注：***、**和*分别表示在1%、5%和10%的水平下显著。

再次验证企业在供应链网络中的中心位置将阻碍企业创新，而丰富的结构洞将有利于企业创新水平提升。

此外，从控制变量的回归结果来看，企业规模（$Size$）的系数显著为正，说明规模更大的企业具有更高的创新水平。资本结构（Lev）的系数显著为负，说明相对负债水平更高的企业创新水平更低。净资产收益率（ROE）的系数显著为正，说明盈利能力较强的企业有能力增加创新投入，有利于创新水平的提升。资本支出（$Capexp$）的系数显著为正，表明企业资本性支出越高，在创新项目上的投入也就越多，其创新水平也越高。现金流水平（$Cash$）的系数显著为正，表明企业的流动性资金充裕，有利于企业在开展创新活动时灵活投入资金，因此其对企业创新水平具有正向影响。股权集中度（Fsh）的回归系数显著为负，说明较高的股权集中度不利于企业创新。股权性质（SOE）的回归系数显著为正，表明整体来看国有企业的创新水平高于非国有企业。企业年龄（Age）的估计系数显著为负，表明新创企业比年老的企业更具创新性。销售增长率（$Growth$）的估计系数显著为负，表明销售收入增长越快的公司可能在创新项目上投入越少，其创新水平越低。以上控制变量的回归结果与现有研究的结果基本一致。

表 7-6 基准模型回归结果

变量	(1) Pat	(2) Pat	(3) Pat	(4) Pat
$PageRank$	-0.141*** (-5.90)	-0.066*** (-2.94)	-0.043** (-2.03)	
$Hole$	6.690*** (5.78)	3.332*** (3.05)		2.244** (2.18)
$Size$		0.524*** (18.99)	0.532*** (19.31)	0.532*** (19.34)
Lev		-0.943*** (-5.38)	-0.943*** (-5.37)	-0.953*** (-5.43)
ROE		1.252*** (4.44)	1.245*** (4.42)	1.273*** (4.52)
$Capexp$		2.183*** (3.92)	2.143*** (3.84)	2.157*** (3.87)

续表

变量	(1) Pat	(2) Pat	(3) Pat	(4) Pat
Cash		0.806* (1.92)	0.841** (2.01)	0.809* (1.93)
Fsh		-0.411** (-2.26)	-0.393** (-2.16)	-0.419** (-2.30)
SOE		0.129** (1.99)	0.132** (2.03)	0.134** (2.07)
Age		-0.586*** (-5.79)	-0.585*** (-5.78)	-0.594*** (-5.87)
Growth		-0.225*** (-3.16)	-0.231*** (-3.24)	-0.226*** (-3.18)
常数项	-0.465 (-1.41)	-10.136*** (-15.13)	-10.333*** (-15.48)	-10.323*** (-15.47)
年份	控制	控制	控制	控制
行业	控制	控制	控制	控制
省份	控制	控制	控制	控制
N	7375	7375	7375	7375
Pseudo R^2	0.079	0.105	0.105	0.105

注：***、**和*分别表示在1%、5%和10%的水平下显著，括号内为t统计量。

7.4 稳健性检验

为了保证结论的稳健性，本节进行了一系列稳健性检验，包括替换核心变量的度量方法、改变回归模型、调整样本的时间窗口以及选取部分行业的公司作为研究样本，稳健性检验结果如表7-7所示。

7.4.1 替换核心变量的度量方法

考虑到研究结果可能受到变量测量方式的影响，本节采用专利申请总量衡量企业创新水平，包括发明专利、实用新型专利和外观设计专利三类的总和，并展开回归分析，结果如表7-7第（1）列所示。可以发现，中心度的估计系数显著为负，结构洞的估计系数显著为正。接下来，本节再次改变核心解释变量的衡量方式进行检验,参考史金艳等(2019)的做法,基于式(7.3)计算企业在供应链网络中的特征向量中心度(Eigen)描述企业靠近网络中心的程度。参考钱锡红等(2010)的做法,用1减去式(7.13)中约束系数的差值(CI)衡量企业在供应链网络中的结构洞丰富度①。表7-7第(2)列报告了替换核心解释变量后的估计结果,可以看出,特征向量中心度的系数显著为负,而结构洞的系数显著为正。以上结果表明,在改变了关键变量的度量方法之后,本书的结论依然成立,即供应链网络中心度对企业创新产生不利影响,而供应链网络结构洞给企业创新带来积极影响。

7.4.2 改变回归模型

本章在基准模型回归中对被解释变量发明专利申请量进行了加1取对数处理,该变量呈现在0处截尾的特征,因此采用了Tobit回归模型。但是,还需要注意的是专利申请量本身为计数数据,取值均为非负整数,因此还需要以发明专利申请计数(Pat_count)作为被解释变量,以适用于计数变量的负二项回归模型展开回归分析,结果如表7-7第(3)列所示。显而易见,中心度的系数在1%的水平下显著为负,结构洞的系数在1%的水平下显著为正,这一结果表明,在考虑了专利申请量的离散数据特征后,本书的研究结论依然保持不变。

7.4.3 调整样本的时间窗口

考虑到证监会2012年正式发布文件鼓励上市公司公开前五大客户和前五大供应商的信息和相关销售及采购数据,并且从供应链网络结构特征的演变分析中,也可以明显发现供应链网络总体结构特征和个体结构特征在2012年前后均呈现明显的不同,在2012年之后,供应链网络结构变得更加复杂,公司之间的间接联系变得更多,因此本节将样本时间限制在2013～2019年再次考察供应链网络结构对企业创新的影响,结果如表7-7第(4)列所示。可以发现,研究的样本量减少为4013个,中心度的系数依然显著为负,而结构洞的系数依然显著为正。以上结果表明,在供应链网

---

① 约束系数取值在0到1之间,其值越大表明企业在网络中的位置闭合性越高,相应占据的结构洞越匮乏。

络结构复杂化之后，供应链网络结构特征对企业创新的影响效果依然不变。

7.4.4 选取部分行业的公司作为研究样本

考虑到研究样本中部分行业的公司对创新要求较低，即使在不开展创新活动的情况下依然可以维持较强的市场竞争力，因此，仅保留对创新要求较高的制造业及信息传输、软件和信息技术服务业的公司作为研究样本，再次进行回归分析，结果如表 7-7 第（5）列所示。可以发现，在剔除对创新要求较低的行业样本后，研究样本减少至 5305 个，从解释变量的估计系数来看，中心度的估计系数显著为负，结构洞的估计系数显著为正，再次验证了本书的研究结论。

表 7-7 稳健性检验结果

变量	(1)	(2)	(3)	(4)	(5)
	Pat_all	Pat	Pat_count	Pat	Pat
$PageRank$	-0.028**		-0.036***	-0.145***	-0.068***
	(-1.98)		(-2.58)	(-4.57)	(-2.84)
$Hole$	1.485**		2.041***	3.907***	1.916*
	(1.96)		(3.07)	(3.03)	(1.72)
$Eigen$		-1.987*			
		(-1.73)			
CI		0.218**			
		(2.05)			
常数项	-6.840***	-8.185***	-1.690***	-10.201***	-10.481***
	(-15.45)	(-11.40)	(-3.81)	(-10.75)	(-15.29)
$Control$	控制	控制	控制	控制	控制
年份	控制	控制	控制	控制	控制
行业	控制	控制	控制	控制	控制
省份	控制	控制	控制	控制	控制
N	7375	6284	7375	4013	5305
Pseudo R^2	0.088	0.102	0.040	0.117	0.058

注：***、**和*分别表示在1%、5%和10%的水平下显著，括号内为t统计量；限于篇幅，表中省略了控制变量的估计结果。

7.5 内生性检验

本书的研究结论可能会受到内生性问题的影响,即解释变量供应链网络结构特征可能是内生的。首先,尽管本书控制了一系列企业特征,但是回归模型中依然可能遗漏了某些影响企业创新的关键变量,而这些关键变量可能与解释变量中心度或结构洞是高度相关的,从而导致模型中的解释变量和残差项相关,产生内生性问题。其次,企业自身的创新水平可能是公司之间建立供销关系的重要考量因素,影响其在供应链网络中的位置特征,由此引发的双向因果关系也可能会导致内生性问题。

因此,为了解决以上可能存在的内生性问题,本书采用滞后解释变量、两阶段最小二乘法(2SLS)和倾向得分匹配法(PSM)展开分析。

7.5.1 滞后解释变量

本节在基准回归模型的基础上,对解释变量进行了滞后一期处理以减轻可能的内生性问题,回归结果如表7-8第(1)列所示。可以发现,滞后一期的中心度对企业创新具有显著的负向影响,滞后一期的结构洞对企业创新具有显著的正向影响,与本书之前的研究结论一致。

7.5.2 两阶段最小二乘法(2SLS)

本节通过引入工具变量,采用两阶段最小二乘法解决潜在的内生性问题。首先,假定线性回归模型如下:

$$y_i = \alpha + \beta x_{it} + \varepsilon_i \tag{7.19}$$

其中,y 表示被解释变量,x 表示内生解释变量,ε 为随机扰动项。内生性则意味着 x 与 ε 相关,导致 OLS 估计量不一致。

其次,2SLS 在第一阶段引入与解释变量高度相关但是与随机扰动项不相关的工具变量,对内生解释变量与工具变量进行回归:

$$x_{it} = \gamma + \delta IV_{it} + u_{it} \tag{7.20}$$

其中,x 表示内生解释变量,IV 表示工具变量,在此基础上得到内生解释变量的预测值:

$$\hat{x}_{it} = \hat{\gamma} + \hat{\delta} IV_{it} \tag{7.21}$$

对应的残差为：

$$\hat{u}_{it} = x_{it} - \hat{x}_{it} \tag{7.22}$$

通过第一阶段的回归，将内生解释变量 x 分解为两个部分：

$$x_{it} = \hat{x}_{it} + \hat{u}_{it} \tag{7.23}$$

其中，预测值 $\hat{x}$ 为外生工具变量 IV 的线性函数，因此这部分为外生，而残差 $\hat{u}$ 为内生部分。

最后，在第二阶段中用外生部分 $\hat{x}$ 替代解释变量 x，采用 OLS 回归即可得到一致估计：

$$y_i = \alpha + \beta \hat{x}_{it} + (\varepsilon_i + \beta \hat{u}_{it}) \tag{7.24}$$

其中，$\hat{x}$ 是外生工具变量 IV 的线性函数，因此 $\hat{x}$ 与 ε 不相关，并且由于 OLS 回归的预测值与残差正交，因此 $\hat{x}$ 与 $\hat{u}$ 不相关。由此可以证明在第二阶段回归中 $\hat{x}$ 与扰动项 $(\varepsilon + \beta \hat{u})$ 不相关，OLS 为一致估计。

本书针对两个核心解释变量分别构建工具变量，一个是剔除样本之外的同行业企业在当年供应链网络中的中心度均值（$IV1$），另一个是剔除样本之外的同行业企业在当年供应链网络中的结构洞均值（$IV2$）。原因在于，属于同一行业的企业在主营业务上具有相似性，在建立供销关系时可能存在一定程度的重合，因此，同行业的企业在供应链网络中的位置可能具有相关性，满足工具变量与核心解释变量相关的假定。而且，剔除了样本外的同行业企业当年的中心度和结构洞均值很难直接影响样本企业的创新水平，因此满足工具变量外生的假定。

接下来，进行 2SLS 中的第一阶段回归，估计结果如表 7 - 8 第（2）、(3) 列所示。可以看出，两个工具变量的系数均大于 0，且均通过了 1% 水平的显著性检验，说明企业在供应链网络中的结构指标均值与同行业其他企业的结构指标均值显著正相关。而且，第一阶段回归模型的 F 统计量均大于 10，说明模型的拟合度较高，以上结果表明本书选择的工具变量初步满足了与内生解释变量相关的假定。

之后，进行 2SLS 中的第二阶段回归，估计结果如表 7 - 8 第（4）~(6) 列所示。可以看出，无论是在第（4）、(5) 列中对中心度和结构洞的预测值进行单独回归，还是在第（6）列中对两项供应链网络结构指标同时回归，中心度的系数都显著小于 0，而结构洞的系数都显著大于 0。除此之外，Anderson LM 统计量在 1% 的水平下显著，可以认为工具变量不存在识别不足问题；Cragg-Donald Wald F 统计量大于 10，且在 1% 的水平下显著，说明工具变量不是弱工具变量，证明了本书选择的工具变量是有效的。以上结果表明通过 2SLS 有效缓解内生性问题之后，本书的结论依然成立，中心度对企业创新产生负面影响，而结构洞给企业创新带来积极作用。

表 7-8　滞后解释变量和两阶段最小二乘法

变量	(1) Pat	(2) PageRank	(3) Hole	(4) Pat	(5) Pat	(6) Pat
PageRank				-0.108** (-2.22)		-0.290*** (-3.90)
Hole					7.243** (2.12)	13.978*** (3.04)
L.PageRank	-0.053* (-1.90)					
L.Hole	3.155** (2.48)					
IV1		0.623*** (20.21)				
IV2			0.449*** (7.59)			
常数项	-11.248*** (-13.04)	1.054*** (3.02)	-0.038*** (-5.28)	-6.577*** (-16.66)	-6.510*** (-16.05)	-5.682*** (-11.45)
Control	控制	控制	控制			控制
年份	控制	控制	控制			控制
行业	控制	控制	控制			控制
省份	控制	控制	控制			控制
N	4907	7304	7304	7304	7304	7304
调整 R^2		0.144	0.120	0.255	0.253	0.209
Pseudo R^2	0.110					
F 统计量		25.54	10.50			

续表

变量	(1)	(2)	(3)	(4)	(5)	(6)
	Pat	PageRank	Hole	Pat	Pat	Pat
不可识别检验（Anderson LM 统计量）				459.026***	233.409***	138.236***
弱识别检验（Cragg-Donald Wald F 统计量）				485.248***	238.869***	69.786***

注：***、**和*分别表示在1%、5%和10%的水平下显著，括号内为t统计量；限于篇幅，表中省略了控制变量的估计结果。

7.5.3 倾向得分匹配法（PSM）

为了进一步缓解潜在的内生性问题，本节采用倾向得分匹配法（PSM）展开分析。首先，分别以同年度同行业样本的中心度中位数和结构洞中位数为分界点，将样本划分为实验组和控制组，并且生成虚拟变量 PageRank_dum 和 Hole_dum。具体来说，当样本中心度大于中位数时，该样本属于实验组，PageRank_dum 取值为1，否则，该样本属于控制组，取值为0；当样本结构洞大于中位数时，该样本属于实验组，Hole_dum 取值为1，否则，该样本属于控制组，取值为0。

其次，选择一系列匹配变量计算倾向得分值，包括企业规模（Size）、资本结构（Lev）、净资产收益率（ROE）、资本支出（Capexp）、现金流水平（Cash）、股权集中度（Fsh）、股权性质（SOE）、企业年龄（Age）和销售增长率（Growth），并且采用最近邻匹配法对实验组和控制组样本进行1:3匹配。表7-9报告了匹配变量的均衡性检验结果，在按照中心度高低分组的检验结果中，企业规模、资本结构、资本支出、股权集中度、企业年龄和销售增长率多个匹配变量在匹配之前具有明显差异，实验组和控制组之间的均值偏差通过了显著性检验，在匹配之后，匹配变量在两组之间的偏差均小于5%，并且没有通过显著性检验，说明匹配之后的两组样本不具有明显差异，按照倾向得分值进行匹配有效。同样地，按照结构洞高低分组的检验结果中，在匹配之前多个匹配变量在两组之间的均值存在显著的偏差，在匹配之后，偏差明显缩小并且都变得不显著，说明按照结构洞高低分组的两组样本在匹配之后不存在显著差异，匹配效果良好，可以进行后续的检验。

表 7-9 匹配变量的均衡性检验结果

变量	匹配状态	按照中心度高低分组 均值 实验组	按照中心度高低分组 均值 控制组	按照中心度高低分组 偏差（%）	按照结构洞高低分组 均值 实验组	按照结构洞高低分组 均值 控制组	按照结构洞高低分组 偏差（%）
Size	U	22.12	22.55	-30.40***	22.34	22.23	7.90***
Size	M	22.12	22.11	0.80	22.34	22.33	0.50
Lev	U	0.45	0.46	-4.60*	0.46	0.45	2.30
Lev	M	0.45	0.45	0.00	0.46	0.46	1.20
ROE	U	0.07	0.06	1.90	0.06	0.07	-4.80*
ROE	M	0.07	0.07	0.00	0.06	0.06	0.40
Capexp	U	0.06	0.05	13.90***	0.06	0.06	-2.00
Capexp	M	0.06	0.06	-2.80	0.06	0.06	-0.70
Cash	U	0.04	0.04	-3.30	0.04	0.04	-5.40**
Cash	M	0.04	0.04	0.40	0.04	0.04	-0.60
Fsh	U	0.53	0.54	-8.60***	0.54	0.53	7.40***
Fsh	M	0.53	0.54	-3.50	0.54	0.54	0.80
SOE	U	0.48	0.48	0.20	0.46	0.49	-6.10**
SOE	M	0.48	0.48	0.50	0.46	0.46	0.20
Age	U	2.78	2.84	-21.10***	2.80	2.80	1.20
Age	M	2.78	2.78	-2.20	2.80	2.80	-0.60
Growth	U	0.20	0.18	5.00**	0.18	0.19	-4.60*
Growth	M	0.19	0.19	0.30	0.18	0.17	1.60

注：***、**和*分别表示在1%、5%和10%的水平下显著；U表示未匹配，M表示匹配。

再次，通过计算平均处理效应（ATT）估计实验组和控制组在创新水平上的差异，检验结果如表7-10所示。其中，按照中心度高低区分的实验组和控制组在匹配前后的平均处理效应均小于0，并且t统计量的绝对值均大于2.58，说明平均处理效应通过了1%水平的显著性检验，高中心度样本的创新水平明显低于低中心度样本的创新水平。按照结构洞高低分组的检验结果中，平均处理效应在匹配前后均大于0，并且从t统计量的数值来看也通过了1%水平的显著性检验，高结构洞样本组的创新水平明显高于低结构洞样本组的创新水平。上述结果表明，通过PSM模拟准自然实验消除一定的内生性问题之后,中心度和结构洞对企业创新的影响效果依然不变。

表 7-10 供应链网络结构对企业创新的平均处理效应

变量	匹配状态	实验组	控制组	ATT	标准误	t统计量
按照中心度高低分组						
Pat	U	1.058	1.360	-0.302	0.036	-8.39***
	M	1.058	1.266	-0.208	0.051	-4.04***
按照结构洞高低分组						
Pat	U	1.276	1.109	0.167	0.037	4.46***
	M	1.276	1.140	0.136	0.044	3.12***

注:*** 表示在1%的水平下显著。

最后,基于匹配后的样本,采用虚拟变量 $PageRank\_dum$ 和 $Hole\_dum$ 作为解释变量展开回归分析,回归结果如表 7-11 所示。在第(1)列的结果中,匹配后的样本量减少至 6676 个,$PageRank\_dum$ 的估计系数小于 0,并且通过了1%水平的显著性检验,再次验证了中心度对企业创新的负向影响。从第(2)列的回归结果中可以看出,样本量为 5604 个,$Hole\_dum$ 的估计系数在5%的水平下显著为正,表明结构洞丰富的样本企业的创新水平高于结构洞匮乏的样本企业。以上结果再次证明在供应链网络中靠近中心位置将不利于企业创新,而占据更多的结构洞位置则有助于企业创新水平的提升,本书的研究结论依然成立。

表 7-11 PSM 样本的回归结果

变量	(1) Pat	(2) Pat
$PageRank\_dum$	-0.236*** (-3.53)	
$Hole\_dum$		0.149** (2.20)
常数项	-9.387*** (-13.48)	-7.221*** (-9.56)
Control	控制	控制
年份	控制	控制

续表

变量	(1)	(2)
	Pat	Pat
行业	控制	控制
省份	控制	控制
N	6676	5604
Pseudo R^2	0.101	0.035

注：***、** 分别表示在 1%、5% 的水平下显著，括号内为 t 统计量；限于篇幅，表中省略了控制变量的估计结果。

7.6 创新选择机制检验

参考吴延兵和米增渝（2011）的研究，企业创新可以划分为独立创新和合作创新两种模式。其中，独立创新是指企业主要依靠内部资源，独立开展研发创新活动；合作创新是指企业与其他企业、高校或科研机构等外部组织联合开展研发创新活动。按照上述定义，本书采用企业独立申请的发明专利数衡量企业独立创新（Invia），以企业与外部机构联合申请的发明专利数衡量企业合作创新（Invja）。之后，以独立创新和合作创新作为被解释变量，考察供应链网络结构特征对企业两种创新模式的影响，回归结果如表 7-12 所示。第（1）~（3）列的被解释变量为独立创新，第（4）~（6）列的被解释变量为合作创新。

表 7-12 创新选择机制检验结果

变量	(1)	(2)	(3)	(4)	(5)	(6)
	Invia	Invia	Invia	Invja	Invja	Invja
PageRank	-0.052**	-0.040*		-0.069*	-0.034	
	(-2.20)	(-1.81)		(-1.89)	(-0.99)	
Hole		1.699	0.822		4.561***	3.555**
		(1.45)	(0.75)		(2.91)	(2.40)
常数项	-8.889***	-8.987***	-9.032***	-16.976***	-17.299***	-17.161***
	(-12.52)	(-12.71)	(-12.77)	(-15.88)	(-16.20)	(-16.10)
Control	控制	控制	控制	控制	控制	控制
年份	控制	控制	控制	控制	控制	控制

续表

变量	(1) Invia	(2) Invia	(3) Invia	(4) Invja	(5) Invja	(6) Invja
行业	控制	控制	控制	控制	控制	控制
省份	控制	控制	控制	控制	控制	控制
N	7375	7375	7375	7375	7375	7375
Pseudo R^2	0.100	0.100	0.100	0.118	0.117	0.117

注：***、**和*分别表示在1%、5%和10%的水平下显著，括号内为t统计量；限于篇幅，表中省略了控制变量的估计结果。

首先，从中心度的估计系数来看，在表7-12第（1）、（4）列中，中心度与结构洞同时作为解释变量纳入回归模型，中心度对独立创新的回归系数在5%的水平下显著为负，对合作创新的回归系数在10%的水平下显著为负；在第（2）、（5）列中，对中心度进行单独回归，当被解释变量为独立创新时，中心度的系数在10%的水平下显著为负，当被解释变量为合作创新时，中心度的系数虽然也小于0，但是没有通过显著性检验。这一结果表明，中心度对独立创新的负向影响在显著程度上明显高于对合作创新的影响，也就是说，当企业位于供应链网络较为中心的位置时，这种中心位置对企业创新水平的不利影响体现为削弱企业开展独立创新的动力，而对合作创新的影响非常微弱。可能的原因在于，其一，独立创新需要企业自身投入较多的创新要素，并且独立承担创新失败的风险，当企业位于供应链网络的中心位置时，企业往往掌握更丰富的信息和拥有更强大的市场控制力，因此，这类企业可能会选择通过市场交易的方式获得自身所需的技术和资源，这样不仅能够获得先进的技术资源，而且避免了创新失败导致研发投入难以回收的困境。其二，创新具有外部性和公共产品的属性，创新主体难以占有创新成果的全部收益，如果企业在供应链网络中的中心度较高，与其具有直接或间接关联的组织也就相对更多，这种情况下，中心企业的创新成果更容易被外部组织模仿和学习，创新的溢出效应更强，企业开展独立创新的动力将减弱，尤其是在知识产权保护制度不够完善时，企业甚至会选择模仿而非创新。

其次，从结构洞的回归系数来看，无论是表7-12第（3）、（6）列中对结构洞进行单独回归，还是第（1）、（4）列中与中心度一起进行回归，结构洞对独立创新的估计系数都不显著，对合作创新的估计系数都在1%

的水平下显著为正。这一结果表明结构洞对合作创新的促进作用明显强于独立创新,也就是说结构洞对企业创新水平的正向影响主要体现在激励企业开展更多合作创新上,而对企业独立创新的促进作用十分微弱。可能的原因在于,其一,占据丰富结构洞的企业拥有更多的非冗余连接,对供应链网络中的信息流动和传递发挥"桥梁"作用,因此,能够接触更加差异化的信息源,在进行创新决策时,能够基于多样化的信息评估合作者的资质和能力,有助于企业选择开展创新活动的合作伙伴,提高合作创新效率。其二,企业发挥中介作用时能够自主选择向哪一方倾斜资源,因此结构洞位置使企业在供应链网络中拥有较大的控制优势,企业在开展创新活动时能够争取更多的合作机会,甚至在合作关系中占据优势地位,有助于企业在联合创新活动中受益。其三,合作创新在一定程度上有助于创新成果的内部溢出。也就是说,在供应链网络中,组织之间通过自愿的知识共享,分享创新成果的收益,并且合作创新有助于企业之间分担创新成本和创新失败的风险,提高创新效率和缩短创新成果转化时间。因此,占据结构洞位置的企业有动机更多地开展合作创新,实现创新效率最大化和创新成本最小化。

7.7 资源依赖机制检验

企业在供应链网络中处于优势地位有利于企业从中汲取资源,缓解融资约束,最终助力企业开展创新研发活动,提高企业创新水平。但是,企业嵌入网络可能会导致市场趋同以及嵌入惰性,使企业过度投资,挤出创新资源,产生"资源诅咒"效应,阻碍企业创新。因此,本节分两部分探究企业在供应链网络中处于何种位置能够帮助企业汲取资源以促进创新,以及处于何种位置会引发"资源诅咒"效应进而阻碍企业创新。

7.7.1 资源汲取效应

企业占据供应链网络的优势位置不仅能够给企业带来更多的网络资源,扩大企业的资金来源,而且有助于企业获得市场投资者和金融机构投资者的认可,帮助企业从资本市场融资以及通过银行的贷款审批等,从而缓解企业的融资约束,最终促进企业创新水平提高。为了验证这一观点,本节将企业的融资约束作为中介变量,探究供应链网络结构如何通过影响企业融资约束进而影响企业创新。

为了衡量企业受到的融资约束，参考鞠晓生等（2013）的做法，构建SA指数：

$$SA = -0.737 \times Size + 0.043 \times Size^2 - 0.04 \times Age \tag{7.25}$$

其中，$Size$ 为企业规模，Age 为企业年龄，由于这两个变量随时间变化不大，并且与企业融资行为之间的内生性问题不严重，所以 SA 指数是现有研究中普遍用于描述企业融资约束的指标。SA 指数的计算结果为负数，其绝对值越大，表示企业受到的融资约束越严重，因此，本节采用 SA 指数的绝对值衡量企业融资约束（FC）。

接下来，本节考察融资约束在供应链网络结构和企业创新之间发挥的中介作用，回归结果如表 7-13 所示。第（1）~（3）列为供应链网络结构对企业融资约束的回归结果，被解释变量为企业融资约束，解释变量为中心度和结构洞。可以看出，中心度和结构洞的估计系数均显著为负，并且至少在 5% 的水平下显著，表明供应链网络的中心位置和结构洞位置都有助于企业缓解融资约束。第（4）~（6）列为融资约束对企业创新的回归结果，被解释变量分别为企业创新、独立创新和合作创新，表示企业的总创新水平、独立创新水平和合作创新水平。从融资约束的回归结果来看，其估计系数均小于 0，并且至少在 5% 的水平下显著，说明融资约束阻碍了企业创新水平的提升，并且对企业独立创新和合作创新都会产生抑制作用。以上的结果表明，供应链网络结构通过改变企业面临的融资约束进而影响企业创新，位于供应链网络中心位置或者占据丰富的结构洞都会给企业带来更多的融资机会以及更优惠的融资条件，从而对企业创新产生积极影响。

表 7-13 资源汲取效应检验结果

变量	(1)	(2)	(3)	(4)	(5)	(6)
	FC	FC	FC	Pat	$Invia$	$Invja$
$PageRank$	-0.005**	-0.007***		-0.071***	-0.057**	-0.073**
	(-2.40)	(-3.87)		(-3.19)	(-2.42)	(-2.01)
$Hole$	-0.337**		-0.414***	2.947***	1.294	4.329***
	(-2.27)		(-2.99)	(2.70)	(1.11)	(2.76)

续表

变量	(1) FC	(2) FC	(3) FC	(4) Pat	(5) Invia	(6) Invja
FC				-0.968*** (-6.80)	-0.944*** (-6.30)	-0.504** (-2.30)
常数项	3.067*** (48.22)	3.084*** (48.29)	3.055*** (48.30)	-7.065*** (-8.80)	-5.908*** (-6.96)	-15.144*** (-11.46)
Control	控制	控制	控制	控制	控制	控制
年份	控制	控制	控制	控制	控制	控制
行业	控制	控制	控制	控制	控制	控制
省份	控制	控制	控制	控制	控制	控制
N	7375	7375	7375	7375	7375	7375
调整 R^2	0.574	0.573	0.574			
Pseudo R^2				0.107	0.102	0.118

注：***、** 分别表示在 1%、5% 的水平下显著，括号内为 t 统计量；限于篇幅，表中省略了控制变量的估计结果。

7.7.2 资源诅咒效应

外部资源丰富的企业更容易产生过度投资行为，带来"资源诅咒"效应，反而不利于企业创新。这种过度投资不仅会挤出在创新研发项目上的投入，而且会削弱企业管理者对创新活动的关注，导致企业创新效率下降，从而阻碍企业创新。为了探究这一机制，参考 Richardson（2006）、刘慧龙等（2014）构建的模型计算过度投资，模型设定如下：

$$Invest_{it} = \beta_0 + \beta_1 TobinQ_{it-1} + \beta_2 Lev_{it-1} + \beta_3 Cash_{it-1} + \beta_4 Age_{it-1} + \beta_5 Size_{it-1} + \beta_6 Returns_{it-1} + \beta_7 Invest_{it-1} + \sum Year + \sum Industry + \xi_{it} \quad (7.26)$$

其中，$Invest_{it}$ 表示企业 i 在第 t 年的新增投资支出，等于企业的资本性支出加并购子公司支出，扣除处置固定资产收入、折旧和摊销，再除以总资产；$TobinQ$ 等于市值除以总资产，用于描述企业的成长机会；Lev 表示企业的资本结构；$Cash$ 表示企业的现金流水平；Age 表示企业年龄；$Size$ 表示企业规模；$Returns$ 表示企业的年个股回报率；$Year$ 和 $Industry$ 分别表示年份和行业虚拟变量，表示控制年度和行业固定效应；ξ_{it} 为随机误差项，服从正态分布，$\xi_{it} \sim N(0, \sigma^2)$。

通过回归模型（7.26）可以得到企业每年新增投资的预期值，代表企业投资支出的正常值，回归过程中得到的残差表示实际值与正常值之间的差额，当残差大于 0 时，企业投资支出的实际值大于正常值，表示企业存在过度投资行为，其值越大，意味着过度投资越严重。因此采用大于 0 的这部分残差值衡量企业过度投资（$OverIn$），当残差值小于等于 0 时，企业过度投资均取值为 0。

接下来，以企业过度投资作为中介变量考察企业在供应链网络中的结构特征如何影响企业创新。表 7-14 报告了过度投资的中介效应检验结果，其中第（1）~（3）列为供应链网络结构对过度投资的回归结果，解释变量为中心度和结构洞，被解释变量为过度投资，第（4）~（6）列为过度投资对企业创新的回归结果，解释变量加入了过度投资，被解释变量分别为企业创新、独立创新和合作创新。首先，可以发现中心度和结构洞对过度投资的作用效果相反，中心度的回归系数在第（1）、（2）列中均大于 0，并且在 5% 的水平下显著，说明越靠近供应链网络中心位置的企业，过度投资行为越严重，而结构洞的回归系数在第（1）、（3）列中均显著为负，通过了 10% 水平的显著性检验，说明占据更多的结构洞能够抑制企业的过度投资倾向。其次，从过度投资的回归系数来看，在第（4）~（6）列中，过度投资的系数均在 1% 的水平下显著为负，说明企业的过度投资行为越严重，对企业创新的阻碍作用越明显，并且对独立创新和合作创新均具有明显的负向影响。以上结果说明，接近供应链网络中心位置的企业会发生更严重的过度投资行为，进而挤出创新资源，拉低创新效率，最终对企业创新产生负向影响；供应链网络的结构洞特征能够显著遏制企业的过度投资行为，提高投资效率，进而对企业创新产生积极影响。

表 7-14 资源诅咒效应检验结果

变量	(1) $OverIn$	(2) $OverIn$	(3) $OverIn$	(4) Pat	(5) $Invia$	(6) $Invja$
$PageRank$	0.002** (2.46)	0.002** (2.09)		-0.058** (-2.30)	-0.046* (-1.71)	-0.065* (-1.68)
$Hole$	-0.055* (-1.85)		-0.036* (-1.81)	3.394*** (2.91)	1.433 (1.14)	5.357*** (3.34)

续表

变量	(1) OverIn	(2) OverIn	(3) OverIn	(4) Pat	(5) Invia	(6) Invja
OverIn				-2.229*** (-4.27)	-2.152*** (-3.96)	-3.124*** (-2.78)
常数项	0.033 (1.25)	0.036 (1.38)	0.038 (1.46)	-10.581*** (-14.31)	-9.678*** (-12.29)	-16.501*** (-14.65)
Control	控制	控制	控制	控制	控制	控制
年份	控制	控制	控制	控制	控制	控制
行业	控制	控制	控制	控制	控制	控制
省份	控制	控制	控制	控制	控制	控制
N	6260	6260	6260	6260	6260	6260
Pseudo R^2	0.003	0.003	0.003	0.112	0.109	0.121

注：***、**和*分别表示在1%、5%和10%的水平下显著，括号内为t统计量；限于篇幅，表中省略了控制变量的估计结果。

可能的原因在于，对于处在供应链网络中心位置的企业，一方面，它们往往能够接触到更多的投资机会和相关信息渠道，这种优势地位很容易使企业管理层盲目乐观和过度自信，进而引发过度投资行为；另一方面，企业在网络中的中心位置有利于企业在网络成员之间建立信任机制，从网络中获取大量信息，但是面对繁杂的信息，企业管理者甄别筛选众多潜在的投资项目时需要付出大量的精力和时间，可能会拉低企业的经营管理效率，加剧企业的过度投资行为。因此，网络中心度可能会使企业的过度投资行为加剧，进而阻碍企业创新活动的开展。对于占据供应链网络结构洞位置的企业，丰富的结构洞能够给企业带来更多的网络资源，并且结构洞带来的资源通常具有非冗余性，不仅能够降低企业的信息处理成本，提高企业投资效率，而且有助于企业获取多方面的异质性信息，抓住有价值的投资机会。因此，在供应链网络中占据结构洞位置的企业往往具有较高的投资效率，进而有利于企业创新。

综合企业在供应链网络中的不同结构特征带来的"资源汲取"效应和"资源诅咒"效应可以发现，位于供应链网络中心位置的企业会同时发生"资源汲取"效应和"资源诅咒"效应，并且诅咒效应大于汲取效应，导致中心度对企业创新产生负向影响；结构洞位置只给企业带来"资源汲取"效应,而不发生"资源诅咒"效应,从而会对企业创新产生正向影响。

7.8 知识获取和整合机制检验

企业将外部知识转化为创新能力需要经过外部知识获取和内部知识整合两个阶段(Yli-Renko et al.,2001)。因此,供应链网络结构可能通过两个渠道影响企业创新:一是外部知识获取渠道,企业能够接触到的外部知识取决于其在供应链网络中的位置,丰富的外部知识有助于企业从高质量的知识溢出中获益,从而有利于企业的创新活动;二是内部知识整合渠道,企业在获取外部知识之后还需要将其整合为内部研发能力,通过完成外部知识的消化吸收,提高创新能力。因此,本节区分了企业创新过程的两个阶段,分别检验供应链网络结构如何影响企业获取外部知识和整合内部知识,进而改变企业的创新水平。

7.8.1 外部知识获取阶段

本节以企业在供应链网络中的外部知识获取水平作为中介,考察供应链网络结构如何通过改变企业的外部知识获取水平进而影响企业创新。首先,为了衡量企业的外部知识获取水平,参考张杰和郑文平(2018)的做法,采用知识宽度描述网络成员的知识水平。假定公司专利的跨类别分布反映了其技术知识的分布,根据国家知识产权局中公司发明专利的 IPC 分类号的第一位字母把发明专利分为八类①,采取赫芬达尔指数的逻辑对公司各类发明专利申请量的占比进行平方加总来衡量公司的知识宽度(KW):

$$KW_i = 1 - \sum_{k=1}^{K} f_{ik}^2 \qquad (7.27)$$

其中,KW_i 表示公司 i 的知识宽度,f_{ik} 表示公司 i 申请的发明专利属于第 k 类的比例,K 表示发明专利的总类别数,此处发明专利一共八类,K 取值为 8。可以发现,公司知识宽度的取值范围在 0 到 1 之间,数值越接

---

① A 代表人类生活必需;B 代表作业、运输;C 代表化学、冶金;D 代表纺织、造纸;E 代表固定建筑物;F 代表机械工程、照明、加热、武器、爆破;G 代表物理;H 代表电学。

近 1，代表公司申请的发明专利在各个分组之间的分布越分散，公司的知识宽度越大，具备的知识水平越高。

在此基础上，将企业所有合作伙伴的知识宽度加总来衡量企业的外部知识获取水平（KA）：

$$KA_i = \sum_{j \in M(i)} KW_j \quad (7.28)$$

其中，KA_i 是公司 i 的外部知识获取水平，$M(i)$ 是公司 i 对应的集合，包含与公司 i 有直接联系的网络合作伙伴。如果企业合作伙伴的知识宽度较大，涉及的技术领域较广，则代表企业接触到的外部知识多样化程度越高，企业的外部知识获取水平也越高。

其次，通过回归分析检验外部知识获取的中介效应。

表 7-15 报告了检验结果，第（1）~（3）列是供应链网络结构对企业外部知识获取的回归结果，第（4）~（6）列是外部知识获取对企业创新水平的回归结果。从第（1）~（3）列的回归结果可以看出，中心度和结构洞的回归系数都在 1% 的水平下显著为正，说明无论是合并回归还是单独回归，企业在供应链网络中靠近中心位置或者占据丰富的结构洞位置都有利于企业获取外部知识。从第（4）~（6）列的回归结果能够发现，外部知识获取的系数都大于 0，并且通过了 1% 水平的显著性检验，表明企业获取丰富的外部知识有助于其开展创新研发活动。以上的结果验证了外部知识获取在供应链网络结构和企业创新之间发挥的中介作用，企业在网络中占据优势位置能够帮助企业获得更多的外部知识，有利于企业拓宽视角，培育创造性思维，进而给企业的研发创新带来积极影响。

表 7-15 外部知识获取的中介效应检验

变量	(1) KA	(2) KA	(3) KA	(4) Pat	(5) Invia	(6) Invja
PageRank	0.033*** (7.94)	0.046*** (11.55)		-0.079*** (-3.64)	-0.069*** (-3.02)	-0.078** (-2.23)
Hole	2.170*** (7.34)		2.422*** (7.98)	1.780** (2.38)	0.717 (0.87)	2.521** (2.51)
KA				0.491*** (7.13)	0.473*** (6.53)	0.413*** (3.97)

续表

变量	(1) KA	(2) KA	(3) KA	(4) Pat	(5) Invia	(6) Invja
常数项	-0.946*** (-8.28)	-1.084*** (-9.25)	-0.866*** (-7.69)	-9.586*** (-14.34)	-8.349*** (-11.77)	-16.375*** (-15.30)
Control	控制	控制	控制	控制	控制	控制
年份	控制	控制	控制	控制	控制	控制
行业	控制	控制	控制	控制	控制	控制
省份	控制	控制	控制	控制	控制	控制
N	7375	7375	7375	7375	7375	7375
调整 R^2	0.140	0.105	0.130			
Pseudo R^2				0.107	0.102	0.119

注：***、**分别表示在1%、5%的水平下显著，括号内为t统计量；限于篇幅，表中省略了控制变量的估计结果。

7.8.2 内部知识整合阶段

接下来，将企业的内部知识整合能力作为中介变量考察供应链网络结构影响企业创新的作用机制。本节采用式（7.27）计算的知识宽度来衡量企业的内部知识整合能力。企业自身具备的知识越复杂，其对不同类型知识的整合能力也就越强。表7-16报告了中介效应的检验结果，第（1）~（3）列为供应链网络结构对企业知识整合能力的回归结果，第（4）~（6）列为知识整合能力对企业创新水平的回归结果。可以看出，在第（1）、（2）列中，中心度对知识整合能力的回归系数都小于0，并且分别通过了5%和10%的显著性检验。与之相反的是在第（1）、（3）列中，结构洞对知识整合能力的回归系数都在10%的水平下大于0。这一结果表明越靠近网络中心的企业，在知识整合能力上表现越差，而占据丰富结构洞位置的企业一般具有较强的知识整合能力。基于第（4）~（6）列的结果可以发现，知识整合能力的估计系数都在1%的水平下显著为正，表明强大的知识整合能力有利于企业提升创新水平。综合以上的结果，可以认为知识整合在供应链网络结构和企业创新之间发挥着显著的中介作用，中心度通过削弱企业的知识整合能力进而对企业创新产生负向影响，而结构洞能够强化企业的知识整合能力进而促进企业创新。

表 7-16 内部知识整合的中介效应检验

变量	(1) KW	(2) KW	(3) KW	(4) Pat	(5) Invia	(6) Invja
PageRank	-0.005** (-1.99)	-0.004* (-1.66)		-0.033** (-2.14)	-0.027* (-1.68)	-0.026 (-0.85)
Hole	0.145* (1.79)		0.120* (1.72)	1.973*** (3.84)	1.172* (1.93)	2.466*** (2.87)
KW				5.161*** (68.99)	4.969*** (57.35)	4.839*** (29.72)
常数项	-0.643*** (-9.43)	-0.652*** (-9.31)	-0.654*** (-9.62)	-5.896*** (-12.44)	-4.789*** (-8.73)	-12.312*** (-13.04)
Control	控制	控制	控制	控制	控制	控制
年份	控制	控制	控制	控制	控制	控制
行业	控制	控制	控制	控制	控制	控制
省份	控制	控制	控制	控制	控制	控制
N	7375	7375	7375	7375	7375	7375
调整 R^2	0.176	0.175	0.175			
Pseudo R^2				0.282	0.244	0.211

注：***、** 和 * 分别表示在1%、5%和10%的水平下显著，括号内为t统计量；限于篇幅，表中省略了控制变量的估计结果。

可能的原因在于，当企业靠近网络中心时，容易强化其与合作伙伴之间的"示范和追随"效应，导致企业之间的同质化现象严重。因此，位于中心位置的企业往往会面临知识冗余和重复的问题，久而久之会削弱企业对异质性知识的整合能力，最终不利于企业创新水平的提升。当企业位于结构洞位置时，企业通常发挥桥接作用，能够接触到差异化程度较高的个体，进而吸收异质性的信息和知识。企业对这些知识筛选过后进行消化、吸收和整合，并且应用于自身的创新研发活动，这一过程能够显著提高企业的知识整合能力，推动企业创新。

总结供应链网络结构在外部知识获取和内部知识整合两个阶段中发挥的不同作用可以发现，中心度虽然对企业外部知识获取产生正向影响，但是不利于企业内部知识整合，两种作用中和之后，负向作用大于正向作用，导致中心度对企业创新产生负向影响；结构洞对外部知识获取和内部知识整合均产生显著的积极影响，两种作用相互叠加，最终结果是结构洞对企业创新具有促进作用。

7.9 本章小结

本章基于 2009~2019 年 A 股上市公司披露的前五大客户和前五大供应商的信息分年度构建有向加权供应链网络。首先，测算了供应链网络中各个公司的结构特征指标，对企业的结构特征进行了统计分析。在此基础上，以中心度和结构洞作为核心解释变量，描述企业在供应链网络中的位置，以企业创新为被解释变量，实证检验了供应链网络结构对企业创新的影响。此外，本章考察了供应链网络结构影响企业创新的作用机制，分别检验了供应链网络结构影响企业创新的创新选择机制、资源依赖机制以及知识获取和整合机制。本章结论如下。

第一，从企业在供应链网络中的结构特征来看，供应链网络中上市公司和非上市公司的个体特征存在明显差异，上市公司的中心度和结构洞都明显高于非上市公司；供应链网络中上市公司的中心度存在明显的两极分化特征，且中心度整体呈现上升趋势；供应链网络中公司的结构洞在 2012 年之后出现明显的上升趋势，说明供应链网络成员之间的联系越来越多。

第二，从基准模型回归结果来看，供应链网络的两个结构特征对企业创新的影响效果不同。其中，中心度与企业创新显著负相关，企业在供应链网络中越靠近中心位置，越不利于其开展创新活动；而结构洞与企业创新显著正相关，企业在供应链网络中占据较多的结构洞，有助于企业提升创新水平。而且，经过替换核心变量的测量方法、改变回归模型、调整样本的时间窗口和选取部分行业的公司作为研究样本这一系列稳健性分析之后，中心度对企业创新的负向影响和结构洞对企业创新的正向影响依然显著。此外，本章也考虑了模型中潜在的内生性问题，通过滞后解释变量、2SLS 模型以及 PSM 分析，再次验证了中心度对企业创新的负向影响和结构洞对企业创新的积极影响。

第三，从供应链网络结构影响企业的创新选择来看，当企业位于供应链网络较为中心的位置时，这种中心位置对企业创新水平的不利影响体现为削弱企业开展独立创新的动力，而对合作创新的影响非常微弱；而结构洞对合作创新的促进作用明显强于独立创新，也就是说结构洞对企业创新水平的正向影响主要体现在激励企业开展更多合作创新上，而对企业独立创新的促进作用十分微弱。

第四，从供应链网络结构产生的"资源汲取"效应和"资源诅咒"效应来看，位于供应链网络中心位置的企业会同时发生"资源汲取"效应和"资源诅咒"效应，并且诅咒效应大于汲取效应，导致中心度对企业创新产生负向影响；结构洞位置只给企业带来"资源汲取"效应，而不发生"资源诅咒"效应，从而对企业创新产生正向影响。

第五，从供应链网络结构在外部知识获取和内部知识整合两个阶段发挥的作用来看，中心度虽然对企业外部知识获取产生正向影响，但是不利于企业内部知识整合，两种作用中和之后，负向作用大于正向作用，导致中心度对企业创新产生负向影响；结构洞对外部知识获取和内部知识整合均产生显著的积极影响，两种作用相互叠加，最终结果是结构洞对企业创新具有促进作用。

第8章 研究结论与启示

8.1 研究结论

企业作为国家创新体系中承担创新活动的主体,在我国向着创新强国发展的道路上发挥着重要作用。如何加强企业创新是学术界以及政府和社会公众关心的热点问题。本书围绕供应链网络如何影响企业创新这一主题展开了深入研究,界定了企业创新和供应链网络的相关概念,梳理和总结了企业创新、社会网络和供应链网络等相关研究成果和理论基础,阐述了供应链网络和企业创新发展的特征事实和现状,构建了供应链网络影响企业创新的理论框架,综合运用多种实证方法,分别从二元关系和整体结构视角探究了供应链网络对企业创新的影响和作用机制。本书的主要研究结论如下。

第一,回顾我国供应链网络与企业创新的发展历程和特征事实,可以得出以下结论。①我国供应链从聚焦于单个企业内部的"纵向一体化"模式,扩展到各个企业之间,形成包含供应商、制造商、分销商、零售商到最终顾客的垂直供应链,再发展到当前企业集群纵横交织形成的错综复杂的供应链网络。②我国供应链网络当前呈现交叉性、复杂性、系统性和动态性等特征,传统的线性静态分析方法已经难以解释规模庞大、结构复杂的现代供应链系统的运行机制,有必要建立供应链网络模型,基于社会网络的视角和方法搭建研究框架。③我国企业的创新能力虽然实现了快速提升,取得了一定的创新成果,但是当前依然存在不少问题:企业创新意愿有待加强,尤其是需要提升国际竞争力和影响力;企业创新投入强度相较于欧美发达国家依然存在较大的追赶空间,基础研究和应用研究投入不足;在创新产出上,我国企业新产品开发的活跃度较高,创新产出的经济效益明显,并且专利数量稳步提升,但是专利质量依然有待提高。

第二，基于供应链网络影响企业创新的理论分析框架，可以得出以下结论。①结合交易成本理论、资源依赖理论、强关系和弱关系理论，本书认为供应链网络关系强度越高，越会对企业创新产生不利影响。通过建立随机最优控制模型，以股东利益最大化为目标，同时考虑企业创新和供应链网络关系强度的影响，可以得出供应链网络关系强度与企业创新水平负相关的结论。②供应链网络关系通过风险承担机制、商业地位机制和知识吸收机制，对企业创新产生负向影响。③结合开放式创新理论、资源基础理论和知识基础理论，本书认为企业在供应链网络中的位置优势（中心度、结构洞）对企业创新既会产生正向影响，又会产生负向影响。④供应链网络结构通过三个作用机制影响企业创新，具体为创新选择机制、资源依赖机制及知识获取和整合机制。

第三，通过供应链网络关系影响企业创新的实证分析，可以得出以下结论。①供应链网络关系强度与企业创新水平显著负相关，并且，无论是从客户关系还是从供应商关系视角看，高强度的供应链网络关系都会对企业创新产生显著的负向影响，在进行了一系列稳健性检验之后这一结论依然成立。此外，考虑到模型中可能存在内生性问题，本书采用多种方法缓解内生性问题，且研究结论依然不变。②本书采用中介效应模型检验了供应链网络关系影响企业创新的作用机制。首先，牢固的供应链网络关系会加剧企业经营所面临的风险，进而削弱企业的创新动力；其次，供应链网络关系较为集中时，企业在商业交易中容易处于弱势地位，进而阻碍企业创新；最后，企业在供应链网络中的关系越强，越不利于企业吸收外部的多样化知识，从而对企业创新产生负面影响。③本书进一步考察了供应链网络关系对企业创新的影响如何受到其他因素的作用。首先，企业自身议价能力较强，有助于减弱企业的经营风险，提高企业在交易关系中的地位，从而缓解高强度的供应链网络关系对企业创新产生的不利影响；其次，企业研发能力提高，能够缓解企业创新失败的风险，有助于企业吸收多样化的知识，进而减弱高强度的供应链网络关系给企业创新带来的负面影响；最后，市场竞争激烈时，企业面临的风险加剧，难以有效监督交易伙伴，可能发生"敲竹杠"行为，并且会进一步妨碍企业对外部知识的吸收，从而加剧高强度的供应链网络关系对企业创新的不利影响。

第四，通过供应链网络结构影响企业创新的实证分析，可以得出以下结论。①供应链网络的两个结构特征对企业创新的影响效果不同。其中，企业在供应链网络中越靠近中心位置，越不利于企业开展创新活动；企业占据更多的结构洞，有助于企业提升创新水平。而且，经过一系列稳健性分析之后这一结果依然显著。此外，通过滞后解释变量、2SLS 模型以及 PSM 分析处理潜在的内生性问题，再次验证了中心度对企业创新的负向影响和结构洞对企业创新的积极影响。②从供应链网络结构影响企业的创新选择来看，中心度对企业创新水平的不利影响体现在削弱企业开展独立创新的动力上，而对合作创新的影响非常微弱；结构洞对企业创新水平的正向影响主要体现在激励企业开展更多合作创新上，而对企业独立创新的促进作用十分微弱。③从供应链网络结构产生的"资源汲取"效应和"资源诅咒"效应来看，位于供应链网络中心位置的企业会同时发生"资源汲取"效应和"资源诅咒"效应，并且诅咒效应大于汲取效应，导致中心度对企业创新产生负向影响；结构洞位置只给企业带来"资源汲取"效应，而不发生"资源诅咒"效应，从而对企业创新产生正向影响。④从供应链网络结构在外部知识获取和内部知识整合两个阶段发挥的作用来看，中心度虽然对企业外部知识获取产生正向影响，但是不利于企业内部知识整合，两种作用中和之后，负向作用大于正向作用，导致中心度对企业创新产生负向影响；结构洞对外部知识获取和内部知识整合均产生显著的积极影响，两种作用相互叠加，最终结构洞对企业创新具有促进作用。

8.2　管理启示与政策建议

8.2.1　对企业管理者的启示

供应链网络是企业开展创新活动的重要外部环境，能够给企业带来有价值的外部资源和信息。但是，本书通过研究发现，从关系视角来看，企业在供应链网络中与上下游企业的关系较为集中时，将通过风险承担机制、商业地位机制和知识吸收机制对企业创新产生不利影响；从结构视角来看，企业在供应链网络中的位置将通过创新选择机制、资源依赖机制以及知识获取和整合机制影响企业创新。以上结论对于企业管理者利用供应链网络开展创新实践具有一定的参考价值。具体来说，本书对企业管理者提出以下几点建议。

第一，在供应链网络中，企业应该重视关系管理，以避免关系集中给企业创新带来的潜在负面影响。首先，企业有必要优化与客户和供应商的战略伙伴关系，在维持合作关系相对稳定的同时，避免过度依赖少数大客户或大供应商。其次，企业在开展创新活动时应该考虑外部利益相关者带来的影响，尤其是要对供应链网络合作伙伴的经营状况保持关注，警惕被外部公司的财务危机影响，降低受到风险传染的概率。再次，企业要谨防大客户或大供应商潜在的机会主义行为，在当前市场化机制尚未完善的背景下，企业有必要建立有效的供应链网络治理机制，通过拟定带有保障条款的合约、加强监督以及建立关系规范等手段防范供应链网络中的机会主义行为。最后，企业应该重视对外部知识的学习，供应链网络是信息和知识溢出的重要渠道，企业应该明确自身所需的知识，加强与上下游合作伙伴的技术交流与学习，警惕关系过度嵌入导致的技术锁定，增强持续学习的动力，积极主动吸收外部的多样化知识。

第二，企业的创新绩效深受其在供应链网络中所处位置的影响，企业在加入供应链网络时，要从整体视角充分考虑网络结构带来的影响，慎重调整其在网络中占据的位置。首先，企业应该有意识地远离供应链网络中心位置，避免与过多外部公司（尤其是那些同质化严重的公司）建立强联系，以防陷入集体失明。其次，已经位于中心位置的企业尤其需要警惕位于网络中心可能加剧管理层的盲目乐观和过度自信，进而导致过度投资问题，以及位于网络中心可能带来严重的知识同质化和冗余，削弱企业的内部知识整合能力。再次，企业要积极占据供应链网络中的结构洞位置，主动与集群外的企业建立合作，承担连接不同群体的桥梁作用，积极与外部企业开展研发合作，提升开放式创新水平。最后，已经占据丰富结构洞的企业应该充分发挥位置优势，通过利用多样化、非冗余的外部资源和知识，提高企业的投资效率以及加强企业的外部知识获取和内部知识整合能力，进而促进企业创新。

第三，企业管理者应该认识到，充分利用所处的社会网络，必须从自身出发，提升企业的实力和竞争力。首先，企业应该培育自身的抗风险能力，在与供应链网络企业开展业务往来时，尽量保持独立性和灵活性，减少对其他公司的依赖。其次，企业应该强化自身的议价能力，提升自身在供应链网络中的话语权，积极在市场交易中占据主导地位，避免被合作伙伴的机会主义行为侵害。再次，企业应该提高自身对外部知识和信息的敏感度。企业开展创新活动不能"闭门造车"，而是应该主动通过供应链网络吸收外部知识，以激发企业孕育新想法。同时，多样化的外部信息能够帮助企业掌握市场的变化趋势，为企业研发新产品提供思路。最后，企业应该提升自身的知识整合能力，这一能力是企业充分利用外部知识的前提条件。对不同科学领域的知识元素进行重新组合，能够提高企业创造新知识的能力，帮助企业探索新的创新发展方向，提升研发能力，降低创新失败的风险，从而带来更高的创新绩效。

8.2.2 对政策制定者的建议

创新是引领发展的第一动力，作为开展创新活动的重要微观主体，企业的创新将直接影响我国创新发展战略的实施效果。近年来，政府采取了一系列举措激励和保障企业开展创新活动。需要注意的是，供应链网络作为企业生存和发展的基础，是政府在制定创新政策时不能忽视的因素。本书通过研究发现，供应链网络中存在的风险传染、机会主义、技术锁定等一系列因素会对企业创新产生负面影响。政府应该发挥保障和监督作用，协调供应链网络成员之间的关系，维护供应链网络系统有序高效运行，为企业创新营造良好的创新环境。具体来说，政府应该从以下几个方面进行改进。

第一，加强供应链网络信用体系建设，防范化解供应链网络风险。本书的结论指出，供应链网络关系强度越高，企业面临的风险就越大，从而会对企业创新产生不利影响。风险普遍存在于供应链网络整个系统中，有必要从整体视角出发对供应链网络中的风险进行管理。一方面，供应链网络是一种动态战略联盟，其内部和外部都存在一系列不确定因素，推动供应链网络不断发展重构，导致供应链网络蕴含风险。另一方面，供应链网络具有连通性，会导致风险事件通过供应链网络发生传播，扩大风险扩散范围，甚至席卷整个供应链网络，进一步放大风险事件造成的影响。因此，政府有必要建设并完善供应链网络的信用和监管体系，维护供应链网络的安全稳定。首先，强化银行、机构和监管部门之间的信息共享，利用大数据、区块链和人工智能等信息技术，打造基于供应链网络的信用评价机制。其次，加强供应链网络平台之间的信息交流，鼓励平台积极披露和共享企业的信用评级和记录以及违约失信行为等信息。最后，加强对供应链网络企业的信用监管，从供应链网络的各个环节出发，通过行政管理、监管执法、行业处罚以及大众监督等手段，完善供应链网络的监管机制，从源头降低风险事件发生的概率，推动供应链网络系统稳定发展。

第二，强化供应链网络市场交易的监督管理，提升供应链网络整合效率。本书的结论指出，当供应链网络关系较为集中时，企业在商业交易中将处于弱势地位，进而会阻碍企业创新。导致以上结果的原因在于，供应链网络中存在不对称的权力结构，权力高的企业与权力低的企业签订合约时，可能会凭借其优势地位机会主义行事，损害对方利益。在这种情况下，权力低的企业可能会减少创新活动。供应链网络中的机会主义行为可以分为两类，一是在签订合约时企业隐瞒重要信息以达成对自身有利的条款，二是在履行合约时企业做出隐蔽的、有损对方利益的行为。为了解决这一问题，政府应该从完善市场机制入手，着力维护公平竞争的市场秩序。首先，政府必须重点破除市场上的垄断，针对不同类型的垄断行为，采取相应的手段，对症下药、有的放矢，维护市场秩序。其次，政府应该对供应链网络中的市场交易行为加强监督和管理，通过完善市场监管法律体系和市场监管制度，对不公平竞争行为，甚至侵犯供应链网络其他主体合法利益的违规行为进行严厉处罚，维护市场交易的公平。最后，推进供应链网络标准化体系建设，完善相关的行业标准和国家标准，提高供应链网络管理的标准化水平，推进供应链网络高效集成和整合。

第三，搭建供应链网络知识交流与共享平台，鼓励开放式创新。本书的结论指出，供应链网络关系和结构通过影响企业对外部知识的吸收、获取和整合，进而影响企业创新。这表明外部知识在企业创新过程中发挥着重要作用，政府可以从优化企业外部知识利用的角度出发，改善企业的创新环境。首先，发挥政府在供应链网络中的桥梁作用，搭建企业间的知识交流平台，以成果推介会、人才交流会以及项目研讨会等多种形式实现供应链网络中的知识交流，并且通过出台激励政策，鼓励企业与外部企业和机构开展研发合作。其次，打造基于供应链网络的科技创新支撑平台，依托供应链网络中的产品流动链条，针对链条中的技术断点或堵点加大科技创新投入，实现供应链网络整体创新能力的提升。最后，通过推进科学立法、严格执法和公正司法加强知识产权保护，抵制将模仿创新进行商业化的行为，保护原创者的利益不被侵占，为企业之间的知识共享和交流提供保障。

8.3 研究不足与展望

本书构建的供应链网络受到数据的限制,存在一定的局限性。本书以上市公司披露的前五大客户和前五大供应商信息为基础构建供应链网络,但是还有一些客户和供应商是非上市公司,而难以获取非上市公司的主要供应商和客户信息,限制了本书供应链网络的进一步延伸,并且可能会导致供应链网络中占据关键节点位置的部分非上市公司被忽略。尽管如此,本书通过抓住供应链网络与企业创新之间的关键特征和核心机制,深化了关于企业创新影响因素的认识。在未来的研究中,可以采取问卷调查等方法获取非上市公司的供应商和客户信息,以扩充和完善供应链网络。

参考文献

安同良，周绍东，皮建才. R&D 补贴对中国企业自主创新的激励效应 [J]. 经济研究，2009（10）：87 – 98.

卞泽阳，李志远，徐铭遥. 开发区政策、供应链参与和企业融资约束 [J]. 经济研究，2021（10）：88 – 104.

曹越，孙丽，醋卫华. 客户集中度、内部控制质量与公司税收规避 [J]. 审计研究，2018（1）：120 – 128.

陈红，等. 内部控制与研发补贴绩效研究 [J]. 管理世界，2018（12）：149 – 164.

陈剑，黄朔，刘运辉. 从赋能到使能——数字化环境下的企业运营管理 [J]. 管理世界，2020（2）：13.

陈胜蓝，刘晓玲. 生产网络中的创新溢出效应——基于国家级高新区的准自然实验研究 [J]. 经济学（季刊），2021（5）：1839 – 1858.

陈胜蓝，刘晓玲. 中国城际高铁与银行贷款成本——基于客户集中度风险的视角 [J]. 经济学（季刊），2020（1）：173 – 192.

陈西婵，刘星. 供应商（客户）集中度与公司信息披露违规 [J]. 南开管理评论，2021（6）：1 – 21.

陈运森. 社会网络与企业效率：基于结构洞位置的证据 [J]. 会计研究，2015（1）：48 – 55.

陈正林. 客户集中、行业竞争与商业信用 [J]. 会计研究，2017（11）：79 – 85.

陈正林. 客户集中、政府干预与公司风险 [J]. 会计研究，2016（11）：23 – 29.

陈志斌，王诗雨. 产品市场竞争对企业现金流风险影响研究——基于行业竞争程度和企业竞争地位的双重考量 [J]. 中国工业经济，2015（3）：96 – 108.

崔蓓，王玉霞. 供应网络联系强度与风险分担：依赖不对称的调节作用 [J]. 管理世界，2017（4）：106 – 118.

董晓芳, 袁燕. 企业创新、生命周期与聚集经济 [J]. 经济学（季刊）, 2014 (2): 767-792.

董晓庆, 赵坚, 袁朋伟. 企业规模与技术创新能力的关系研究 [J]. 北京交通大学学报（社会科学版）, 2013 (4): 40-46.

窦超, 王乔菀, 陈晓. 政府背景客户关系能否缓解民营企业融资约束？[J]. 财经研究, 2020a (11): 49-63.

窦超, 袁满, 陈晓. 政府背景大客户与审计费用——基于供应链风险传递视角 [J]. 会计研究, 2020b (3): 164-178.

杜江, 刘诗园. 经济政策不确定性、金融发展与技术创新 [J]. 经济问题探索, 2020 (12): 32-42.

方红星, 楚有为. 公司战略与商业信用融资 [J]. 南开管理评论, 2019 (5): 142-154.

方红星, 张勇, 王平. 法制环境、供应链集中度与企业会计信息可比性 [J]. 会计研究, 2017 (7): 33-40.

冯根福, 温军. 中国上市公司治理与企业技术创新关系的实证分析 [J]. 中国工业经济, 2008 (7): 91-101.

冯军政, 刘洋, 金露. 企业社会网络对突破性创新的影响研究——创业导向的中介作用 [J]. 研究与发展管理, 2015 (2): 89-100.

傅家骥. 技术创新学 [M]. 北京: 清华大学出版社, 1998.

高良谋, 马文甲. 开放式创新: 内涵、框架与中国情境 [J]. 管理世界, 2014 (6): 157-169.

龚丽. 利益相关者共享企业剩余收益研究 [J]. 商业研究, 2012 (2): 6.

郭晓玲, 李凯. 供应链集中度、市场地位与企业研发投入: 横向与纵向的二维视角 [J]. 产经评论, 2019 (2): 6-19.

韩忠雪, 段丽娜, 高心仪. 供应商集中度与技术创新——基于内部资本市场与商业信用的调节作用 [J]. 软科学, 2021 (9): 1-10.

何瑛, 于文蕾, 杨棉之. CEO复合型职业经历、企业风险承担与企业价值 [J]. 中国工业经济, 2019 (9): 155-173.

胡元木. 技术独立董事可以提高R&D产出效率吗？——来自中国证券市场的研究 [J]. 南开管理评论, 2012 (2): 136-142.

黄灿, 蒋青嬗. 股东关系网络与企业创新 [J]. 南开经济研究, 2021 (2): 67-87.

黄培清. 供应链管理的本质 [J]. 工业工程与管理, 1997 (6): 4.

霍佳震, 吴群, 谌飞龙. 集群供应链网络的联结模式与共治框架 [J]. 中国工业经济, 2007 (10): 8.

贾俊生, 伦晓波, 林树. 金融发展、微观企业创新产出与经济增长——基于上市公司专利视角的实证分析 [J]. 金融研究, 2017 (1): 99-113.

江伟, 底璐璐, 彭晨. 客户集中度影响银行长期贷款吗——来自中国上市公司的经验证据 [J]. 南开管理评论, 2017 (2): 71-80.

焦小静. 客户集中度与现金股利政策 [D]. 中南财经政法大学, 2018.

鞠晓生, 卢荻, 虞义华. 融资约束、营运资本管理与企业创新可持续性 [J]. 经济研究, 2013 (1): 4-16.

孔东民, 徐茗丽, 孔高文. 企业内部薪酬差距与创新 [J]. 经济研究, 2017 (10): 144-157.

况学文, 林鹤, 陈志锋. 企业"恩威并施"对待其客户吗——基于财务杠杆策略性使用的经验证据 [J]. 南开管理评论, 2019 (4): 44-55.

黎文靖, 郑曼妮. 实质性创新还是策略性创新?——宏观产业政策对微观企业创新的影响 [J]. 经济研究, 2016 (4): 60-73.

李春涛, 宋敏. 中国制造业企业的创新活动:所有制和 CEO 激励的作用 [J]. 经济研究, 2010 (5): 55-67.

李丹蒙, 王俊秋, 张裕恒. 关系网络、产权性质与研发投入 [J]. 科研管理, 2017 (8): 75-82.

李德辉, 范黎波, 杨震宁. 企业网络嵌入可以高枕无忧吗——基于中国上市制造业企业的考察 [J]. 南开管理评论, 2017 (1): 67-82.

李欢, 李丹, 王丹. 客户效应与上市公司债务融资能力——来自我国供应链客户关系的证据 [J]. 金融研究, 2018a (6): 138-154.

李欢, 郑杲娉, 李丹. 大客户能够提升上市公司业绩吗?——基于我国供应链客户关系的研究 [J]. 会计研究, 2018b (4): 58-65.

李任斯, 刘红霞. 供应链关系与商业信用融资——竞争抑或合作 [J]. 当代财经, 2016 (4): 115-127.

林聚任. 社会网络分析 [M]. 北京:北京师范大学出版社, 2009.

林钟高, 赵孝颖. 供应商集中度影响管理层业绩预告行为吗?——基于业绩预告精确性及其预告态度的视角 [J]. 财经理论与实践, 2020 (4): 52-61.

凌润泽, 潘爱玲, 李彬. 供应链金融能否提升企业创新水平? [J]. 财经研究, 2021 (2): 64-78.

刘桂春, 叶陈刚. 内部控制视角下融资约束与研发效率关系研究 [J]. 科技进步与对策, 2017 (15): 20-26.

刘慧龙, 王成方, 吴联生. 决策权配置、盈余管理与投资效率 [J]. 经济研究, 2014 (8): 93-106.

刘善仕, 等. 人力资本社会网络与企业创新——基于在线简历数据的实证研究 [J]. 管理世界, 2017 (7): 88-98.

刘岩, 蔡虹, 裴云龙. 企业技术知识基础多元度对独立创新与合作创新平衡互补效应的影响 [J]. 科技进步与对策, 2022 (2): 10.

刘云, 石金涛. 组织创新气氛与激励偏好对员工创新行为的交互效应研究 [J]. 管理世界, 2009 (10): 88-101.

柳卸林. 技术经济学的重建 [J]. 数量经济技术经济研究, 1993 (9): 5.

鲁桐, 党印. 公司治理与技术创新: 分行业比较 [J]. 经济研究, 2014 (6): 115-128.

罗家德. 社会网分析讲义 [M]. 北京: 社会科学文献出版社, 2005.

罗劲博, 李小荣. 高管的"行业协会"任职与企业过度投资: 资源汲取还是资源诅咒 [J]. 南开管理评论, 2019 (5): 64-78.

马德林, 杨英, 张博源. 中国企业: 拿地还是创新? ——基于上市公司无形资产信息披露 [J]. 中国软科学, 2012 (11): 170-182.

马士华, 王一凡, 林勇. 供应链管理对传统制造模式的挑战 [J]. 华中理工大学学报 (社会科学版), 1998 (2): 4.

孟庆斌, 李昕宇, 张鹏. 员工持股计划能够促进企业创新吗? ——基于企业员工视角的经验证据 [J]. 管理世界, 2019 (11): 209-228.

孟庆斌, 师倩. 宏观经济政策不确定性对企业研发的影响: 理论与经验研究 [J]. 世界经济, 2017 (9): 75-98.

聂辉华, 谭松涛, 王宇锋. 创新、企业规模和市场竞争: 基于中国企业层面的面板数据分析 [J]. 世界经济, 2008 (7): 57-66.

潘越, 潘健平, 戴亦一. 公司诉讼风险、司法地方保护主义与企业创新 [J]. 经济研究, 2015 (3): 131-145.

彭旋, 王雄元. 客户股价崩盘风险对供应商具有传染效应吗? [J]. 财经研究, 2018 (2): 141-153.

钱锡红，杨永福，徐万里. 企业网络位置、吸收能力与创新绩效——一个交互效应模型 [J]. 管理世界，2010 (5)：118 – 129.

任胜钢，等. 基于企业内外部网络视角的创新绩效多因素影响模型与实证研究 [J]. 中国工业经济，2010 (4)：100 – 109.

石军伟，付海艳. 企业的异质性社会资本及其嵌入风险——基于中国经济转型情境的实证研究 [J]. 中国工业经济，2010 (11)：11.

史金艳，等. 牵一发而动全身：供应网络位置、经营风险与公司绩效 [J]. 中国工业经济，2019 (9)：136 – 154.

宋灿，侯欣裕. 股权网络结构对企业创新的影响：基于知识溢出效应的理论分析与实证检验 [J]. 现代财经（天津财经大学学报），2021 (11)：19 – 38.

孙晓华，翟钰. 盈利能力影响企业研发决策吗？——来自中国制造业上市公司的经验证据 [J]. 管理评论，2021 (7)：68 – 80.

唐松，伍旭川，祝佳. 数字金融与企业技术创新——结构特征、机制识别与金融监管下的效应差异 [J]. 管理世界，2020 (5)：52 – 66.

唐跃军. 供应商、经销商议价能力与公司业绩——来自 2005—2007 年中国制造业上市公司的经验证据 [J]. 中国工业经济，2009 (10)：67 – 76.

滕飞，夏雪，辛宇. 客户关系与定向增发经营绩效表现 [J]. 南开管理评论，2020 (3)：212 – 224.

田志龙，刘昌华. 客户集中度、关键客户议价力与中小企业绩效——基于中小企业板制造业上市公司的实证研究 [J]. 预测，2015 (4)：8 – 13.

王丹，李丹，李欢. 客户集中度与企业投资效率 [J]. 会计研究，2020 (1)：110 – 125.

王金杰，郭树龙，张龙鹏. 互联网对企业创新绩效的影响及其机制研究——基于开放式创新的解释 [J]. 南开经济研究，2018 (6)：170 – 190.

王生年，赵爽. 社会信任、供应商关系与企业创新 [J]. 中南财经政法大学学报，2020 (6)：25 – 34.

王雄元，高开娟. 客户集中度与公司债二级市场信用利差 [J]. 金融研究，2017a (1)：130 – 144.

王雄元，高开娟. 如虎添翼抑或燕巢危幕：承销商、大客户与公司债发行定价 [J]. 管理世界，2017b (9)：42 – 59.

王雄元，高曦. 客户盈余公告对供应商具有传染效应吗？ [J]. 中南财经政法大学学报, 2017 (3): 3-13.

王雄元, 王鹏, 张金萍. 客户集中度与审计费用: 客户风险抑或供应链整合 [J]. 审计研究, 2014 (6): 72-82.

王彦超, 林斌. 金融中介、非正规金融与现金价值 [J]. 金融研究, 2008 (3): 177-199.

王永健, 等. 强弱关系与突破式创新关系研究——吸收能力的中介作用和环境动态性的调节效应 [J]. 管理评论, 2016 (10): 111-122.

王贞洁, 王竹泉. 基于供应商关系的营运资金管理——"锦上添花"抑或"雪中送炭"[J]. 南开管理评论, 2017 (2): 32-44.

魏明海, 衣昭颖, 李晶晶. 中国情境下供应链中客户盈余信息传递效应影响因素研究 [J]. 会计研究, 2018 (6): 19-25.

温忠麟, 侯杰泰, 张雷. 调节效应与中介效应的比较和应用 [J]. 心理学报, 2005 (2): 268-274.

文武, 张宓之, 汤临佳. 金融发展对研发投入强度的阶段性非对称影响 [J]. 科学学研究, 2018 (12): 2179-2190.

吴俊杰, 王节祥, 耿新. 企业家社会网络总是有助于提升创新绩效吗? [J]. 科学学研究, 2015 (12): 1883-1893.

吴晓晖, 郭晓冬, 乔政. 机构投资者网络中心性与股票市场信息效率 [J]. 经济管理, 2020 (6): 19.

吴延兵, 米增渝. 创新、模仿与企业效率——来自制造业非国有企业的经验证据 [J]. 中国社会科学, 2011 (4): 77-94.

吴尧, 沈坤荣. 资本结构如何影响企业创新——基于我国上市公司的实证分析 [J]. 产业经济研究, 2020 (3): 57-71.

吴祖光, 万迪昉, 康华. 客户集中度、企业规模与研发投入强度——来自创业板上市公司的经验证据 [J]. 研究与发展管理, 2017 (5): 43-53.

谢洪明, 刘常勇, 陈春辉. 市场导向与组织绩效的关系: 组织学习与创新的影响——珠三角地区企业的实证研究 [J]. 管理世界, 2006 (2): 80-94.

徐经长, 乔菲, 张东旭. 限薪令与企业创新: 一项准自然实验 [J]. 管理科学, 2019 (2): 120-134.

徐宁, 徐向艺. 控制权激励双重性与技术创新动态能力——基于高科技上市公司面板数据的实证分析 [J]. 中国工业经济, 2012 (10): 109-121.

徐研, 刘迪. 风险投资网络能够促进中小企业创新能力提升吗? ——基于中国风投行业数据的实证研究 [J]. 产业经济研究, 2020 (3): 85-99.

杨兴全, 王丽丽, 杨征. 机构投资者网络关系与企业创新: 信息资源和信息治理 [J]. 当代财经, 2021 (11): 76-88.

杨震宁, 李东红, 马振中. 关系资本, 锁定效应与中国制造业企业创新 [J]. 科研管理, 2013 (11): 11.

杨震宁, 赵红. 中国企业的开放式创新: 制度环境、"竞合"关系与创新绩效 [J]. 管理世界, 2020 (2): 139-160.

于飞, 蔡翔, 董亮. 研发模式对企业创新的影响——知识基础的调节作用 [J]. 管理科学, 2017 (3): 97-109.

于君博, 舒志彪. 企业规模与创新产出关系的实证研究 [J]. 科学学研究, 2007 (2): 373-380.

于茂荐, 孙元欣. 供应商网络技术多元化如何影响企业创新绩效——中介效应与调节效应分析 [J]. 南开管理评论, 2020 (2): 51-62.

袁建国, 后青松, 程晨. 企业政治资源的诅咒效应——基于政治关联与企业技术创新的考察 [J]. 管理世界, 2015 (1): 139-155.

战相岑, 荣立达, 张峰. 经济政策不确定性与垂直整合——基于供应链视角的传导机制解释 [J]. 财经研究, 2021 (2): 49-63.

张长海, 耿歆雨. 供应链议价能力与企业社会责任绩效 [J]. 海南大学学报 (人文社会科学版), 2021 (6): 1-9.

张慧颖, 王辉. 创新不确定条件下溢出效应对企业创新决策影响 [J]. 新疆大学学报 (哲学·人文社会科学版), 2011 (5): 7.

张杰, 等. 融资约束、融资渠道与企业 R&D 投入 [J]. 世界经济, 2012 (10): 66-90.

张杰, 郑文平. 创新追赶战略抑制了中国专利质量么? [J]. 经济研究, 2018 (5): 28-41.

张润宇, 余明阳, 张梦林. 社会资本是否影响了上市家族企业过度投资?——基于社会资本理论和高阶理论相结合的视角 [J]. 中国软科学, 2017 (9): 13.

张文红, 赵亚普, 陈爱玲. 外部研发机构联系能否提升企业创新?——跨界搜索的中介作用 [J]. 科学学研究, 2014 (2): 289-296.

张新民, 王珏, 祝继高. 市场地位、商业信用与企业经营性融资 [J]. 会计研究, 2012 (8): 58-65.

张或泽, 赵新泉. 经济政策不确定性对企业投资影响研究 [J]. 数量经济研究, 2019 (1): 49-66.

赵珊, 李桂华, 王亚. 供应网络位置、吸收能力与企业创新绩效 [J]. 软科学, 2020 (12): 1-12.

中国社会科学院工业经济研究所课题组, 张其仔. 提升产业链供应链现代化水平路径研究 [J]. 中国工业经济, 2021 (2): 18.

周伟, 肖海莲. 企业 R&D 资金约束差异与投资结构选择——理论构建与实证研究 [J]. 科学学与科学技术管理, 2012 (7): 109-117.

朱德胜, 周晓珮. 股权制衡、高管持股与企业创新效率 [J]. 南开管理评论, 2016 (3): 136-144.

朱棣, 葛建华, 杨繁. 聚合还是桥接: 社会资本整合问题的研究图景与展望 [J]. 南开管理评论, 2021: 1-18.

朱丽, 等. 高管社会资本、企业网络位置和创新能力——"声望"和"权力"的中介 [J]. 科学学与科学技术管理, 2017 (6): 94-109.

Acemoglu D, García-Jimeno C, Robinson J A. State capacity and economic development: A network approach [J]. American Economic Review, 2015, 105 (8): 2364-2409.

Aghion P, Bloom N, Blundell R, et al. Competition and innovation: An inverted-U relationship [J]. Quarterly Journal of Economics, 2005, 120 (2): 701-728.

Ahuja G. Collaboration networks, structural holes, and innovation: A longitudinal study [J]. Administrative Science Quarterly, 2000, 45 (3): 425-455.

Amemiya T. Tobit models: A survey [J]. Journal of Econometrics, 1984, 24 (1): 3-61.

Amir R, Evstigneev I, Wooders J. Noncooperative versus cooperative R&D with endogenous spillover rates [J]. Games and Economic Behavior, 2003, 42 (2): 183-207.

Amore M D, Schneider C, Zaldokas A. Credit supply and corporate innovation [J]. Journal of Financial Economics, 2013, 109 (3): 835-855.

Anderson E, Jap S D. The dark side of close relationships [J]. Mit Sloan Management Review, 2005, 46 (3): 75.

Arrow K. The economic-implications of learning by doing [J]. Review of Economic Studies, 1962, 29 (80): 155 – 173.

Artz K W, Norman P M, Hatfield D E, et al. A longitudinal study of the impact of R&D, patents, and product innovation on firm performance [J]. Journal of Product Innovation Management, 2010, 27 (5): 725 – 740.

Auty R M. Sustaining development in mineral economies: The resource curse thesis [M]. London and New York: Routledge, 1993.

Azadegan A, Dooley K J, Carter P L, et al. Supplier innovativeness and the role of interorganizational learning in enhancing manufacturer capabilities [J]. Journal of Supply Chain Management, 2008, 44 (4): 14 – 35.

Balakrishnan R, Linsmeier T J, Venkatachalam M. Financial benefits from JIT adoption: Effects of customer concentration and cost structure [J]. Accounting Review, 1996, 71 (2): 183 – 205.

Banerjee S, Dasgupta S, Kim Y. Buyer-supplier relationships and the stakeholder theory of capital structure [J]. Journal of Finance, 2008, 63 (5): 2507 – 2552.

Barney J. Firm resources and sustained competitive advantage [J]. Journal of Management, 1991, 17 (1): 99 – 120.

Baron R M, Kenny D A. The moderator mediator variable distinction in social psychological-research-conceptual, strategic, and statistical considerations [J]. Journal of Personality and Social Psychology, 1986, 51 (6): 1173 – 1182.

Barrot J, Sauvagnat J. Input specificity and the propagation of idiosyncratic shocks in production networks [J]. The Quarterly Journal of Economics, 2016, 131 (3): 1543 – 1592.

Bellamy M, Ghosh S, Hora M. The influence of supply network structure on firm innovation [J]. Journal of Operations Management, 2014, 32 (6): 357 – 373.

Benfratello L, Schiantarelli F, Sembenelli A. Banks and innovation: Microeconometric evidence on Italian firms [J]. Journal of Financial Economics, 2008, 90 (2): 197 – 217.

Letaifa S B, Rabeau Y. Too close to collaborate? How geographic proximity could impede entrepreneurship and innovation [J]. Journal of Business Research, 2013, 66 (10): 2071-2078.

Bernstein S. Does going public affect innovation? [J]. Journal of Finance, 2015, 70 (4): 1364-1403.

Biais B, Gollier C. Trade credit and credit rationing [J]. The Review of Financial Studies, 1997, 10 (4): 903-937.

Bian Y. Bringing strong ties back in: Indirect ties, network bridges, and job searches in China [J]. American Sociological Review, 1997, 62 (3): 366-385.

Bian Y. Guanxi and the allocation of urban jobs in China [J]. China Quarterly, 1994 (140): 971-999.

Black F, Scholes M. The pricing of options and corporate liabilities [J]. Journal of Political Economy, 1973, 81 (3): 637-654.

Blair, M. Ownership and control: Rethinking corporate governance for the twenty-first century [M]. Washington, DC: Brookings Institution, 1995.

Booyens I. Are small, medium-and micro-sized enterprises engines of innovation? The reality in South Africa [J]. Science and Public Policy, 2011, 38 (1): 67-78.

Borgatti S P, Li X. On social network analysis in a supply chain context [J]. Journal of Supply Chain Management, 2009, 45 (2): 5-22.

Boschma R, Frenken K. The handbook of evolutionary economic geography [A]. Cheltenham, UK: Edward Elgar Publishing, 2010.

Boschma R. Proximity and innovation: A critical assessment [J]. Regional Studies, 2005, 39 (1): 61-74.

Boubakri N, Cosset J, Saffar W. The role of state and foreign owners in corporate risk-taking: Evidence from privatization [J]. Journal of Financial Economics, 2013, 108 (3): 641-658.

Bradley D, Kim I, Tian X. Do unions affect innovation? [J]. Management Science, 2017, 63 (7): 2251-2271.

Brin S, Page L. The anatomy of a large-scale hypertextual Web search engine [J]. Computer Networks and ISDN Systems, 1998, 30 (1): 107-117.

Broekel T, Boschma R. Knowledge networks in the Dutch aviation industry: The proximity paradox [J]. Journal of Economic Geography, 2012, 12 (2): 409 – 433.

Bull C. The existence of Self-Enforcing implicit contracts [J]. The Quarterly Journal of Economics, 1987, 102 (1): 147 – 159.

Burt R S. Structural holes and good ideas [J]. American Journal of Sociology, 2004, 110 (2): 349 – 399.

Burt R S. Structural holes: The social structure of competition [M]. Cambridge: Harvard University Press, 1992.

Cai K, Zhu H. Customer-Supplier relationships and the cost of debt [J]. Journal of Banking & Finance, 2020.

Campello M, Gao J. Customer concentration and loan contract terms [J]. Journal of Financial Economics, 2017, 123 (1): 108 – 136.

Capaldo A. Network structure and innovation: The leveraging of a dual network as a distinctive relational capability [J]. Strategic Management Journal, 2007, 28 (6): 585 – 608.

Cen L, Dasgupta S, Elkamhi R, et al. Reputation and loan contract terms: The role of principal customers [J]. Review of Finance, 2016, 20 (2): 501 – 533.

Cen L, Maydew E L, Zhang L, et al. Customer-supplier relationships and corporate tax avoidance [J]. Journal of Financial Economics, 2017, 123 (2): 377 – 394.

Chen Z, Wang X. Specific investment, supplier vulnerability and profit risks [J]. Journal of Business Finance & Accounting, 2020, 47 (9 – 10): 1215 – 1237.

Chesbrough H W. Open innovation: The new imperative for creating and profiting from technology [M]. Boston: Harvard Business Press, 2003.

Cheung M, Myers M B, Mentzer J T. The value of relational learning in global buyer-supplier exchanges: A dyadic perspective and test of the pie-sharing premise [J]. Strategic Management Journal, 2011, 32 (10): 1061 – 1082.

Cho C, Halford J, Hsu S, et al. Do managers matter for corporate innovation? [J]. Journal of Corporate Finance, 2016, 36: 206 – 229.

Chod J, Lyandres E, Yang S A. Trade credit and supplier competition [J]. Journal of Financial Economics, 2019, 131 (2): 484 – 505.

Chumnangoon P, Chiralaksanakul A, Chintakananda A. How closeness matters: The role of geographical proximity in social capital development and knowledge sharing in SMEs [J]. Competitiveness Review: An International Business Journal, 2021, ahead-of-print (ahead-of-print).

Cin B C, Kim Y J, Vonortas N S. The impact of public R&D subsidy on small firm productivity: Evidence from Korean SMEs [J]. Small Business Economics, 2017, 48 (2): 345 – 360.

Coase R H. The nature of the firm [J]. Economica-New Series, 1937, 4 (16): 386 – 405.

Cohen W, Levinthal D. Absorptive-capacity-a new perspective on learning and innovation [J]. Administrative Science Quarterly, 1990, 35 (1): 128 – 152.

Coleman J S. Foundations of social theory [M]. Cambridge: Harvard University Press, 1990.

Collis D J. Research note: How valuable are organizational capabilities? [J]. Strategic Management Journal, 1994, 15 (S1): 143 – 152.

Cooper M C, Lambert D M, Pagh J D. Supply chain management: More than a new name for logistics [J]. The International Journal of Logistics Management, 1997, 8 (1): 1 – 14.

Crawford S, Huang Y, Li N, et al. Customer concentration and public disclosure: Evidence from management earnings and sales forecasts [J]. Contemporary Accounting Research, 2020, 37 (1): 131 – 159.

Croci E, Degl'Innocenti M, Zhou S. Large customer-supplier links and syndicate loan structure [J]. Journal of Corporate Finance, 2021, 66: 101844.

Dahlman C J. The problem of externality [J]. The Journal of Law and Economics, 1979, 22 (1): 141 – 162.

Dai R, Liang H, Ng L. Socially responsible corporate customers [J]. Journal of Financial Economics, 2020.

Dass N, Kale J R, Nanda V. Trade credit, relationship-specific investment, and product market power [J]. Review of Finance, 2015, 19 (5): 1867 –

1923.

David P, Hall B, Toole A. Is public R&D a complement or substitute for private R&D? A review of the econometric evidence [J]. Research Policy, 2000, 29 (4 -5): 497 -529.

Davis L E, North D C. Institutional Change and American Economic Growth [M]. Cambridge: Cambridge University Press, 1971.

DeLuca L M, Atuahene-Gima K. Market knowledge dimensions and Cross-Functional collaboration: Examining the different routes to product innovation performance [J]. Journal of Marketing, 2007, 71 (1): 95 -112.

Dhaliwal D, Judd J S, Serfling M, et al. Customer concentration risk and the cost of equity capital [J]. Journal of Accounting and Economics, 2016, 61 (1): 23 -48.

Dhaliwal D S, Li O Z, Tsang A, et al. Voluntary nonfinancial disclosure and the cost of equity capital: The initiation of corporate social responsibility reporting [J]. The Accounting Review, 2011, 86 (1): 59 -100.

Dhanaraj C, Lyles M A, Steensma H K, et al. Managing tacit and explicit knowledge transfer in IJVs: The role of relational embeddedness and the impact on performance [J]. Journal of International Business Studies, 2004, 35 (5): 428 -442.

Drucker P F. Innovation and Entrepreneurship [M]. London: Pan Books Ltd, 1985.

Dyer J H, Nobeoka K. Creating and managing a high-performance knowledge-sharing network: The Toyota case [J]. Strategic Management Journal, 2000, 21 (3): 345 -367.

Dyer J H, Singh H. The relational view: Cooperative strategy and sources ofinter-organizational competitive advantage [J]. The Academy of Management Review, 1998, 23 (4): 660 -679.

Enkel E, Gassmann O, Chesbrough H. Open R&D and open innovation: Exploring the phenomenon [J]. R & D Management, 2009, 39 (4): 311 -316.

Enkel E, Gassmann O. Driving open innovation in the front end [C]. 7th European Academy of Management Conference (EURAM) 2007, Paris, 2007.

Evans G N, Towill D R, Naim M M. Business process re-engineering the supply chain [J]. Production Planning & Control, 1995, 6 (3): 227-237.

Fang L H, Lerner J, Wu C. Intellectual property rights protection, ownership, and innovation: Evidence from China [J]. The Review of Financial Studies, 2017, 30 (7): 2446-2477.

Fang V, Tian X, Tice S. Does stock liquidity enhance or impede firm innovation? [J]. Journal of Finance, 2014, 69 (5): 2085-2125.

Ferris J S. A transactions theory of trade credit use [J]. The Quarterly Journal of Economics, 1981, 96 (2): 243-270.

Fiebig D G. Microeconometrics: Methods and applications [J]. Economic Record, 2007, 83 (260): 112-113.

Fleming W H, Soner H M. Controlled markov processes and viscosity solutions, second edition [M]. New York: Springer, 2006.

Fracassi C, Tate G. External networking and internal firm governance [J]. Journal of Finance, 2012, 67 (1): 153-194.

Frederick W C. The moral authority of transnational corporate codes [J]. Journal of Business Ethics, 1991, 10 (3): 165-177.

Freeman C. Economics of industrial innovation [M]. London: Penguin, 1974.

Freeman R E. Strategic management: A stakeholder approach [M]. Cambridge, UK: Cambridge University Press, 1984.

Gaimon C, Bailey J. Knowledge management for the entrepreneurial venture [J]. Production and Operations Management, 2013, 22 (6): 1429-1438.

Gambardella A, Harhoff D, Verspagen B. The value of European patents [J]. European Management Review, 2008, 5 (2): 69-84.

Pillai R G, Bindroo V. Supplier cluster characteristics and innovation outcomes [J]. Journal of Business Research, 2020, 112: 576-583.

Gassmann O, Zeschky M, Wolff T, et al. Crossing the Industry-Line: Breakthrough innovation through Cross-Industry alliances with "Non-Suppliers" [J]. Long Range Planning, 2010, 43 (5): 639-654.

Gilsing V, Nooteboom B, Vanhaverbeke W, et al. Network embeddedness and the exploration of novel technologies: Technological distance, betweenness centrality and density [J]. Research Policy, 2008, 37 (10): 1717 – 1731.

Gonzalez X, Pazo C. Do public subsidies stimulate private R&D spending? [J]. Research Policy, 2008, 37 (3): 371 – 389.

Granovetter M. Economic action and social structure: The problem of embeddedness [J]. American Journal of Sociology, 1985, 91 (3): 481 – 510.

Granovetter M. Problems of explanation in economic sociology [J]. Networks and Organizations : Structure, Form, and Action, 1992: 25 – 56.

Granovetter M S. The strength of weak ties [J]. American Journal of Sociology, 1973, 78 (6): 1360 – 1380.

Grant R M. Toward a knowledge-based theory of the firm [J]. Strategic Management Journal, 1996, 17 (S2): 109 – 122.

Grossman S J, Hart O D. The costs and benefits of ownership: A theory of vertical and lateral integration [J]. Journal of Political Economy, 1986, 94 (4): 691 – 719.

Grout P A. Investment and wages in the absence of binding contracts: A nash bargaining approach [J]. Econometrica, 1984, 52 (2): 449 – 460.

Gruner K E, Homburg C. Does customer interaction enhance new product success? [J]. Journal of Business Research, 2000, 49 (1): 1 – 14.

Gulati R. Alliances and networks [J]. Strategic Management Journal, 1998, 19 (4): 293 – 317.

Gulati R, Gargiulo M. Where do interorganizational networks come from? [J]. American Journal of Sociology, 1999, 104 (5): 1439 – 1493.

Handfield R B, Ragatz G L, Petersen K J, et al. Involving suppliers in new product development [J]. California Management Review, 1999, 42 (1): 59 – 82.

Hansen M T. The Search-Transfer problem: The role of weak ties in sharing knowledge across organization subunits [J]. Administrative Science Quarterly, 1999, 44 (1): 82 – 111.

Harhoff D, Wagner S. The duration of patent examination at the european patent office [J]. Management Science, 2009, 55 (12): 1969 – 1984.

Hart O, Moore J. Property rights and the nature of the firm [J]. Journal of Political Economy, 1990, 98 (6): 1119 - 1158.

Hasan I, Minnick K, Raman K. Credit allocation when borrowers are economically linked: An empirical analysis of bank loans to corporate customers [J]. Journal of Corporate Finance, 2020, 62: 101605.

Heckman J J. The common structure of statistical models of truncation, sample selection and limited dependent variables and a simple estimator for such models [J]. Annals of Economic and Social Measurement, 1976, 5 (4): 475 - 492.

He J J, Tian X. The dark side of analyst coverage: The case of innovation [J]. Journal of Financial Economics, 2013, 109 (3): 856 - 878.

Hertzel M G, Li Z, Officer M S, et al. Inter-firm linkages and the wealth effects of financial distress along the supply chain [J]. Journal of Financial Economics, 2008, 87 (2): 374 - 387.

Hillman A J, Withers M C, Collins B J. Resource dependence theory: A review [J]. Journal of Management, 2009, 35 (6): 1404 - 1427.

Hirshleifer D, Low A, Teoh S. Are overconfident CEOs better innovators? [J]. Journal of Finance, 2012, 67 (4): 1457 - 1498.

Holmstrom B. Agency costs and innovation [J]. Journal of Economic Behavior & Organization, 1989, 12 (3): 305 - 327.

Hora M, Klassen R D. Learning from others' misfortune: Factors influencing knowledge acquisition to reduce operational risk [J]. Journal of Operations Management, 2013, 31 (1 - 2): 52 - 61.

Hsu P, Tian X, Xu Y. Financial development and innovation: Cross-country evidence [J]. Journal of Financial Economics, 2014, 112 (1): 116 - 135.

Huang C, Wang Y. Evolution of network relations, enterprise learning, and cluster innovation networks: The case of the Yuyao plastics industry cluster [J]. Technology Analysis & Strategic Management, 2018, 30 (2): 158 - 171.

Huang H H, Lobo G J, Wang C, et al. Customer concentration and corporate tax avoidance [J]. Journal of Banking & Finance, 2016, 72: 184 - 200.

Hui K W, Liang C, Yeung P E. The effect of major customer concentration on firm profitability: Competitive or collaborative? [J]. Review of Accounting

Studies, 2019, 24 (1): 189 – 229.

Ibarra H. Network centrality, power, and innovation involvement-determinants of technical and administrative roles [J]. Academy of Management Journal, 1993, 36 (3): 471 – 501.

Irvine P J, Park S S, Yıldızhan Ç. Customer-Base concentration, profitability, and the relationship life cycle [J]. The Accounting Review, 2016, 91 (3): 883 – 906.

Itzkowitz J. Buyers as stakeholders: How relationships affect suppliers' financial constraints [J]. Journal of Corporate Finance, 2015, 31: 54 – 66.

Itzkowitz J. Customers and cash: How relationships affect suppliers' cash holdings [J]. Journal of Corporate Finance, 2013, 19: 159 – 180.

Jensen M C. Agency costs of free cash flow, corporate finance, and takeovers [J]. The American Economic Review, 1986, 76 (2): 323 – 329.

Jhang S, Su H, Kao T. Major customer network structure and supplier trade credit [J]. International Journal of Operations & Production Management, 2021.

Jin Y, Shao Y. Power-leveraging paradox and firm innovation: The influence of network power, knowledge integration and breakthrough innovation [J]. Industrial Marketing Management, 2022, 102: 205 – 215.

John K, Knyazeva A, Knyazeva D. Does geography matter? Firm location and corporate payout policy [J]. Journal of Financial Economics, 2011, 101 (3): 533 – 551.

Johnson W C, Kang J, Yi S. The certification role of large customers in the new issues market [J]. Financial Management, 2010, 39 (4): 1425 – 1474.

Kadapakkam P, Oliveira M. Binding ties in the supply chain and supplier capital structure [J]. Journal of Banking & Finance, 2021, 130: 106183.

Kale J R, Shahrur H. Corporate capital structure and the characteristics of suppliers and customers [J]. Journal of Financial Economics, 2007, 83 (2): 321 – 365.

Kalwani M U, Narayandas N. Long-term supplier relationships: Do they pay off for supplier firms [J]. Journal of Marketing, 1995, 50 (1): 1 – 16.

Kamien M I, Schwartz N L. Market structure and innovation: A survey [J]. Journal of Economic Literature, 1975, 13 (1): 1 – 37.

Katz L. A new status index derived from sociometric analysis [J]. Psychometrika, 1953, 18 (1): 39 – 43.

Kelly T, Gosman M L. Increased buyer concentration and its effects on profitability in the manufacturing sector [J]. Review of Industrial Organization, 2000, 17 (1): 41 – 59.

Kemppainen K, Vepsäläinen A P J. Trends in industrial supply chains and networks [J]. International Journal of Physical Distribution & Logistics Management, 2003, 33 (8): 701 – 719.

Köhler C, Rammer C. Buyer power and suppliers incentives to innovate [R]. ZEW-Leibniz Centre for European Economic Research, 2012.

Kim D, Zhu P. Supplier dependence and R&D intensity: The moderating role of network centrality and interconnectedness [J]. Journal of Operations Management, 2018, 64: 7 – 18.

Kim J, Song B Y, Zhang Y. Earnings performance of major customers and bank loan contracting with suppliers [J]. Journal of Banking & Finance, 2015, 59: 384 – 398.

Kim Y H. The Effects of major customer networks on supplier profitability [J]. Journal of Supply Chain Management, 2017, 53 (1): 26 – 40.

Klein B, Crawford R G, Alchian A A. Vertical integration, appropriable rents, and the competitive contracting process [J]. The Journal of Law and Economics, 1978, 21 (2): 297 – 326.

Klein B. Fisher-General motors and the nature of the firm [J]. The Journal of Law and Economics, 2000, 43 (1): 105 – 142.

Kogut B, Zander U. Knowledge of the firm, combinative capabilities, and the replication of technology [J]. Organization Science, 1992, 3 (3): 383 – 397.

Koka B R, Prescott J E. Strategic alliances as social capital: A multidimensional view [J]. Strategic Management Journal, 2002, 23 (9): 795 – 816.

Krolikowski M, Yuan X. Friend or foe: Customer-supplier relationships and innovation [J]. Journal of Business Research, 2017, 78: 53 – 68.

Lamming R, Caldwell N, Harrison D. Developing the concept of transparency for use in supply relationships [J]. British Journal of Management, 2004, 15

(4): 291-302.

Lanier Jr. D, Wempe W F, Zacharia Z G. Concentrated supply chain membership and financial performance: Chain-and firm-level perspectives [J]. Journal of Operations Management, 2010, 28 (1): 1-16.

Lazzeretti L, Capone F. How proximity matters in innovation networks dynamics along the cluster evolution. A study of the high technology applied to cultural goods [J]. Journal of Business Research, 2016, 69 (12): 5855-5865.

Lechner C, Frankenberger K, Floyd S W. Task contingencies in the curvilinear relationships between intergroup networks and initiative performance [J]. Academy of Management Journal, 2010, 53 (4): 865-889.

Lian Y. Financial distress and customer-supplier relationships [J]. Journal of Corporate Finance, 2017, 43: 397-406.

Li K. Innovation externalities and the customer/supplier link [J]. Journal of Banking & Finance, 2018, 86: 101-112.

Lin F, Shaw M J. Reengineering the order fulfillment process in supply chain networks [J]. International Journal of Flexible Manufacturing Systems, 1998, 10 (3): 197-229.

Lin N, Ensel W M, Vaughn J C. Social resources and strength of ties: Structural factors in occupational status attainment [J]. American Sociological Review, 1981, 46 (4): 393-405.

Liu F, Simon D F, Sun Y, et al. China's innovation policies: Evolution, institutional structure, and trajectory [J]. Research Policy, 2011, 40 (7): 917-931.

Liu S, Du J, Zhang W, et al. Innovation quantity or quality? The role of political connections [J]. Emerging Markets Review, 2021a: 100819.

Liu S, Du J, Zhang W, et al. Opening the box of subsidies: Which is more effective for innovation? [J]. Eurasian Business Review, 2021b, 11 (3): 421-449.

Lucas R E. On the mechanics of economic development [J]. Journal of Monetary Economics, 1988, 22 (1): 3-42.

Lu J, Wang W. Managerial conservatism, board independence and corporate innovation [J]. Journal of Corporate Finance, 2018, 48: 1-16.

Lustgarten S H. The impact of buyer concentration in manufacturing industries [J]. The Review of Economics and Statistics, 1975, 57 (2): 125 – 132.

Luzzini D, Amann M, Caniato F, et al. The path of innovation: Purchasing and supplier involvement into new product development [J]. Industrial Marketing Management, 2015, 47: 109 – 120.

Macher J T. Technological development and the boundaries of the firm: A knowledge-based examination in semiconductor manufacturing [J]. Management Science, 2006, 52 (6): 826 – 843.

Mansfield E. Technical change and the rate of imitation [J]. Journal of the Econometric Society, 1961: 741 – 766.

Manso G. Motivating innovation [J]. Journal of Finance, 2011, 66 (5): 1823 – 1860.

Mazzola E, Perrone G, Kamuriwo D S. Network embeddedness and new product development in the biopharmaceutical industry: The moderating role of open innovation flow [J]. International Journal of Production Economics, 2015, 160: 106 – 119.

Mensch G. Stalemate in Technology [M]. Cambridge, Massachusetts: Ballinger, 1975.

Merton R C. On the pricing of corporate debt: The risk structure of interest rates [J]. The Journal of Finance, 1974, 29 (2): 449 – 470.

Mihov A, Naranjo A. Customer-base concentration and the transmission of idiosyncratic volatility along the vertical chain [J]. Journal of Empirical Finance, 2017, 40: 73 – 100.

Mitchell J C. Social networks [J]. Annual review of anthropology, 1974, 3 (1): 279 – 299.

Molina-Morales F X, Martínez-Fernández M T. Social Networks: Effects of Social Capital on Firm Innovation [J]. Journal of Small Business Management, 2010, 48 (2): 258 – 279.

Moon S K, Phillips G M. Outsourcing through purchase contracts and firm capital structure [J]. Management Science, 2020, 67 (1): 363 – 387.

Muller E, Peres R. The effect of social networks structure on innovation performance: A review and directions for research [J]. International Journal of

Research in Marketing, 2019, 36 (1): 3 – 19.

Nahapiet J, Ghoshal S. Social capital, intellectual capital, and the organizational advantage [J]. The Academy of Management Review, 1998, 23 (2): 242 – 266.

Nanda R, Rhodes-Kropf M. Investment cycles and startup innovation [J]. Journal of Financial Economics, 2013, 110 (2): 403 – 418.

Oliveira M, Kadapakkam P, Beyhaghi M. Effects of customer financial distress on supplier capital structure [J]. Journal of Corporate Finance, 2017, 42: 131 – 149.

Oliver R K, Webber M D. Supply chain management: logistics catches up with strategy [C]. Christopher M (ed.). Logistics: The Strategic Issues. London: Chapman and Hall, 1982.

Papyrakis E, Gerlagh R. The resource curse hypothesis and its transmission channels [J]. Journal of Comparative Economics, 2004, 32 (1): 181 – 193.

Park-Poaps H, Rees K. Stakeholder forces of socially responsible supply chain management orientation [J]. Journal of Business Ethics, 2010, 92 (2): 305 – 322.

Patatoukas P N. Customer-Base concentration: Implications for firm performance and capital markets [J]. Accounting Review, 2012, 87 (2): 363 – 392.

Penrose E. The theory of the growth of the firm [M]. New York: Wiley, 1959.

Peress J. Product market competition, insider trading, and stock market efficiency [J]. The Journal of Finance, 2010, 65 (1): 1 – 43.

Peteraf M A. The cornerstones of competitive advantage: A resource-based view [J]. Strategic Management Journal, 1993, 14 (3): 179 – 191.

Pfeffer J. A resource dependence perspective oninterorganizational relations [M]. Cambridge, UK: Cambridge University Press, 1987.

Pfeffer J, Salancik G R. The external control of organizations: A resource dependence perspective [M]. New York: Harper & Row, 1978.

Polanyi K. The great transformation [M]. Boston: Beacon Press, 1944.

Porter M E. Advantage, Competitive: Creating and sustaining superior performance [M]. New York: The Free Press, 1985.

Porter M E. Competitive Strategy [M]. New York: Free Press, 1980.

Porter M E. Consumer behavior, retailer power and market performance in consumer goods industries [J]. The Review of Economics and Statistics, 1974, 56 (4): 419-436.

Radcliffe-Brown A R. On social structure [J]. Journal of the Royal Anthropological Institute, 1940, 70: 1-12.

Radicic D, Balavac M. In-house R&D, external R&D and cooperation breadth in Spanish manufacturing firms: Is there a synergistic effect on innovation outputs? [J]. Economics of Innovation and New Technology, 2019, 28 (6): 590-615.

Rahaman M M, Rau P R, Zaman A A. The effect of supply chain power on bank financing [J]. Journal of Banking & Finance, 2020, 114: 105801.

Rajagopalan N. Strategic orientations, incentive plan adoptions, and firm performance: Evidence from electric utility firms [J]. Strategic Management Journal, 1997, 18 (10): 761-785.

Régibeau P, Rockett K. Innovation cycles and learning at the patent office: Does the early patent get the delay? [J]. The Journal of Industrial Economics, 2010, 58 (2): 222-246.

Richardson S. Over-investment of free cash flow [J]. Review of Accounting Studies, 2006, 11 (2-3): 159-189.

Ritchie B, Brindley C. Disintermediation, disintegration and risk in the SME global supply chain [J]. Management Decision, 2000, 38 (8): 575-583.

Romer P M. Increasing returns and long-run growth [J]. Journal of Political Economy, 1986, 94 (5): 1002-1037.

Rosenbaum P R, Rubin D B. Assessing sensitivity to an unobserved binary covariate in an observational study with binary outcome [J]. Journal of the Royal Statistical Society: Series B (Methodological), 1983, 45 (2): 212-218.

Rothaermel F T, Hess A M. Building dynamic capabilities: Innovation driven by individual, firm, and Network-Level effects [J]. Organization Science, 2007, 18 (6): 898-921.

Rowley T, Behrens D, Krackhardt D. Redundant governance structures: An analysis of structural and relational embeddedness in the steel and semiconductor industries [J]. Strategic Management Journal, 2000, 21 (3): 369 – 386.

Salman N, Saives A. Indirect networks: An intangible resource for biotechnology innovation [J]. R&D Management, 2005, 35 (2): 203 – 215.

Sasidharan S, Lukose P, Komera S. Financing constraints and investments in R&D: Evidence from Indian manufacturing firms [J]. Quarterly Review of Economics and Finance, 2015, 55: 28 – 39.

Schroeder J, Shepardson M. Do SOX 404 control audits and management assessments improve overall internal control system quality? [J]. Accounting Review, 2016, 91 (5): 1513 – 1541.

Schumpeter J A. Business cycles [M]. New York: Mc Graw-Hill, 1939.

Schumpeter J A. Capitalism, socialism and democracy [M]. New York: Harper and Row, 1942.

Schumpeter J A. The theory of economic development [M]. Cambridge: Harvard University Press, 1912.

Simmel G. Soziologie [M]. Leipzig: Duncker & Humblot, 1908.

Soh P. Network patterns and competitive advantage before the emergence of a dominant design [J]. Strategic Management Journal, 2010, 31 (4): 438 – 461.

Solow R M. Technological change and the aggregate production function [J]. Review of Economics and Statistics, 1957, 39 (3): 312 – 320.

Solow S C. Innovation through the procedure of capitalization: the comments on the theory of Schumpeter JA [J]. Journal of Product Innovation Management, 1951, 10: 150 – 162.

Stevens G C. Integrating the supply chain [J]. International Journal of Physical Distribution & Materials Management, 1989, 19 (8): 3 – 8.

Stigler G J. The law and economics of public policy: A plea to the scholars [J]. The Journal of Legal Studies, 1972, 1 (1): 1 – 12.

Sun J, Fang Y. Executives' professional ties along the supply chain: The impact on partnership sustainability and firm risk [J]. Journal of Financial Stability, 2015, 20: 144 – 154.

Surana A, Kumara S, Greaves M, et al. Supply-chain networks: A complex adaptive systems perspective [J]. International Journal of Production Research, 2005, 43 (20): 4235 – 4265.

Swalm R O. Utility theory-insights into risk taking [J]. Harvard Business Review, 1966, 44 (6): 123 - 136.

Teece D J, Pisano G, Shuen A. Dynamic capabilities and strategic management [J]. Strategic Management Journal, 1997, 18 (7): 509 - 533.

Telser L G, Lester G. A theory of self-enforcing agreements [J]. Journal of Business, 1980, 53: 27 - 44.

Titman S. The effect of capital structure on a firm's liquidation decision [J]. Journal of Financial Economics, 1984, 13 (1): 137 - 151.

Titman S, Wessels R. The determinants of capital structure choice [J]. The Journal of Finance, 1988, 43 (1): 1 - 19.

Tobin J. Estimation of relationships for limited dependent variables [J]. Econometrica, 1958, 26 (1): 24 - 36.

Trajtenberg M, Henderson R, Jaffe A. University versus corporate patents: A window on the basicness of invention [J]. Economics of Innovation and New Technology, 1997, 5 (1): 19 - 50.

Tsai K, Hsu T T. Cross-Functional collaboration, competitive intensity, knowledge integration mechanisms, and new product performance: A mediated moderation model [J]. Industrial Marketing Management, 2014, 43 (2): 293 - 303.

Tsai W. Knowledge transfer inintraorganizational networks: Effects of network position and absorptive capacity on business unit innovation and performance [J]. Academy of Management Journal, 2001, 44 (5): 996 - 1004.

Uzzi B. Social structure and competition in interfirm networks: The paradox of embeddedness [J]. Administrative Science Quarterly, 1997, 42 (1): 35 - 67.

Villena V H, Revilla E, Choi T Y. The dark side of buyer-supplier relationships: A social capital perspective [J]. Journal of Operations Management, 2011, 29 (6): 561 - 576.

Wang J. Do firms' relationships with principal customers/suppliers affect shareholders' income? [J]. Journal of Corporate Finance, 2012, 18 (4): 860 - 878.

Wang M, Lin H, Huang Y. Structural holes and R&D investment: Evidence from top management teams of China's A-share listed firms [J]. Applied Economics, 2021, 53 (43): 4985 - 4999.

Wellman B. Which types of ties and networks give what kinds of social support [J]. Advances in Group Processes, 1992, 9.

Wen W, Ke Y, Liu X. Customer concentration and corporate social responsibility performance: Evidence from China [J]. Emerging Markets Review, 2020: 100755.

Wernerfelt B. A resource-based view of the firm [J]. Strategic Management Journal, 1984, 5 (2): 171-180.

Williamson O E. Transaction-Cost economics: The governance of contractual relations [J]. The Journal of Law and Economics, 1979, 22 (2): 233-261.

Wilson N, Summers B. Trade credit terms offered by small firms: Survey evidence and empirical analysis [J]. Journal of Business Finance & Accounting, 2002, 29 (3-4): 317-351.

Yan T, Yang S, Dooley K. A theory of supplier network-based innovation value [J]. Journal of Purchasing and Supply Management, 2017, 23 (3): 153-162.

Yermack D. Higher market valuation of companies with a small board of directors [J]. Journal of Financial Economics, 1996, 40 (2): 185-211.

Yli-Renko H, Autio E, Sapienza H J. Social capital, knowledge acquisition, and knowledge exploitation in young technology-based firms [J]. Strategic Management Journal, 2001, 22 (6-7): 587-613.

Yong J, Zhou X. Stochastic controls: Hamiltonian systems and HJB equations [M]. New York: Springer, 1999.

Zenger T R, Lazzarini S G. Compensating for innovation: Do small firms offer high-powered incentives that lure talent and motivate effort? [J]. Managerial and Decision Economics, 2004, 25 (6-7): 329-345.

Zhou K Z, Zhang Q, Sheng S, et al. Are relational ties always good for know-ledge acquisition? Buyer-supplier exchanges in China [J]. Journal of Operations Management, 2014, 32 (3): 88-98.

Zhu M, Yeung A C L, Zhou H. Diversify or concentrate: The impact of customer concentration on corporate social responsibility [J]. International Journal of Production Economics, 2021, 240: 108214.

图书在版编目(CIP)数据

供应链网络与企业创新 / 刘诗园著. -- 北京：社会科学文献出版社，2023.7
 ISBN 978-7-5228-1862-7

Ⅰ.①供… Ⅱ.①刘… Ⅲ.①企业管理-供应链管理-关系-企业创新-研究 Ⅳ.①F274②F273.1

中国国家版本馆CIP数据核字(2023)第097061号

供应链网络与企业创新

著　　者 / 刘诗园

出 版 人 / 王利民
责任编辑 / 李真巧
文稿编辑 / 赵亚汝
责任印制 / 王京美

出　　版 / 社会科学文献出版社·经济与管理分社（010）59367226
地址：北京市北三环中路甲29号院华龙大厦　邮编：100029
网址：www.ssap.com.cn
发　　行 / 社会科学文献出版社（010）59367028
印　　装 / 三河市尚艺印装有限公司

规　　格 / 开　本：787mm×1092mm　1/16
印　张：14　字　数：233千字
版　　次 / 2023年7月第1版　2023年7月第1次印刷
书　　号 / ISBN 978-7-5228-1862-7
定　　价 / 89.00元

读者服务电话：4008918866

版权所有 翻印必究